1781

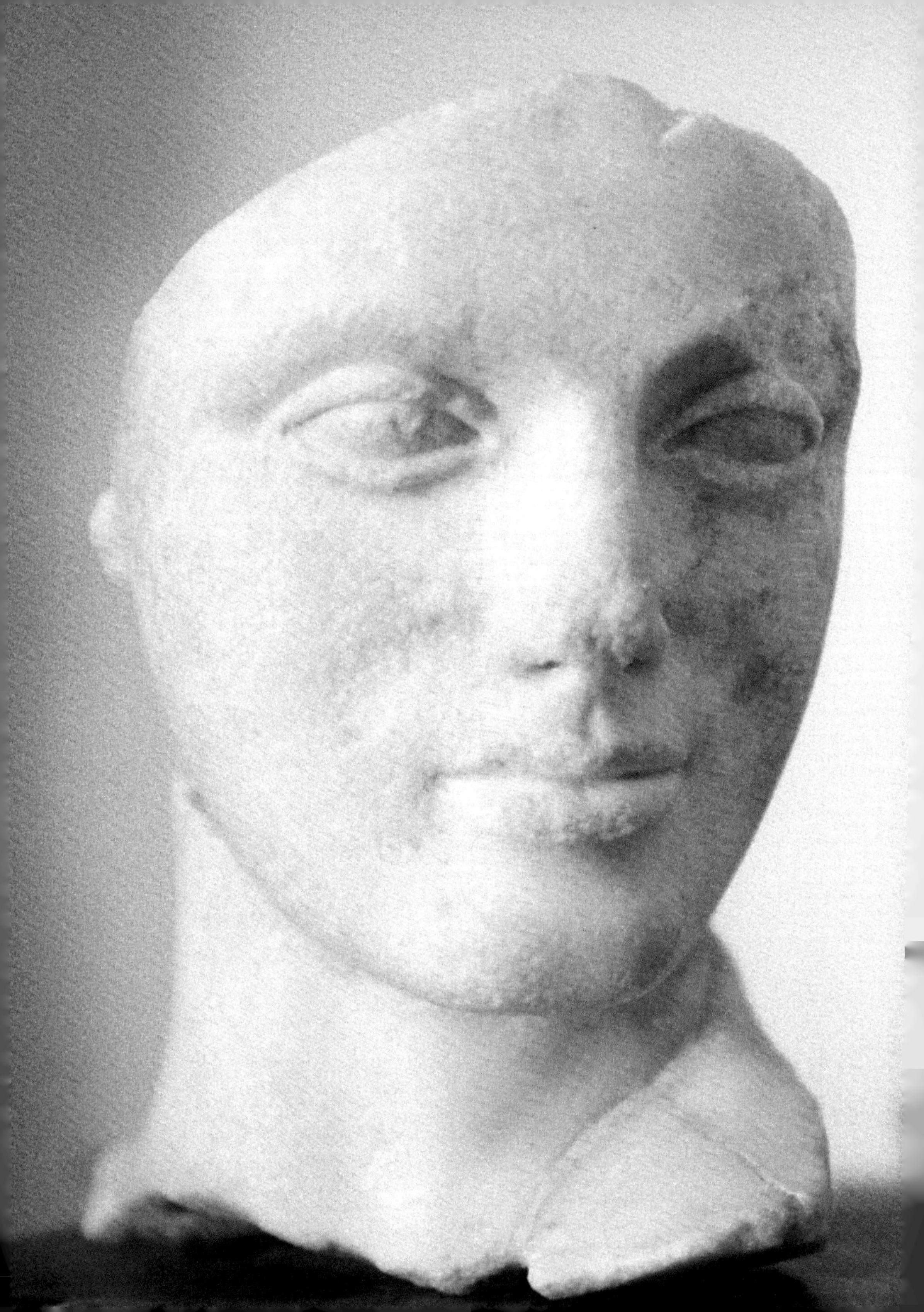

Gisela Graichen

SCHLIEMANNS ERBEN

Von den Römern im Orient zur Goldstraße der Inka

Hoffmann und Campe

1. Auflage 2003

www.hoffmann-und-campe.de
Schutzumschlaggestaltung: Büro Hamburg/Stefanie Liceni
Foto: Resa Asarschahab
Typographie und Layout: Prill Partners producing, Berlin
Repro: LVD GmbH, Berlin
Druck und Bindung: Clausen & Bosse, Leck
Printed in Germany
ISBN 3-455-09403-1

HOFFMANN UND CAMPE

Ein Unternehmen der
GANSKE VERLAGSGRUPPE

»*Wer die Vergangenheit
nicht versteht, versteht nichts
wirklich.*«

Stefan Zweig

INHALT

KARTHAGOS GEHEIME KOLONIEN

von Gisela Graichen

ATLANTIK
SPANIEN
ITALIE
SARDINIEN
MITTELMEER
SIZ
Mozia
Karthago
Pantelleri
TUNESIEN
Meter

SCHWARZES MEER
GRIECHEN-
LAND
Athen
N
unt
KRETA
MITTELMEER
Sidon
Tyros
N

Neros Legionäre auf der Suche nach dem legendären Schatz der Dido. Das Gold der Phönizier sollte Roms geplünderte Staatskasse wieder füllen.

Im Jahre 65 befiehlt der römische Kaiser Nero, eine ungewöhnliche Expedition auszurüsten. Die besten Kriegsschiffe und eine erlesene Rudermannschaft werden gestellt, um so schnell wie möglich das ersehnte Ziel zu erreichen: die nordafrikanische Küste, das alte Karthago. Denn es eilt, der Imperator ist mal wieder knapp bei Kasse, seine Verschwendungssucht hat den Staat an den Rand des Ruins gebracht, die Schatzkammern sind leer. Da kommt es gerade recht, dass ein gewisser Caesellus Bassus ein nächtliches Traumgesicht hatte. Der geborene Punier erkauft sich den Zutritt zum Kaiser, der – ohne die Vertrauenswürdigkeit des Mannes noch seines Berichts zu prüfen – ihm bereitwillig glaubt: Auf seinem Grundstück in Karthago habe er eine Höhle von gigantischer Tiefe, geschmückt mit Säulen, entdeckt. Tief im Inneren befänden sich Massen an Gold, nicht geprägte Münzen, sondern rohe, altertümliche Stücke.

Und während die römischen Legionäre und angeheuertes Landvolk verzweifelt nach dem Schatz graben, gibt Nero das erwartete Gold schon mit vollen Händen aus. Die Reichtümer, die

die Expedition nach Rom zurückbringen würde, werden unermesslich sein, schließlich handelt es sich – so Caesellus Bassus – um den Schatz der mythischen Königin Dido. Die phönizische Prinzessin habe ihn bei der Gründung Karthagos versteckt, damit die junge Kolonie, der spätere Erzfeind der Römer, nicht durch allzu großen Reichtum verweichliche.

Von nichts anderem sprach man in diesen Tagen, berichtet der römische Geschichtsschreiber Tacitus in seinen *Annalen*. Wettredner verherrlichten den Kaiser, dem die Götter goldene Schätze in der Erde spendeten, eine ganz neue Art von Fruchtbarkeit. »Diese eitle Hoffnung verstärkte inzwischen noch Neros Verschwendungssucht«, schreibt Tacitus. »Die Aussicht auf die künftigen Schätze wurde so eine Ursache für die Verarmung des Staates.«

Derweil lässt Bassus sein gesamtes Grundstück und auch die benachbarten Felder umackern, aber die verheißene Höhle wird nicht gefunden. Der Punier wundert sich, bisher habe er seinen Träumen doch immer vertrauen können. Dann gibt er sich selber den Tod.

Die Geschichte erscheint uns zumindest sonderbar. Die Phönizier waren reich, ohne Zweifel. Schon die Bibel spricht von Schiffsladungen voller Gold, die sie aus fernen Ländern brachten. Doch auch im Rom des Kaisers Nero konnte noch nicht vergessen sein, wie vollständig Karthago im Jahre 146 v. Chr. am Ende des Dritten Punischen Krieges von den römischen Soldaten geplündert und zerstört worden war, zusätzlich 83 v. Chr. von Soldaten des Feldherrn Pompeius. Von dem verhassten Feind sollte nichts mehr zeugen, kein Palast und kein Tempel, kein Haus, keine Straße, keine Mauer – nichts. Darüber hinaus ließ Kaiser Augustus die Überreste planieren, um darauf eine römische Stadt zu errichten. Die wiederum wurde am 19. Oktober 439 von dem Wandalenkönig Geiserich zerstört; heute erhebt sich hier ein mondäner Vorort von Tunis.

Vor diesem Nichts stehen seit Jahrzehnten die Archäologen. Bis zu neun Meter tief müssen sie graben, um auf Zeugnisse einer der bedeutendsten Metropolen des antiken Seehandels zu stoßen, die Auskunft geben über das Leben, die Religion, die Menschen einer vergangenen Großmacht, die einst das Mittelmeer beherrschte, Afrika umrundete, das Alphabet und die Navigationstechnik er-

Punische Halskette mit eichelförmigem Anhänger aus Gold. Entdeckt in Monte Luna auf Sardinien. Die Gründung der Bergsiedlung verdeutlicht, wie Karthago auch ins Binnenland vordrang. Die Funde in der Nekropole zeigen die starke Verflechtung mit Karthago. Schmuckstücken wurde oft ein magischer Wert beigemessen; deswegen findet man sie häufig als Grabbeigaben.

Goldkette aus Tharros, 7.–6. Jahrhundert v. Chr. Die Ausgrabungen in der von den Phöniziern im 8. Jahrhundert v. Chr. gegründeten Kolonie an der Westküste Sardiniens ergaben überwältigend reiche Schmuckfunde.

fand. Sie waren die Besiegten, die »anderen« der frühen Geschichte, die dritte Weltmacht im mediterranen Raum neben Griechen und später den Römern, die in drei schicksalhaften Kriegen das mächtige Karthagerreich Schritt für Schritt schwächten und einengten und schließlich mit der totalen Verwüstung seiner Hauptstadt endgültig vernichteten. Nur archäologische Forschungen können Licht in das Dunkel eines ebenso rätselhaften wie faszinierenden Volkes bringen, das »im Zerrspiegel intoleranter biblischer Überlieferung und voreingenommener klassischer Autoren«, so der Hamburger Phönizier-Forscher Hans Georg Niemeyer, nur schwer zu erkennen ist.

Karthagos kleine Schwester

Weiter nordöstlich, Richtung Sizilien, nur 70 Kilometer von der afrikanischen Küste entfernt, scharrt auf einer Insel mit dem heutigen Namen Pantelleria ein Mann mit der Fußspitze in der trockenen Erde. Schon oberflächlich stößt er auf punische Zeugnisse. Hier liegen wie in einer Zeitkapsel verwahrt die versunkenen Dokumente, nach denen die Wissenschaftler in Karthago selbst mühsam suchen, ungestört, nicht überbaut, und selbst Raubgräber haben noch nicht den Weg auf dieses windumtoste Eiland gefunden.

Denen würde es auch schlecht ergehen. Es gibt Leute, die aufpassen und mit denen nicht zu spaßen ist. 7000 Menschen leben hier, Bauern, Hirten. Einiges hat sich geändert, seitdem der italienische Modeschöpfer Armani an der Küste ein Haus kaufte, der französische Schauspieler Depardieu nachzog und auch Pop-Ikone Madonna im Sommer sich hierhin zurückzieht. Seitdem ist Pantelleria zur heimlichen VIP-Insel der sehr Reichen und sehr Schönen geworden – und entsprechend teuer. Die Bars am Hafen, die wenigen Restaurants in den im Herbst wieder einsamen Buchten, die drei, vier eleganten Boutiquen verlangen Preise wie in St. Tropez. Die – einzige – Disco öffnet um zwei Uhr morgens, und alle Promis sind da. Nur Papparazzi nicht, auch die wagen sich nicht auf die Insel.

Bei gutem Wetter sieht man die afrikanische Küste und bei noch

Über dem Hafen von Pantelleria erhebt sich die antike punische Siedlung. Auf der höchsten Stelle des Hügels San Marco stand, so vermuten die Archäologen, ein Tempel/Heiligtum.

besserem angeblich auch Sizilien. Das zu Italien gehörende Pantelleria liegt genau dazwischen und damit an einem bis heute wichtigen Seehandelsweg, der den östlichen und westlichen Mittelmeerraum und damit auch Sizilien und Afrika verbindet. Günstiger geht es, strategisch gesehen, nicht. Von hier aus konnte man den Schiffsverkehr kontrollieren und hatte selber auf dem Weg nach Europa – oder umgekehrt – einen Brückenkopf. Karthagos Flugzeugträger im Mittelmeer sozusagen.

Die Lage an der engsten Stelle der heutigen Straße von Tunis/Sizilien führt dazu, dass an Pantellerias Küste fast jede Woche Flüchtlinge aus Afrika stranden; ihre Boote bleiben in den schroffen Klippen aus schwarzem Lavagestein liegen. Pantellerias Bedeutung im Schnittpunkt der alten Seehandelsrouten zeigt sich in den zahlreichen antiken Wracks, die rund um die Insel entdeckt worden sind, und den geborgenen Amphoren zum Transport vor allem von Öl, Getreide und Wein.

Karthagos vergessener Stützpunkt wird seit drei Jahren ausgegraben. Wie in den sizilischen Städten Selinunt und Mozia das Verhältnis zu den Griechen lässt sich hier modellhaft die sich historisch anschließende Auseinandersetzung und Akkulturation zu den Römern erforschen. Unter Leitung von Thomas Schäfer, Professor für Klassische Archäologie an der Universität Tübingen, und Prof. Dr. Massimo Osanna, Universität der Basilicata in Matera, wird die punisch-römische Akropolis freigelegt. Das Projekt im Rahmen der *Carta Archeologica dell' isola di Pantelleria* wird ermöglicht durch Unterstützung der Gerda Henkel Stiftung und der Deutschen Forschungsgemeinschaft.

Hier und in den einstigen punischen Kolonien auf Sizilien (»Punier« ist die latinisierte Form des Wortes »Phönizier« und wird für den westlichen Mittelmeerraum angewendet) haben wir die Chance, mehr über die antike Weltmacht zu erfahren. Und stoßen dabei zufällig auf einen überraschenden Jahrhundertfund: Mit laufender Kamera sind wir dabei, als in fünf Meter Tiefe der Kopf des römischen Feldherrn Julius Caesar aus feinstem griechischem Marmor in einer zugeschütteten punischen Zisterne freigelegt wird. Fast 2000 Jahre lag er hier geschützt und verborgen. Eine Sternstunde für Archäologen wie Filmemacher. Doch davon später.

S. 18 oben: *Wrack eines »Seelenverkäufers«. Schlepperbanden bieten für teures Geld Schiffspassagen von Nordafrika nach Europa feil. Am nächsten liegt Pantelleria. Die »Reise ins Glück« endet nicht selten mit einer Havarie und der Abschiebung der Afrikaner.*

S. 18 unten: *Hunderte von Amphoren wurden am Meeresgrund rund um Pantelleria gefunden. Sie beweisen, die Insel war ein wichtiges Handelszentrum für den gesamten Verkehr im Mittelmeerraum.*

14. *August* 2003. *Der große Augenblick:* Eine Studentin hat Julius *Caesar gefunden.*

Wir machen uns auf den Weg, bisher ungeklärte Fragen zu beantworten und manches Rätsel des geheimnisvollen, in der griechisch/römischen Literatur als blutrünstig, habgierig, feige und hinterhältig beschriebenen Volkes zu lösen. Eine (Des-)Information des Siegers? Der römische Schriftsteller Plinius berichtet zwar: »Die Handelsgeschäfte haben die Punier erfunden.« Doch neben der Bewunderung für ihr seefahrerisches Können schwingt auch immer Neid mit ob ihrer reichen Gewinn abwerfenden Aktivitäten. Schon Homer schildert sie als rücksichtslose Händler, die sogar den listenreichen Odysseus hereinlegten.

Die phönizischen Kolonien – Karthago war die größte – basierten auf Handelsstützpunkten: ein perfekt funktionierendes Netz von Spanien bis Ägypten und Mesopotamien, von der afrikanischen Westküste bis nach Anatolien, ausgehend von einer Hand voll kleiner Stadtstaaten an der Libanonküste. Die ersten *global players* der Geschichte.

Die Globalisierung des Mittelmeerraums in der Antike durch die phönizischen *merchant ventures* ist ein ungeheuer spannender und neuer Aspekt, dessen Untersuchung uns weiterhilft bei der Diskussion über die Chancen und Gefahren von Globalisierung heute. Denn, um mit dem weisen Prediger Salomonis zu sprechen: »Nichts Neues gibt es unter der Sonne.« Wir müssen nur genau hingucken.

Triumphzug für Cossyra

Die Akropolis, die Häuser, die Stadtmauer – alles liegt noch so im Boden Pantellerias verborgen, wie vor mehr als zwei Jahrtausenden aufgegeben. Die römischen Konsuln Servius Fulvius Paetinus Nobilior und Marcus Aemilius Paullus, Befehlshaber beim römischen Flottensieg von 255 v. Chr., nahmen im Ersten Punischen Krieg das antike Cossyra ein und stationierten dort eine römische Besatzung. Welche Bedeutung Rom dem Sieg beimaß, zeigt, dass es den beiden Konsuln am 18./19. Januar 254 v. Chr. einen Triumphzug in Rom ausrichtete.

Wenige Jahre später wurden die Karthager auch in ihren sizilischen Niederlassungen endgültig besiegt. Nach 500 Jahren punischer Vormacht im Westen Siziliens geriet die ganze Insel unter

Der wieder aufgebaute, abends angestrahlte Tempel E auf dem Osthügel von Selinunt. Vor der Stadtmauer errichtet, signalisierte der Heilige Bezirk den Reichtum und Stolz der Bürger – und wie sicher sie sich fühlten.

römische Herrschaft. Eine Epoche ging zu Ende. Vorausgegangen waren Jahrhunderte gewalttätiger Auseinandersetzungen mit den griechischen Kolonien auf Sizilien, allen voran Syrakus.

Die Phönizier waren im Westen Siziliens vor den griechischen Kolonisatoren da: Schon im 8. Jahrhundert v. Chr., wohl kurz nach der Gründung Karthagos, errichteten sie einen Stützpunkt auf Mozia, einer kleinen, Sizilien im Südwesten vorgelagerten Insel.

Selinunt war die westlichste griechische Kolonie auf Sizilien. Hier stießen die beiden Einflussbereiche aufeinander. Den punischen Kolonisatoren ging es um Stützpunkte für ihre Handelsfahrten, den Griechen dagegen um Land, um viel ertragreiches Ackerland, das bei der Ankunft unter den Siedlern gleichmäßig verteilt wurde. Beide Kolonien befruchteten sich gegenseitig durch regen Handelsaustausch und wurden reich dabei. Die gewaltigen, uns noch heute beeindruckenden Säulentempel der Selinuntiner, die schon Hunderttausende von Besuchern anlockten, sind nur ein Beweis.

Die Griechen fühlten sich so sicher, dass sie einige ihrer heiligen Bezirke außerhalb der Stadtmauer errichteten, selbst die Befestigungen vernachlässigten sie. Deswegen hatten sie keine Chance, als 409 v. Chr. plötzlich ein gewaltiges karthagisches Heer vor ihren Toren stand.

Lanzenspitzen und ein Lanzenschuh (rechts), aus der Grabung Selinunt – Zeugnisse des blutigen Gemetzels von 409 v. Chr.

Eines der blutigsten und am besten dokumentierten Gefechte der Antike nahm seinen Lauf. Ein Datum, das eine Zeitenwende in der antiken Geschichte Siziliens darstellt und bis zur Einnahme durch die Römer um 250 v. Chr. den Westteil der Insel mit Unterbrechungen punisch werden lässt. Deutsche und italienische Wissenschaftler versuchen im wahrsten Sinn des Wortes Stein für Stein ein Puzzle zusammenzusetzen, das uns Auskunft gibt über die beiden so verschiedenen Kulturen und ihrem Nebeneinander – mit frappierenden Ergebnissen.

Die Spuren der gewaltigen Kampfhandlungen von 409 können wir noch heute erkennen. Die deutschen Archäologen haben an vielen Stellen der Stadt gegraben und überall das gleiche Bild einer tief greifenden Zerstörung gefunden: In den stark beschädigten Tempeln, an einem Tor in der Stadtmauer kam ein Lanzenschuh zum Vorschein, an einer Straße ein Münzhort, den ein Fliehender noch zu verstecken versuchte, und auch das Skelett eines der gefal-

lenen Krieger haben sie auf dem zentralen Marktplatz des antiken Selinunt, der Agora, ausgegraben. Hier haben die letzten Kämpfe getobt. Es war nur noch ein Schlachten.

Skelett in der Zerstörungsschicht von 409 v. Chr. auf der Agora von Selinunt. Der Mann war wohl einer der letzten der im Häuserkampf Gefallenen. Eine ordentliche Bestattung hat er nicht bekommen, das beweist die Lage des Skeletts.

Häuserkampf auf der Agora

In zwei Tagen segelt die Flotte unter dem Befehl des karthagischen Feldherrn Hannibal (so hießen in Karthago viele, also nicht zu verwechseln mit dem Hannibal, der 200 Jahre später die Alpen überquerte) nach Sizilien. 60 Kriegsschiffe und 1500 Transportschiffe sollen es gewesen sein. Wie der griechische, auf Sizilien geborene Schriftsteller Diodor in seiner *Weltgeschichte* überliefert – aber selber vorsichtig anzweifelt –, versammeln sich 200 000 Mann und 4000 Reiter gegenüber der Insel Mozia. Dann macht sich das gewaltige Heer auf den Marsch gut 50 Kilometer gen Osten, nach Selinunt. Es ist wie üblich eine innergriechische Auseinandersetzung, in die die Karthager eingreifen, um das Gleichgewicht auf

der Insel zu bewahren. Denn sie wollen vor allem eins: Geschäfte machen, Geld verdienen, Handel treiben. Eben auch mit den reichen griechischen Pflanzstädten. Und es galt zu verhindern, dass ihre Stützpunkte auf Sizilien und damit die strategische Kontrolle der Seehandelswege gefährdet würden.

Das weiter nördlich liegende Segesta hat Karthago gegen das aggressiv expandierende Selinunt zu Hilfe gerufen, nachdem die 40 000 Mann starke Armee, die Athen geschickt hatte, schmählich untergegangen war, besiegt von Syrakus, das auf Seiten Selinunts stand. Es geht um die fruchtbaren Ebenen, die aneinander grenzen, Quellen des Reichtums der griechischen Kolonien auf Sizilien, deren Pracht die Mutterstädte weit übertrifft. Segesta ist noch heute berühmt wegen seines mächtigen Tempels. Kaum ein Tourist, der sich den dorischen Tempel, einer der besterhaltenen Italiens, auf seiner Sizilien-Rundreise entgehen lässt.

»Leben auf Sizilianisch«, so schrieb Platon, bedeutet »ein, wie man sagt, seliges Leben führen, voll von gedeckten Tischen und Festmählern«. Der Selinunter Stadtstaat, der direkt an das Hoheitsgebiet der punischen Kolonie Mozia grenzte, hatte zu der Zeit rund 200 000 Einwohner, allein in der Stadt lebten etwa 35 000 Menschen, darunter berühmte Philosophen, Dichter, Bildhauer und Maler. Ihren schnellen Aufstieg verdankte Selinunt neben der blühenden Landwirtschaft dem florierenden Handel mit dem punischen Nachbarn.

Vor dem reichen, durch seine gewaltigen Säulentempel weithin glänzenden Selinunt angekommen, gliedert Hannibal seine Truppen in zwei Teile, umzingelt den Ort, bringt seine Belagerungsmaschinen in Stellung, errichtet für die Bogenschützen Türme höher als die Festungsmauer und beginnt sogleich mit voller Wucht den Angriff. Die Selinuntiner senden Reiter nach Syrakus mit der dringenden Bitte um schnelle Hilfe. Die aber lässt auf sich warten, bis es zu spät ist. Die Einwohner sind überrumpelt, schließlich waren sie mit Karthago befreundet, haben auf seiner Seite gekämpft, treiben seit Jahrhunderten einen lukrativen Handel mit ihnen.

Neun Tage lang kämpfen Männer, Frauen, Kinder mit dem Mut der Verzweiflung gegen die Übermacht. Zuerst von den Zinnen der Mauern herab, die bald den eisenbeschlagenen Rammböcken nachgeben, dann von den Hausdächern und von den Eingängen

Marmorbüste aus dem Heiligen Bezirk von Selinunt. Sie schmückte einen der prachtvollen Tempel.

S. 24: Segesta, verbündet mit den Karthagern, galt als Todfeind Selinunts.

Oben: Tempel

Unten: Das besterhaltene hellenistische Theater Siziliens mit atemberaubendem Blick ins Land und zum Golf von Castellammare

So sah Selinunt in seiner Blütezeit aus. Rekonstruktion der französischen Forscher J. Hulot und H. Fougères, 1910

Belagerungsmaschine. Der erste Lift der Weltgeschichte?

der schmalen Straßen, die sie noch zu verbarrikadieren versuchen. Der Kampf tobt mit nicht nachlassender Gewalt. Hannibal verspricht seinen Soldaten, die Stadt zur Plünderung freizugeben. In vernichtenden Straßenkämpfen wird Haus um Haus erobert und mit seinen Einwohnern niedergebrannt. Die letzten Verteidiger versammeln sich zu einem aussichtslosen Kampf auf dem Marktplatz. Alle werden niedergemetzelt, auch Frauen, Kinder und Greise. Ein grausames Morden, das Diodor beschreibt. Und wir werden erinnert an Kriege unserer Zeit, an Bilder, die uns fassungslos und verzweifelt machen und zeigen, wie unter einer dünnen Decke von »Zivilisation« der Mensch des Menschen Wolf ist: »Nach heimischem Brauch«, schreibt Diodor, hacken die Barbaren den Besiegten die Hände ab, tragen sie in Bündeln an ihrem Körper und stecken die abgeschlagenen Köpfe der Feinde als Trophäe triumphierend auf ihre Speere.

Ganz Selinunt war voll von Blut und Leichen. Frauen wurden nicht nur selbst vergewaltigt, sondern mussten mit ansehen, »wie ihre heiratsfähigen Töchter Behandlungen erlitten, die nicht ihren Jahren entsprachen«. Dabei werden auch die Knaben nicht verschont. Nur den Frauen und Kindern, die sich in die Tempel geflüchtet hatten, wird das Leben versprochen, damit sie sich nicht mit den Heiligtümern voller sagenhaft wertvoller Weihegeschenke in Brand setzten.

Nie wieder sollte sich die schöne reiche Griechenstadt, nachdem sie von ihrer Gründung an 242 Jahre als Wohnstätte gedient hatte, von dieser Zerstörung erholen. Diodors Schilderung von Mauersturm und Häuserkampf im Jahre 409 v. Chr. können wir noch heute überprüfen. Ein Ruinenfeld erzählt seine Geschichte. Eine 2400 Jahre alte Geschichte voller menschenverachtender Brutalität, die sich seitdem in einer unendlichen Kette blutiger Kriege wiederholt hat.

Können Menschen nicht aus Geschichte lernen?

Saxa loquuntur

Es ist heiß in Selinunt, selbst abends, wenn wir mit einer Sondererlaubnis noch im Archäologischen Park drehen dürfen. 270 Hektar umfasst er, wird streng bewacht und schließt von 20 Uhr bis 8 Uhr morgens. Italien stöhnt unter einer Hitzewelle, der schlimmsten Dürre seit hundert Jahren. Stromausfälle machen sich gerade in den besseren Vierteln bemerkbar; die auf Hochtouren laufenden Klimaanlagen bringen das Netz zum Erliegen. Beim Einsteigen zeigt das Außenthermometer unseres Wagens 50 (!) Grad im Schatten. Im Grabungshaus des Deutschen Archäologischen Instituts (DAI) auf dem Gelände des Archäologischen Parks herrschen

Dieter Mertens vor dem Skelett auf der Agora von Selinunt. Im Hintergrund der zum Meer abfallende Felssporn mit der wieder aufgebauten Säulenreihe des Tempels C

Mertens vor dem Modell eines durch ein verheerendes Erdbeben zerstörten Tempels vor seiner heutigen Rekonstruktion (im Hintergrund). Ein Puzzle mit Tonnengewichten

auch nachts 38 Grad, und das in einem alten, eigentlich immer kühlen Lehmgebäude. Das einstige Bauernhaus haben sich die DAI-ler selber hergerichtet, sogar mit eigener Hauskapelle.

Ein wenig Milderung bringt der Seewind, die antike Stadt ist auf einem 50 Meter hohen, steil ins Meer abfallenden Plateau errichtet, ein Küstenfort. Trotz der Hitze schieben sich bis zu 1000 Besucher am Tag durch das Gelände, erstaunlich viele Kinder dabei, die – noch erstaunlicher –, ohne zu quengeln, fasziniert und neugierig die Ruinen für sich erobern. Ein paar deutsche Touristen fragen, für wen wir da filmen. »Fürs ZDF.« Das macht Eindruck. Und wer die Hauptdarsteller seien? Na, die Archäologen. Ein enttäuschtes »Ach so, kein richtiger Spielfilm.« Das zum Wert von Authentizität.

Dieter Mertens kommt mir auf der antiken Hauptstraße entgegen. Mit seinen 60 Jahren wirkt der Professor mit den strahlend blauen Augen energischer und vitaler als viele seiner jungen Kollegen, immer aktiv und beschäftigt, schließlich leitet er noch »ganz nebenbei« als Erster Direktor in Rom die Außenstelle des DAI, des ältesten archäologischen Forschungsinstituts der Welt. In

Das noch heute massive Nordtor, ein vorgelagertes Befestigungsbauwerk zur Offensivverteidigung. Von hier aus attackierten die Verteidiger ihre Angreifer vor den Stadtmauern. Darauf standen die neuartigen Katapulte, die ersten Fernwaffen.

Selinunt gräbt er mit Unterbrechungen seit drei Jahrzehnten. Ganz deutlich sei in dieser Zeit eine Klimaveränderung zu beobachten, die Sommer werden immer heißer, trockener, länger.

Mertens ist studierter Architekt, und das ist gut so. Ein Stadtgebiet von 120 Hektar will untersucht sein, dabei hat man auf 95 Hektar noch gar nicht mit den Ausgrabungen begonnen. Er kennt jeden Stein. Und wir haben das Gefühl, er liebt auch jeden einzelnen. Begeistert weist er auf einen für uns ungeordneten Steinhaufen: Eine Häuserwand liegt noch genauso, wie sie 409 beim Häuserkampf umstürzte. Wo wir nur gigantische, für unsere Augen unübersichtliche, verwirrende Ruinenfelder sehen, Millionen durcheinander liegender grauer Steine und Säulentrommeln, lässt er passioniert die Befestigungen der Akropolis auferstehen, im Vorbeigehen auch den Palast des Tyrannen und den Tempel B, an dem man zum ersten Mal die kräftige Farbigkeit der griechischen Architektur nachweisen konnte – »die Antike war herrlich sinnlich bunt« –, deutet auf Straßenzüge und Häuser, griechische wie punische, erklärt die Unterschiede in der Bau- und Nutzungsweise, und wir lernen in einem Crashkurs schon mit einem Blick

So farbenprächtig waren die Tempel, als in ihnen die griechischen Götter verehrt wurden.

Erhaltene Tempelfragmente mit farbig bemaltem Putz. Von solchen Beweisstücken wissen wir, wie die Tempel vor 2500 Jahren ausgesehen haben. Die Antike war bunt!

die beiden Häusertypen zu unterscheiden. Die griechischen Mauern waren aus massiven, sauber bearbeiteten Steinquadern zweigeschossig aufgerichtet, die zum Teil darauf stehenden punischen in einer alten orientalischen Mauertechnik, das so genannte *opus africanum*, grob zugeschlagene Steinpfeiler mit kleinsteinigem Mauerwerk dazwischen und dementsprechend deutlich stärker zerfallen. Mertens: »Die Architektur zeigt einen tief greifenden Wandel in der Kultur und in der sozialen Struktur der Stadt zur Zeit der punischen Vorherrschaft.« Doch er betont auch, dass man keineswegs generalisierend von »punischem Schrott« reden könne, wie es einer seiner jungen antikenbegeisterten Mitarbeiter formuliert. Die Unterschiedlichkeit, aber auch das Miteinander, das gegenseitige Befruchten ist für ihn das Spannende, die Akkulturation.

Ein höchst aktuelles Thema.

Tanit in Selinunt

Der gesellschaftliche Umbruch, der sich in der einstigen Griechenstadt nach 409 vollzog, ist bis ins heimische Badezimmer hinein zu erfassen: in den punischen »Nasszellen« mit Tonwannen, während in den griechischen Häusern das Waschbecken die übliche Einrichtung zur Körperreinigung bleibt. Die Punier hatten, bedingt durch ihre afrikanische Heimat, ein besonders hohes Bewusstsein in der Wasserhaushaltung mitgebracht. Wenn sie ursprünglich griechische Häuser nutzten, so deckten sie die Neubauten flach. Die Dächer dienten so als Auffangbecken für Regenwasser, das in wasserdicht verstuckten Fallrinnen nach unten geleitet wurde. Von hier führten Kanäle in die Zisternen. Die wurden im Inneren der ehemals griechischen Häuser eingegraben.

Wir stehen in solch einem gepflasterten Hof vor dem einst prächtig geschmückten Eingang, erkennen die Farbreste des bunt verputzten Hauses, unterscheiden die übernommenen griechischen Bauelemente, die großformatigen, präzise geschnittenen Steinquader, und die folgenden punischen Ausstattungen; sogar eine Säule aus archaischer Zeit ist als Baustein wiederverwendet worden. Wir sehen die Brandspuren des vernichtenden Feuers an

Tanit-Zeichen in einem punischen Fußboden in Selinunt

der griechischen Mauer und schauen durch einen etwa ein Meter hohen Brunnenstutzen in eine bestens erhaltene punische Zisterne: drei Meter tief, oval, ein Fassungsvermögen von 3000 Litern, mit heute noch wasserdichtem weißem Stuck ausgekleidet. Mertens deutet auf die Rinnen, die sich tief in die Umrandung eingekerbt haben. Hier wurden an Seilen die Schöpfeimer herabgelassen. Vor über 2000 Jahren …

Der Archäologe lässt eine versunkene Welt auferstehen – mit ihren Menschen. Mertens Begeisterung steckt an, die Steine sprechen immer deutlicher. Der Fußboden hier auf dem Akropolishügel im einstigen griechischen Tempel A, mit seinen eingelegten Mosaiken, die das Zeichen der Tanit zeigen, der karthagischen Fruchtbarkeitsgöttin, ist klar punisch.

Stierkopf, Zeichen der Fruchtbarkeit. Das Mosaik markiert einen Heiligen Bereich innerhalb der punischen Siedlung in Selinunt, nahe beim Tempel C.

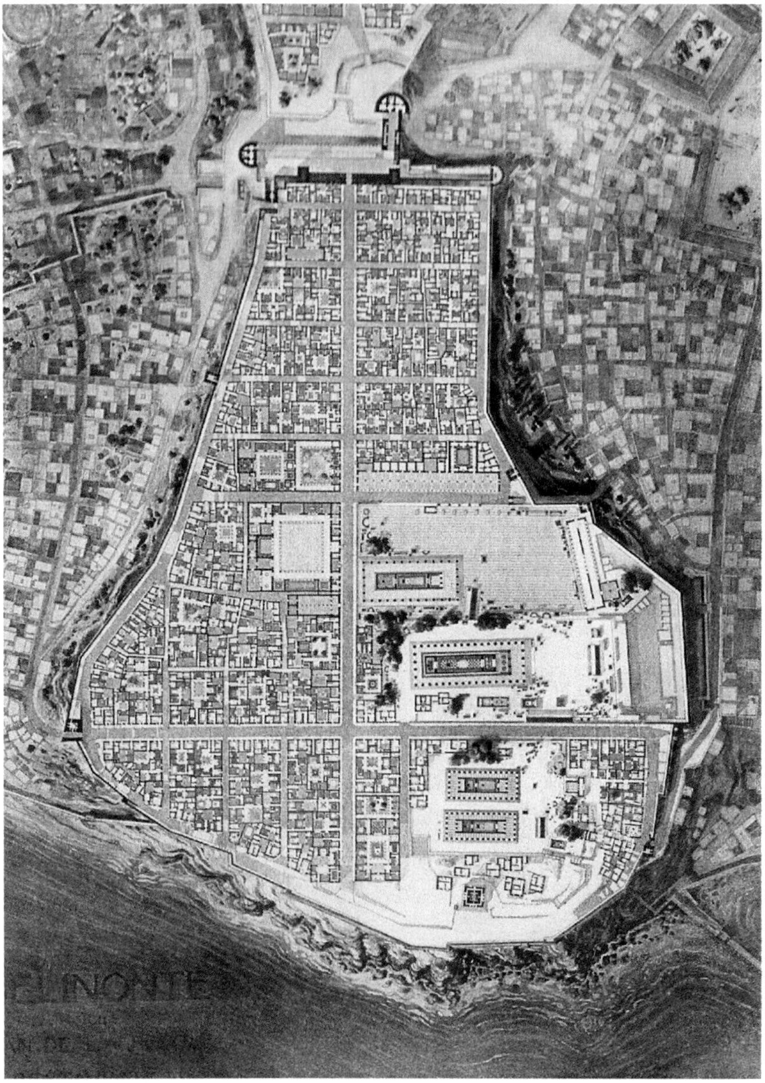

Manhattan um 1930? Nein! Es ist der Stadtplan von Selinunt aus dem 7. vorchristlichen Jahrhundert.

Unweit des Tempels C, von dem eine Säulenreihe wieder aufgerichtet ist, liegt ein punisches Händlerviertel. Die Bebauung nach 409 ist enger, kleinzelliger, weniger sorgfältig ausgeführt. Steine wurden wieder verwendet, ohne richtig zu passen. Schnell musste es offensichtlich gehen und nicht nach einem Gesamtplan. Das war bei der Gründung um 650 v. Chr. ganz anders. Selinunt wurde im Ganzen geplant wie erst Jahrtausende später New York.

In der Schemazeichnung ist deutlich die planmäßige Anlage der griechischen Stadtgründung zu sehen. Haupt- und Nebenstraßen sind klar gegliedert, verlaufen im rechten Winkel oder parallel zueinander. Funktionale Modernität vom Reißbrett

Ein Stadtplan wie New York

Die griechischen Kolonisten kamen vom Osten Siziliens. Im Westen hatten wohl schon 100 Jahre zuvor die Phönizier auf der Insel Mozia einen Handelsstützpunkt errichtet für ihre Fahrten nach Sardinien und Spanien zu den begehrten Bodenschätzen.

Es ist faszinierend und eigentlich unglaublich, wie die Neuankömmlinge das Plateau am Meer besiedelten. Sie gingen nach einem genauen, vorher festgelegten Plan vor, der uns ungeheuer modern erscheint. Die Archäologen legten ein Straßennetz frei, das von Hauptachsen ausgehend rechtwinklig im gleichen Abstand schnurgerade Straßen bietet. Im Vergleich: In Hamburg wurde die erste schnurgerade Straße, der heute noch existierende »Neue Wall«, 1707 angelegt! Und die Ausgräber können aufgrund der Funde beweisen, dass Selinunt tatsächlich schon in der zweiten Kolonistengeneration, also seit den ersten Jahren des 6. Jahrhunderts v. Chr., so konstruiert wurde. Auf Zuwachs übrigens. Auch der war geplant. Die Vision der »wachsenden Stadt« ist also nichts Neues.

Mertens gesteht, dass ihn persönlich an dieser Grabung die »Modellhaftigkeit« einer antiken Stadt fasziniert: »Wir haben diesen Ort mit Bedacht gewählt. Sie ist eine große Planstadt, modern in ihrem Aufbau, wenn ich an die großen Städte Amerikas denke. Sizilien, das ist das Amerika der Griechen.«

Selinunt ist dem Reisenden vor allem durch seine monumentalen dorischen Tempel bekannt. Monumentalität und Größenwahn faszinieren immer. Doch das heute nur dem, der es weiß, sich erschließende und erkennbare Straßensystem ist mindestens so spannend und vielleicht sogar aufregender. Das moderne Straßenraster der Kolonie ist erst durch die Ausgrabungen und Kartierung in seiner Perfektion deutlich geworden. Auch geomagnetische Messungen in dem sich nördlich an die Akropolis anschließenden Stadthügel ergaben ein neues Bild der alten Stadt, ihres Straßennetzes und der Quartiere, die den Kolonisten zugeteilt wurden. In *einem* großen Zug wurde die Stadt nach *einem* Generalplan angelegt mit der Aufteilung in private und öffentliche Gebiete und deren Erschließung durch regelmäßige Straßensysteme. Es gab eine gleichmäßige Verteilung von Grund und Boden an die Kolonisten innerhalb und außerhalb der Stadt.

Die Grundidee modernen Städtebaus wurde eingehalten: Der Verkehr muss fließen. Die Hauptverkehrsströme zwischen Tempel und Agora leitete man durch die breiten, gepflasterten Nord-Süd- und Ost-West-Achsen. Die so entstandenen vier Quadranten wurden unterteilt von in gleichen Abständen rechtwinklig davon abgehenden Straßen zweiter Ordnung, davon wiederum rechteckig im gleichen Abstand die Querstraßen. Die Wohnparzellen erhielten dadurch gleiche Proportionen.

Die Hauptarterien des Stadtplans verbinden die Agora mit den großen Heiligtümern im Westen und Osten außerhalb der Stadt. Durch das prunkvollste und größte archaische Stadttor der griechischen Welt führte der als Prozessionsstraße genutzte Weg zu den gewaltigen Tempeln, den Zeugen von Reichtum, Stolz und Kraft. Auch wenn der Riesentempel G, einer der größten der griechischen Welt, selbst nach 124-jähriger Bauzeit nie vollendet wurde.

Für Dieter Mertens zeigt die geplante und verwirklichte Stadt den Erfolg des Menschen, wenn er mit großem, starkem Willen an eine Aufgabe herangeht, Land urbar zu machen, Menschen anzusiedeln, jedem eine gleiche Chance zu geben, sich in dieser Gleichheit zu bewähren.

Der Erfolg drückte sich in den monumentalen Bauwerken aus.

In keiner Stadt der griechischen Welt wurden so viele Säulentempel in so kurzer Zeit errichtet, ein Ausdruck des Stolzes der Bürger. Größer, schneller, weiter, das galt schon für die Griechen. Dann, im 5. Jahrhundert v. Chr., kam die Zeit des Luxus und damit der Schwäche. Die Verteidigungswerke wurden vernachlässigt, vielleicht auch die diplomatische Aufmerksamkeit. So kam es zur Katastrophe von 409.

Mit der punischen Herrschaft ist es auch vorbei mit der Systematik, die Straßen werden schmaler, unübersichtlich, enden in Sackgassen. Verwinkelte Stichstraßen führen in unregelmäßig gebildete Plätze. Die Auswirkungen der Kulturbegegnung zweier wesensfremder Gesellschaften im täglichen Leben sind unübersehbar. Auch hier eine Modellhaftigkeit.

Und doch kam es durch die große Katastrophe, durch die gewaltigen Auseinandersetzungen zwischen Griechen und Karthagern zu neuen, anderen Höhepunkten in Selinunt, zu Bauwerken, mit denen sich nur noch Syrakus messen kann.

Megalopolis

Von seinem Balkon im Grabungshaus des DAI sieht Mertens direkt auf die jüngste Ausgrabung. Seit 1996 wird die Agora systematisch freigelegt, der immerhin drei Hektar große Marktplatz im Herzen der antiken Stadt. Von hier führten die monumentalen Achsen zu den großen Heiligtümern. Die Untersuchung des Stadtgebiets ist der Traum jedes Archäologen, weil es nicht wieder überbaut wurde. Nach der Verwüstung im Karthagersturm lag das Rückzugsgebiet der Einwohner innerhalb der Festungsmauern der sich südlich anschließenden Akropolis. Die reiche griechische Pflanzstadt hatte aufgehört zu existieren. Der einstige Wohnhügel erstreckt sich kahl unter der gleißenden Sonne, ohne sichtbare Ruinen, unerforscht. Unberührt über die Jahrtausende liegen die Befunde gleichsam versiegelt unter der Erde. Schicht um Schicht wird zentimeterweise aufgedeckt. Das Leben auf der Agora einer griechischen Großstadt in hochklassischer Zeit soll enträtselt werden.

Hier war das Zentrum der bürgerlichen Stadt, auch das politische Zentrum. Die Stätte, wo Wohnen, Handel, Verwaltung und

Rechtsprechung zusammenkamen. Und wohl auch das gesellschaftliche, repräsentative Leben, wie ein freigelegter »Bankettsaal« zeigt, vielleicht der Ort, wo Staatsgäste feierlich empfangen wurden.

Jüngste Ausgrabung der Agora. Aus der Luft erkennt man auch hier die Regelmäßigkeit der Anlage.

Der drei Hektar umfassende trapezförmige, offene Platz, den man in der Mitte der Stadt freigrub, muss zu größeren Treffen gedient haben. Mertens glaubt, dass hier die Volksversammlung tagte, auch Messen, Viehmärkte und vielleicht sogar die Laufwettbewerbe stattfanden, da bisher in keiner der westgriechischen Städte ein Stadion nachgewiesen ist.

Die Agora war begrenzt von Ladenzeilen. Bisher wurden 16 gleich große Geschäfte freigelegt: zum Markt hin eine offene Ladenzeile, dahinter die Wohngebäude. Durch die reichen Funde kann man bestimmen, womit dort gehandelt wurde. Die Ausgräber finden Zeugnisse für ein perfekt organisiertes, umfassendes Angebot aus aller Welt.

Besonders wichtig sind die Erkenntnisse zur ersten Besiedlung, der Absteckung und Ausweisung der streng gleichen Baulose von

Gefäße aus griechischer Zeit, freigelegt in der Ladenzeile, die die Agora umgab

Punische Doppelstele, gefunden auf einem Friedhof

je 220 Quadratmetern. Auch hier ist an den Häusern deutlich der Unterschied von griechischen und punischen Bewohnern zu erkennen. Die größte Überraschung bietet die Ausdehnung der Siedlung, die nach dem Karthagersturm und der Aufgabe der alten griechischen Kolonialstadt hier wieder entstand, gebaut durch eine kulturell so verschiedene Bevölkerung. Dieser verlassene, leere Hügel birgt noch viele Überraschungen.

In dem Zerstörungshorizont von 409 v. Chr. stießen die deutschen Wissenschaftler auf Waffen und plötzlich auf das Skelett. Umringt von Menschen, die fast zweieinhalb Jahrtausende später neugierig und nachdenklich die gekrümmt daliegende Gestalt anstarren, einer der letzten im Häuserkampf Gefallenen vermutlich, wartet es jetzt auf seine Untersuchung durch den Anthropologen.

Ich frage Mertens, warum die italienischen Behörden deutschen Archäologen die Erlaubnis geben, ihre Geschichte auszugraben? »Weil Archäologie eine internationale Wissenschaft ist und nicht viel mit Nationalismus zu tun hat, wie das früher teilweise war. Außerdem ist es eine ganz enge Zusammenarbeit mit den italienischen Kollegen, die in den vielen Jahren zu Freunden geworden sind; und wir zu halben Sizilianern. Wir ergänzen uns. Die italienische Wissenschaft ist mehr historisch orientiert, wir sind eher sachzugewandt. Wir sind uns gegenseitig ans Herz gewachsen, das spüren auch die jungen Leute, die regelmäßig mit auf meine Grabungen kommen. Eine unglaubliche Erfahrung für ihr Leben, immer vor dem Hintergrund einer großen Wissenschaft.«

Und die ist vor allem in Mertens' Erforschung der mächtigen Festungswerke Selinunts dokumentiert.

Die Katapulte des Tyrannen

Das Hauptheiligtum der Stadt lag direkt über dem Meer auf dem steil abbrechenden Felssporn des Akropolishügels, der durch die beiden heute versandeten Flüsse gebildet wurde. Der so genannte Tempel C muss von weitem, von See her, schon sichtbar gewesen sein. Seine wiedererrichtete Säulenreihe ist für die Touristenströme markanter Anziehungspunkt und lockt als begehrter Fotohintergrund. Die monumentale, am Fuß 17 Meter breite Mauer der Akropolis fällt dem vom Großparkplatz kommenden Besucher als Erstes ins Auge. Wie eine Stufenpyramide entwickelt sie sich terrassenförmig nach oben mit eingebautem Wasserkanal, der zu einer Quelle im Innern des Berges führt. Der gewaltige Komplex, der das gesamte Heiligtum umsäumt, ist aber keineswegs, wie man früher glaubte, die bei der planvollen Anlage Selinunts errichtete Stadtmauer. Sie gehört zum alten Heiligtum und bildete die Stützmauer der gewaltigen Tempelterrasse. Mertens' Untersuchungen haben ergeben, dass sie erst für die Zeit nach 409 als Festungsmauer hergerichtet wurde.

Drei Phasen des heute noch imponierenden Festungswerks Selinunt kann er nachweisen, die der jeweiligen Entwicklung der Wehrtechnik entsprechen. Zuerst wurde das Küstenfort durch einfache Gräben und Mauern ohne Türme geschützt. Dann, als der Platz 397 v. Chr. auf seinem Feldzug gegen Mozia kurzfristig in die Hand von Dionysios, Tyrann von Syrakus, fällt, lässt dieser die Mauer auf sechs Meter Tiefe verstärken und kräftige rechteckige Wehrtürme errichten. Wahrscheinlich um hier seine Katapulte aufzustellen, die neue Waffe, die eben erfunden worden war, die erste effektive Fernwaffe. Das Verteidigungskonzept basierte ganz offensichtlich auf einer wirksamen Artillerie. Dionysios hatte für seine Feldzüge gewaltig aufgerüstet, indem er die berühmtesten

Der Festungskomplex von Selinunt: Modell der neuen Verteidigungsanlage des Tyrannen Agathokles mit den vorgeschobenen mehrstöckigen Artilleriestellungen zur »Vorwärtsverteidigung«.

Militärexperten der damals bekannten Welt an seinem Hof versammelte. Und denen war die epochemachende Erfindung des Katapults gelungen.

Doch dann, in der dritten Ausbauphase, lässt sich eine geradezu revolutionäre Neuheit nachweisen. Der Fortschritt lag im Konzept, im Erfindungsgeist. 307 v. Chr., nach der erfolglosen Belagerung Karthagos, erstürmte der syrakusanische Tyrann Agathokles auf dem Rückzug von Nordafrika das seit fast 100 Jahren wieder punisch beherrschte Selinunt, verbarrikadierte sich hier und errichtete ein monumentales Befestigungswerk. Eine vollkommen neue Anlage, die den modernsten Erkenntnissen der Kriegführung entsprach, nämlich der Offensivverteidigung. Durch die Neuerungen in der Mechanik waren auch die Belagerungsmaschinen immer gefährlicher geworden. Um diese neuen Angriffswaffen zu stören, wartete man nicht auf den Zinnen ab, was der Feind tun würde, sondern versuchte ihm durch große Bewegungen der Truppen hinaus ins Vorfeld zuvorzukommen. Der geniale Stratege Agathokles – auch Tyrannen können genial sein, doch dieser tat sich vor allem durch seine Skrupellosigkeit und Grausamkeit hervor – baute einen Festungskomplex mit mehrstöckigen Ausfallanlagen. Von den vorgeschobenen starken Artilleriestellungen herab wurden die durch geheime Tunnel hinausstürmenden Soldaten geschützt. Schießscharten für die Bogenschützen, Geschützöffnungen zur Sicherung der Ausfallpforten, ein dreistöckiger Wehrgang, die verborgenen Gänge mit den Ausfalltürchen und feuersichere Decken machten das Bollwerk schier uneinnehmbar.

Archimedes und die NASA

Das war modernste Festungsbaukunst, sagt Mertens nicht ohne Stolz. Schließlich hat er viele Jahre daran gearbeitet, die Festungsphasen zu rekonstruieren. »Eines der größten und bedeutendsten Festungswerke der antiken Zeit, der jeweiligen Entwicklung der Militärtechnik angepasst. Auch ein Spiegel der geistesgeschichtlichen Entwicklung der Zeit. Von der statischen Verteidigungsanlage, einer einfachen Sperrmauer, über die Mauern und Türme für die Katapulte, die neue waffentechnische Erfindung des Dionysios, bis zu dieser großartigen mobilen Verteidigungsanlage des Agathokles, eines der durchdachtesten Festungswerke der Antike, mit dem sich eigentlich nur das Urbild, das Kastell von Syrakus, messen kann: die beiden großen Höhepunkte in der Verteidigungstechnik.«

Es ist nach 20 Uhr, die Besucher haben den Archäologischen Park verlassen, wir stehen auf dem immer noch massigen Nordtor, ein halbrunder Turm, einst mit Artillerieposten versehen. Ringsum ist es still und friedlich. Im Hintergrund rauscht ein ruhiges, blaues Meer, das uns eine sanfte, salzige Brise sendet. Die untergehende Sonne wirft einen warmen Schein auf unsere Gesichter, und wir fragen uns, warum konnten die Menschen nicht weiter ihre schönen, dekorativen, farbigen Tempel bauen, sondern mussten Kreativität und Erfindungsgeist auf Bollwerke und Kriegsfestungen verlegen? Doch da siegt der Ingenieur in Mertens: »Das sind echte Höhepunkte, die Selinunt nach 409 erreicht, diese Raffinesse ... Was vorher im Geistigen, Künstlerischen, Sakralen erreicht wurde, wird jetzt in der Technik, der Wehrtechnik geleistet, als Motor des Fortschritts. Nehmen Sie den berühmten Archimedes aus Syrakus. Er hat großartige Erfindungen in der Kriegstechnik gemacht und gleichzeitig phantastische Erfindungen in der zivilen Technologie. Das kennen wir doch auch heute, die Forschungsergebnisse in der Verteidigungstechnik bringen den höchsten technischen Fortschritt. Die wehrtechnischen Erfindungen der NASA haben auch Impulse gegeben für die Weiterentwicklung im zivilen Bereich, im täglichen Leben. Da kann man sicher einen Bogen ziehen. Das war eine große Konzentration geistiger Kräfte damals. Die Festungsanlagen von Selinunt sind – mit Syrakus zusammen – die fortschrittlichsten der antiken Welt.«

Eine alte, oft wiederholte Frage drängt, und am letzten Abend haben wir Gelegenheit und Muße, sie dem Professor, dem »halben Sizilianer«, zu stellen. Grabungs- und Drehteam sitzen vor dem Grabungshaus einträchtig an einem langen Tisch. Die Köchin serviert uns in riesigen Schüsseln knackiges Gemüse und wunderbaren Nudelsalat. Ein voller Mond steht über dem heiligen Bezirk des Osthügels mit dem wiederaufgebauten und abends angestrahlten Tempel E, und ich frage nach all den Zeugnissen von Mord und Totschlag, Krieg und Leiden, die wir in den letzten Tagen erlebt haben, nach all den Zeugnissen menschlichen Bemühens und seiner Schöpferkraft, die in immer stärkeren Macht- und Kriegssymbolen mündeten: Kann der Mensch nicht aus seiner Geschichte lernen?

»Wir geben es ja nicht auf«, sagt der Professor, der sein Leben der Erforschung der Antike geweiht hat. »Das ist es ja gerade, was wir mit der Modellhaftigkeit versuchen. Dass man gewisse Vorgänge des Werdens und Vergehens als Spiegel eigener Entwicklung nehmen kann. Dass wir wirklich daraus lernen – das hat uns die Geschichte selbst gelehrt –, das ist nicht der Fall. Aber trotzdem nehmen wir etwas mit, was wir brauchen. Es kann kein Mensch leben ohne Erinnerung. Sie schauen auch hin und wieder in Ihr Familienalbum. Sie müssen sich auch Ihrer Geschichte, Ihrer persönlichen und der Ihrer Familie, Ihrer Vorgänger vergewissern, sonst sind Sie einfach kein Mensch.« Dieter Mertens blickt nachdenklich zum Säulentempel hinüber, der sich hell strahlend im gigantischen Ruinenfeld erhebt: »Sie müssen mit der Vergangenheit leben, um in die Zukunft planen zu können.«

Das hört sich sehr nach der Erkenntnis des chinesischen Philosophen Konfuzius an: »Erzähle mir die Vergangenheit, und ich werde die Zukunft erkennen.« Nur – leider – erkennen bedeutet nicht daraus lernen.

Und doch sind wir uns sicher, dass Guy de Maupassant *nicht*

Recht hatte, als er 1885 nach einem Besuch Selinunts schrieb: »Dieser formlose Haufen aus Steinen kann im übrigen nur Archäologen interessieren, oder auch die poetischen Seelen, die sich von jeder Spur der Vergangenheit rühren lassen ...« Denn: Selinunt ist wie ein Familienalbum der Menschheit.

Inselträume

Weinhändler müsste man sein. Wie Joseph Isaac Spatafora Whitaker. Reich wurde seine Familie durch die Kontinentalsperre Napoleons und das dadurch bedingte Abschneiden der Handelswege von Portugal nach England. Die Whitakers produzierten in Marsala, an der Westküste Siziliens, den gleichnamigen süßen Dessertwein – ähnlich dem Porto, den die Engländer so schätzten. Der Spross dieser reichen englischen Familie, 1850 in Palermo geboren, interessierte sich für Archäologie, Botanik und Ornithologie. Er liebte es, auf der Jagd nach seltenen Vögeln auf die Insel San Pantaleo vor Marsala überzusetzen. Vielleicht interessierte ihn auch, ob Philipp Cluverius Recht hatte. Der Geograph aus Danzig hatte um 1600 als Erster das Eiland mit der antiken phönizischen Stadt Mozia (Motye) gleichgesetzt. Und er machte die Bekanntschaft einer der schillerndsten Figuren der damaligen Gesellschaft, des meistgefeierten Archäologen seiner Zeit: Heinrich Schliemann. Mecklenburger Kaufmannsgehilfe, Selfmademan, Millionär, ein Besessener in Sachen Archäologie, der Entdecker Trojas und des »Priamos-Schatzes« und der Fürstengräber von Mykene mit der Goldmaske Agamemnons. Ein PR-Genie – für sich selbst, aber auch für eine neue Wissenschaft: die Spatenarchäologie.

Im Oktober 1875 besucht Schliemann Mozia. Auf fünf Tagebuchseiten, datiert mit 19.–22.10., hat er seine Aktivitäten auf San Pantaleo festgehalten. Die Gelehrten stritten immer noch, wo Mozia liege. Schliemann glaubte daran, dass es hier zu finden sei. Er vermutete, es müsse genauso zerstört sein wie Troja. Angeregt durch die Hinweise Homers auf die reichen Handelskolonien der Phönizier, ist er auf der Suche nach weiteren Schätzen und vorklassischen Ruinenstätten (Mozia galt als älteste Stätte auf Sizilien) und nach Belegen für den Austausch von Sizilien mit Mykene.

Am 19. Oktober gräbt er mit 13 Arbeitern an der Südwestecke Mozias, findet jede Menge Scherben, darunter »fein bemalte« Keramik des 5. Jahrhunderts. Am 21. Oktober gräbt er mit 17 Arbeitern auf der Kuppe des Hügels, legt Pfeilspitzen und Tonlampen frei. Doch Häuser, Scherben, Pfeilspitzen, das ist nicht das Ziel der Träume eines Heinrich Schliemann. Als auch die Grabungen am Nordtor keine Sensationen erbringen, gibt er nach sechs Tagen enttäuscht auf.

Am 20. November schreibt er aus Castellamare an den Schweriner Museumsdirektor Friedrich Schlie: »Ungemein gern möchte ich jetzt in den vorgeschichtlichen Forschungen bleiben, denn mit unendlicher Mühe habe ich mich dahinein gearbeitet und glaube auch, dass ich darin noch der Wissenschaft großen Nutzen bringen kann; spätere Altertümer sind nur von geringerem Interesse für mich. Motye ist erst im 5ten Jahrhundert v. Chr. colonisiert.« Und am 3. Dezember an den Professor für Orientalistik Emile Burnouf in Athen/Paris: »Hier sind keine Rätsel zu lösen, und ich würde hier nichts finden, was jedes Museum nicht schon besitzt.«

Damit irrte Schliemann.

Noch 1875 versuchte er, eine Grabungserlaubnis für Selinunt zu bekommen. Aber die archäologische Kommission von Sizilien zog es vor, die Ausgrabungen mit dem erfolgreichen F. S. Cavallari fortzusetzen. Schliemann verlässt Sizilien, um nicht wieder zurückzukehren.

Als Whitaker sich seinen Traum erfüllte und in jahrelangen zähen Verhandlungen nach und nach die gesamte Insel von ihren 19 miteinander verwandten Eigentümern – allesamt Weinbauern – erwarb, musste Mozia erst noch entdeckt werden. 1906 konnte er mit den Grabungen beginnen.

Mozia – die Schöne

Das Wasser in der flachen Sandbucht ist so warm wie in der heimischen Badewanne. Gegenüber liegen im Schachbrettmuster die Salzgärten mit den romantisch anmutenden Windmühlen, betrieben von Archimedesspiralen. Zwischen den Salzhügeln hindurch kann jeder mit einer Fähre die Privatinsel besuchen. Nur zehn

Minuten dauert die Überfahrt. Trotzdem ist es fast menschenleer auf Mozia. Eine Schulklasse wird durch das Museum der Stiftung Whitaker geführt. Die wenigen Besucher verlieren sich auf den schmalen Wegen, die die Ausgrabungsstätten miteinander verbinden. Der alte Grabungsschutt am Wegesrand ist überwuchert mit in der Wärme köstlich duftenden wilden Pflanzen. Es ist still und einsam hier, man ist allein mit sich und den Spuren einer langen, großen Geschichte, die es in weiten Teilen noch zu enträtseln gilt. Eine Oase des Friedens und der Ruhe, eine Stätte berauschender Schönheit mit den fast drei Jahrtausende alten Ruinen zwischen Öl- und Weinpflanzungen. Den meisten Touristen ist das Eiland wohl unbekannt. Möge es noch lange so bleiben.

Da watest du also im klaren Wasser der Lagune, vergeblich auf Abkühlung hoffend, könntest die gesamte Insel in einer Stunde umrunden, was du nie schaffst, weil es alle paar Meter etwas zu entdecken gibt, und glaubst es einfach nicht: Bei jedem Schritt stößt du auf oberflächlich herumliegende punische Scherben. Hier blieb alles unverfälscht, nichts wurde durch fremde Kulturen

Die alte »Wasserstraße« nach Mozia, ein noch heute intakter Damm knapp unter der Wasseroberfläche. Mit hochachsigen Karren kann man wie vor 2500 Jahren vom Festland zur Insel in der Lagune fahren.

Handelswaren aus dem gesamten Mittelmeerraum, gefunden auf Mozia. Beleg für die herausragende Stellung der Insel im Wirtschaftsgeflecht der Punier

überlagert wie in Karthago. Ab und zu hebst du eines der warmen Bruchstücke der Keramik auf, bewunderst die feinen Einritzungen oder den geschwungenen Rand, erlaubst dir, mit den Gedanken abzuschweifen, wer den Krug oder die Schale vor über 2400 Jahren wohl benutzt haben mag – und legst es vorsichtig wieder an die Stelle zurück, wohin Erde, Wind und Wasser es geschwemmt haben. Das meiste liegt unten am Ufer: die vom Hügel, von den Häusern und Festungsanlagen heruntergespülten Scherben einer im Jahre 397 v. Chr. versunkenen Bastion einer großen, alten Kultur. Das gesamte Mozia von 45 Hektar ist eine einzige archäologische Schatzinsel – auch ohne Gold und Silber! Für Raubgräber ist hier nichts zu holen! Das Herz schlägt dir bis zum Hals vor Aufregung und Glück. Es ist wie in einem archäologischen Schlaraffenland. Und statt einer Stunde brauchst du drei oder vier für die Umrundung eines der einst wichtigsten phönizischen Handelszentren.

Ein schmaler Weg führt rund um die Insel. Immer mit Blick auf das Naturschutzgebiet der so verträumt wirkenden Lagune Stagnone. Nichts lässt ahnen, welche erbitterten Kämpfe um die Vorherrschaft im Mittelmeer hier gefochten wurden, als Griechen und Karthager aufeinander prallten. Der griechische Geschichtsschreiber und Geograph Pausanias berichtet, dass dieses Meer vor allem im 5. Jahrhundert v. Chr. Schauplatz vieler verheerender Kriege war. Eine ganze Flotte punischer Schiffe liege auf dem Meeresboden der Lagune vor Mozia, behauptet die britische Archäologin Honor Frost und hat bei den italienischen Behörden um eine Grabungserlaubnis nachgesucht. Sie entdeckte schon vor Jahren ein 35 Meter langes punisches Kriegsschiff auf dem Meeresboden in Küstennähe, das wahrscheinlich während der Schlacht 241 v. Chr. am Ende des Ersten Punisch-Römischen Krieges untergegangen ist. Das Schiff ist jetzt im Archäologischen Museum von Marsala ausgestellt. Viele Rätsel antiker Herstellungstechniken konnten durch den Fund gelöst werden. Auch Informationen über die Ernährung und die Aufputschmittel der Mannschaft wurden durch die Reste im gut erhaltenen Schiffsbauch geliefert: Drogen für die Ruderer.

Der Tyrann von Syrakus vor Mozia

397 v. Chr.: Auf dem Weg zum wichtigsten punischen Militär- und Handelsstützpunkt auf Sizilien hat Dionysios I. das seit 409 punisch besetzte Selinunt eingenommen, um den Rücken frei zu haben. Er versucht die Vorherrschaft von Syrakus über Sizilien gegen die Karthager zu erzwingen. Jetzt steht er mit 80 000 Soldaten und einer Flotte, besetzt mit 40 000 Mann, vor Mozia. Auch hier kommt seine neue Fernwaffe zum Einsatz, das Katapult, das schwere Geschosse bis zu 300 Meter weit schießen kann. Der griechische Gelehrte Diodor beschreibt den Reichtum der Stadt und ihre große Anzahl schöner und kunstvoller Häuser. »Die Einwohner von Mozia, die auf die Hilfe der Karthager warteten … bereiteten sich auf den Angriff vor … Sie hatten eine Straße gebaut, die zur Küste hinüberführte. Die Mozieser zerstörten sie, damit der Feind keinen Weg fand, um zu ihnen zu gelangen.«

Dionysios beauftragt seinen Bruder, den Damm wiederherzustellen, und zieht derweil mit 30 000 Mann los, die mit Mozia verbündeten Städte im Umkreis in Schutt und Asche zu legen. Die zu

S. 49: Der Jüngling von Mozia, geschaffen im 5. Jahrhundert v. Chr. von einem griechischen Bildhauer, ausgegraben im punischen Stützpunkt.

Hilfe eilende karthagische Flotte kommt zu spät, ihr Feldherr Himilkon flieht. Mozia wird besiegt, zerstört und in Brand gesteckt. Die Überlebenden fliehen auf das Festland gegenüber, ins heutige Marsala.

Der antike Straßendamm existiert immer noch. Hochrädrige Karren befördern auf ihm die Weinernte der fruchtbaren Insel. Er ist leicht unter der Wasseroberfläche zu erkennen. Vom Nordtor des mit einer Mauer wahrscheinlich aus dem frühen 6. Jahrhundert v. Chr. stark befestigten phönizisch-punischen Stützpunkts verläuft er zum Festland. Deutlich haben sich die Karrenspuren durch die bis 397 v. Chr. nachweisbare Benutzung in den steinernen Boden eingetieft.

Hier gruben Heinrich Schliemann und Joseph Whitaker. Seine Ausgrabungen dauerten 20 Jahre. Er wurde zum Entdecker des klassischen Mozia, der 2375 Meter langen, bis fünf Meter dicken Mauer und der Tore der antiken Stadt, ihrer Nekropolen, des Heiligtums, der Kaserne und des Hafens. Der Mauerbau war typisch phönizisch, wie wir ihn auch aus Selinunt kennen, in *opus africanum*-Technik. Die Stadtmauer hatte etwa 20 kleine Türme, war von orientalisch halbrunden Zinnen gekrönt und besaß kleine Geheimpforten. Inzwischen wurden auch die phönizischen Warenlager und ihre Manufakturen für Keramik und kostbare Stoffe freigelegt.

1920 begründete Whitaker ein Museum auf seiner Privatinsel, das die Funde der Ausgrabungen enthält. Funde, die die regen Handelsbeziehungen zwischen Mozia und Ägypten, Spanien, Kreta und der ganzen damals bekannten Welt ab dem 8. Jahrhundert v. Chr. belegen.

1936 starb der Wissenschaftler und Weinhändler im Alter von 86 Jahren. Den Sensationsfund, der Mozia weltbekannt machte, erlebte er nicht mehr.

Der schöne Jüngling

Gleich im ersten Raum des kleinen Museums ist die Statue zu bewundern. 1,85 Meter ist sie hoch, aus weißem Marmor, dem man seine einstige Farbigkeit nicht ansieht, in einem weich flie-

ßenden, eng anliegenden Gewand, das mehr betont als verhüllt – das kräftige Gesäß, die harte Bauchdecke, das Muskelspiel der Waden und Oberschenkel, die Genitalien. Im Oktober 1979 wurde die Skulptur während einer Grabungskampagne der Universität Palermo in einer punischen Siedlung entdeckt. Die Archäologen glauben, dass sie an einem größeren Platz oder einer breiten Straße zum Heiligtum stand und im 4. Jahrhundert, vielleicht bei der Belagerung durch die Griechen, hier vergraben und verborgen wurde. Einigkeit besteht, dass die Statue von einem griechischen Bildhauer im 5. Jahrhundert geschaffen wurde. »Eine der größten Schöpfungen griechischer Kunst«, urteilt Vincenzo Tusa, der damalige Leiter der sizilischen Antikenverwaltung. Doch wer ist der Schöpfer, wer der Jüngling, und wie kam dieses vollendete griechische Kunstwerk in den phönizischen Handelsposten?

Der Herkunftsort des Marmors ist bestimmbar: die Steinbrüche von Ephesos. Und der Bildhauer nahm zumindest Bezug auf die griechische Schule des berühmten Phidias, der in Olympia die kolossale Statue des Zeus aus Gold und Elfenbein geschaffen hatte.

Die Kleidung – bodenlange Tunika und breites Brustband – könnte phönizisch-punisch sein. Wir wissen aus Überlieferungen, dass die Karthager wie die Völker Phöniziens ihre östliche Tracht – langes Gewand – auch in Italien und Griechenland beibehielten und damit sogleich erkennbar waren. Doch es ist auch die Tracht griechischer Wagenlenker.

Wer ist der Jüngling mit dem vollen, etwas verächtlich herabgezogenen Mund und dem kecken Hüftschwung? Der Deutungen gibt es viele: vom stolzen Priesterkönig oder triumphierenden Wagenlenker zum (ver)lockenden Transvestiten. Manche denken an den karthagischen Feldherrn Hamilkar. Wir wissen es nicht. Auch nicht, wie er nach Mozia kam. Ein Beutestück aus Griechenland? Dagegen spräche die orientalische Kleidung. Wahrscheinlicher ist die Skulptur das Auftragswerk eines reichen Moziesers bei einem griechischen Bildhauer. Denn bei aller Überlegenheit in Seefahrt und Handel, die begabteren Künstler waren eindeutig die Griechen.

Zu Gast bei Monteleone

Es ist wie im italienischen Bilderbuch für sehnsuchtsvolle Deutsche: ein langer Tisch voller Schüsseln mit dampfenden Spaghetti, Tomatensauce mit selbst gezogenen frischen Kräutern, diversen Vorspeisen – alle aus dem Garten –, dicke, saftige süße Pfirsiche von den Bäumen am Haus, das Likörchen vorneweg, zu dem der *padrone* animiert, Marsala danach und die Karaffen mit Wein – alles selbst gekeltert. Die *mamma* hält Speisen und Gäste im Auge, Töchter, Söhne, Schwiegerkinder, Neffen und Enkel, alle finden Platz am Tisch. Dazu unser Drehteam, Dr. Vecchio, der einheimische Grabungsleiter, und Thomas Schäfer, der aus Pantelleria zu uns gestoßen ist.

Antonino Monteleone bietet mir den Platz an seiner Seite an. Das ist gefährlich wegen der Likörchen, Schnäpschen und Weine, von jedem muss gekostet werden, darauf besteht er. Und alle Beteiligten sind sowieso ziemlich müde, um fünf Uhr heute Morgen haben wir den Karren auf dem Unterwasser-Damm und Schäfers morgendliches Übersetzen auf die Insel gefilmt. Da war das Licht noch gnädig und warm. Ab neun Uhr wird es weiß und gleißend.

Die Familie Monteleone wohnt seit 1953 hier auf der Insel in dem Wächterhaus. Nachts sind sie zwei, tagsüber fünf Wächter zum Schutz der Insel und seiner Schätze. Antonino ist der Chef. Sein Vater war Whitakers Kutscher. Grub der Forscher eigentlich selber? Antonino lacht. Nein, der trug doch immer einen weißen Anzug. Aber er war oft auf der Insel und bei den Grabungen. Er hatte immer eine Menge Leute um sich herum. Wir hatten viele Arme damals, denen gab er Arbeit. Und dann, nach einer Pause: »Er war sehr reich, aber trotzdem ein guter Mensch.«

Das Kinderopfer – nur eine Feindpropaganda?

Pierfrancesco Vecchio erläutert Thomas Schäfer die neuen Grabungsergebnisse. Er ist auch Schäfers Mitarbeiter auf Pantelleria. Wir begleiten die beiden auf einem Pfad durch die Weingärten hindurch zum Norden der kleinen Insel, zum Tophet, der von Whitaker identifizierten und vor fast 20 Jahren ausgegrabenen

Pierfrancesco Vecchio bei Grabungsarbeiten im Bereich des Tophet, des geheimnisvollen rituellen Friedhofs

Eine Urne aus punischer Zeit. Noch heute liegen die Vermächtnisse einer rätselhaften Kultur direkt an der Oberfläche.

Kultstätte. Sie liegt direkt an der Küste. Welche dunklen Geheimnisse der alten Hochkultur verbirgt sie? Überliefert ist, dass im Tophet erstgeborene Knaben der adligen phönizischen Familien geopfert wurden, um die Gnade der Götter zu erlangen. Angeblich wetteiferten die vornehmen Familien um die Gunst, ihren Sohn opfern zu dürfen. Berichtet wird aber auch, dass nicht selten versucht wurde, die Söhne von Sklaven den Priestern als eigene unterzuschieben.

Über 800 Urnen mit verbrannten Überresten vom 7. Jahrhundert an wurden in Mozia freigelegt. Der »Ort der Verbrennung«, die Bedeutung von Tophet, lag immer im Freien. Nur die Priester hatten Zugang. Die Bibel berichtet von diesem grausamen, blutigen Ritual als typisch für die gesamte phönizische Welt. Aber hat die Bibel Recht?

Da wir keine direkten Überlieferungen kennen, sind wir auf Informationen aus zweiter Hand angewiesen, sprich: die Berichte griechischer und römischer Historiker, also auf die Geschichtsschreibung der Gegner. Geschichte wird immer vom Sieger geschrieben. Damals wie heute. Hier stehen wir wieder vor einem der Hauptprobleme bei der Erforschung dieser großen orientalischen Mittelmeermacht: Abgesehen von den archäologischen Funden und Befunden, informieren nur parteiische Quellen über den verhassten Feind.

Auch dies ist nicht nur eine Sache vergangener Zeiten …

Mit der Zerstörung Karthagos 146 v. Chr. vernichteten die Römer den Feind nicht nur physisch, sie versuchten auch sämtliche Spuren seiner Kultur und Tradition auszulöschen. Tempel- und Palastarchive wurden verbrannt, die Bibliothek von Karthago ließ der Senat an afrikanische Fürsten verteilen. Alle Originaldokumente gingen verloren. Das Puzzlespiel für die Wissenschaftler heißt herauszufinden: Handelt es sich bei den Chroniken um Gräuelpropaganda oder historische Wahrheit?

Die Ausgrabungsstätte ist heute wieder zugeschüttet. Wir gehen ein paar Schritte Richtung Ufer. Vecchio stößt mit dem Fuß auf etwas Rundes aus Terracotta, bückt sich und hält eine Urne in der Hand. Gleich sieben Vasen mit Knochenasche legt er frei. Sie waren nur ein paar Zentimeter mit Erde bedeckt.

Mozia ist tatsächlich erst zu einem kleinen Bruchteil ent-deckt.

Was aber ist mit den grausamen Kinderopfern, durch deren genüssliche Beschreibung antike Autoren die Phönizier/Punier/Karthager als bestialische, vernichtenswerte Barbaren darstellen? Als Inbegriff des Bösen?

Tatsächlich ist in den älteren Schichten Asche von Menschen in den Urnen enthalten, in den späteren dann von Tieren. Englische und israelische Wissenschaftler wollen es genau wissen, ob es sich nicht doch um eine gezielte Hetzkampagne handelte.

In Mozia wurden Dutzende von Grabsteinen freigelegt. Dieser zeigt ein Kind mit ägyptischem Kopfschmuck.

Auf der Jagd nach dem X-Chromosom

Die biblischen, griechischen und römischen Berichte präsentierten viele Details des angeblichen Blutopfers und erhöhten damit ihre Glaubwürdigkeit. Nur die Untersuchung der Funde mit neuen naturwissenschaftlichen Methoden kann Klarheit in den Gelehrtenstreit bringen. Ein britisches Forscherteam beurteilt Knochenbruchstücke aus dem Tophet von Mozia, in Jerusalem werden die verkohlten Knochen aus den in Karthago freigelegten Urnen überprüft. Stammen sie überhaupt von Kindern? Waren die eventuell krank oder schon bei der Geburt gestorben? Dann handelt es sich bei den Tophets um gewöhnliche Kinderfriedhöfe. Bestärkt wird diese Annahme durch das Fehlen von Kinderbestattungen in den anderen Nekropolen von Karthago. Waren die Kinder aber gesund, dann sind sie eines unnatürlichen Todes gestorben, etwa durch Opferung.

Das Ergebnis: Die Kinder waren gesund im Zeitpunkt ihres Todes; es waren auch keine Totgeborenen, sie starben in Mozia im Alter zwischen drei und vier Monaten, in Karthago überwiegend mit zwei Jahren. Das spräche also für die Verfechter der Blutopfer-Theorie.

Doch dann die Überraschung bei den britischen Forschern. Mikrobiologen untersuchten in englischen Labors das Erbgut der Kinder. Sollte die Opfertheorie stimmen, müsste es sich ausschließlich um Jungen handeln. In altorientalischen Gesellschaften waren die Mädchen nicht wert, den Göttern dargebracht zu werden. Auch keine einzige antike Quelle berichtet davon. Das höchste Opfer war der erstgeborene Sohn. Doch in einer Urne aus Mozia fand sich das Knochenmaterial eines Mädchens!

In groß angelegten Studien sollen jetzt die genetischen Spuren von Hunderten von Urneninhalten untersucht werden. Es bleibt spannend, und der Wissenschaftlerstreit geht in die nächste Runde.

Wir verlassen das Tophet, werden auf die Untersuchungsergebnisse warten und verabschieden uns schweren Herzens von der punischen Seefestung und der archäologischen Schatzinsel. Mozia, die Schöne, wird auch für uns ein Inseltraum bleiben.

Wir nehmen mit dem Tübinger Professor Thomas Schäfer die Fähre von Trapani nach Pantelleria, dem antiken Cossyra, Karthagos Militärstützpunkt zur Kontrolle der Straße von Sizilien. Zweieinhalb Stunden dauert die Fahrt mit dem neuen Tragflügelboot. Abfahrt im Sommer täglich. Noch jüngste Veröffentlichungen behaupten, hier gäbe es keine nennenswerten Überreste phönizisch-punischer Kultur. Die Gelehrten irren.

Mussolinis schwarzer Flugzeugträger

Am 18. Mai 1943 um 11.40 Uhr starteten die schweren Bombenangriffe der Alliierten auf den Hafen und den Hauptort Pantelleria, die die Einnahme der Insel vorbereiteten. Fünf Tage zuvor hatten sich die deutschen und italienischen Truppen in Tunesien ergeben. Die Invasion Europas von Afrika aus hatte begonnen. Fast einen ganzen Monat hielt das Bombardement an, bis zum 11. Juni mittags. 78 deutsche und 11 621 italienische Soldaten ergaben sich. Als Zeichen der Kapitulation malten sie um 11.30 Uhr ein großes weißes Kreuz auf die Landebahn des Flughafens. Reichsführer SS Heinrich Himmler tobte und bezichtigte die Italiener der Feigheit.

Bis zum 11. Juni wurden 6200 Tonnen Bomben abgeworfen. Welche Wucht das bedeutet, zeigt ein Vergleich mit Dresden: Dort waren es in den drei Tagen der verheerenden Angriffe vom 13. bis 15. Februar 1945 insgesamt rund 3900 Tonnen. Allein in der Stadt Pantelleria mit ihrer mittelalterlichen Burg wurden über 1000 Bombenkrater gezählt. Und doch ist nur ein Zivilist ums Leben gekommen: Die Alliierten hatten die Bevölkerung vor den Angriffen durch Flugblätter gewarnt und dazu aufgefordert, sich in Sicherheit zu bringen. In stark befestigten Bunkern fand sie Schutz.

Um 11.55 Uhr am 11. Juni begann die Landung. D-Day in Pantelleria. Als Erstes betraten Einheiten der 1. britischen Infanterie-Division die schwer befestigte Insel. In amerikanischen Propagandafilmen wurde betont, dass es genau die Truppen waren, die 1940 aus Dünkirchen hatten fliehen müssen. Das erste Stückchen Land in Europa war erobert. Um 17.35 Uhr wurde die offizielle Kapitulationsurkunde im unterirdischen Flugzeughangar unterzeichnet. Die Landung war problemlos verlaufen. Es gab nur ein Opfer zu beklagen: Ein Soldat wurde von einem Maulesel getreten und starb an den Folgen.

Der Duce hatte die schwarze Vulkaninsel aufgrund ihrer strate-

Pantelleria, Mussolinis »Flugzeugträger« im Mittelmeer, war im Frühjahr 1943 Ziel des größten bis dahin unternommenen Bombenangriffs der Geschichte. Das Foto vom April 1943 wurde im Pentagon aufgenommen. Briefing für die Piloten

gisch besonders wichtigen Lage zu einer Festung ausgebaut – Italiens vorgeschobener Posten gegen Afrika. Einmal strategisch günstig, immer strategisch günstig. So wiederholt sich Geschichte. Und lässt sich an bestimmten Orten festmachen.

Die Insel war gespickt mit 112 Batterien zur Luft- und Seeabwehr, mit Flakstellungen auf den Bergen, mit Kasernen und Bunkern. Wie Fremdkörper liegen sie noch heute da mit ihren versteckten Eingängen. Von außen gnädig zugewuchert, von innen unzerstört, erstaunlich aufgeräumt und sauber.

Wie sorgfältig die USA die Einnahme Pantellerias vorbereiteten, zeigt ein Foto vom April 1943, aufgenommen im Pentagon. In einem Briefing wird den Piloten die strategische Bedeutung der Insel zwischen Afrika und Sizilien erklärt. Von Anfang an wurde die Besetzung Pantellerias von amerikanischen und britischen Fotografen und Kameramännern aus der Luft und am Boden begleitet. D-Day war bestens dokumentiert, das Material wurde extensiv zu Propagandazwecken eingesetzt. Es gibt Aussagen und Beweise, dass einige Szenen der Einnahme Pantellerias – Kampfhandlungen und Bombeneinschläge – nachgestellt wurden. Im Internet unter pantelleria.it/english/history ist zu lesen: »Um die militärische Überlegenheit ihrer Luftstreitkräfte ihrem eigenen Volk und den anderen Alliierten zu beweisen, beschlossen die Amerikaner, die Altstadt zu sprengen und gaben vor, sie sei durch Luftangriffe zerstört worden.«

Luftaufklärung der Antike

Viele der alten mediterranen Häuser sind aus dem Stadtbild verschwunden, vernichtet durch alliierte Bomben oder Sprengungen nach der Invasion, angeblich wegen Baufälligkeit. Etliche Ruinen haben sich erhalten, verfallen, überwuchert, mit Spuren der Detonationen. Auch das Grabungsteam findet auf dem Hügel San Marco oberhalb des Hafens neben den punischen und römischen Zeugnissen Bomben, Munition, Gasmasken, Uniformstücke. Sie werden genauso sorgfältig aufbewahrt wie die Dutzende von phönizischen Handelsamphoren, die unter Wasser geborgen wurden, die karthagischen Münzen oder das Kapitell eines römischen Tempels.

Es gibt nur wenige antike Berichte über Cossyra. Sicher auch ein Grund, warum in der Punier-Forschung Pantelleria bisher keine Rolle gespielt hat und auf den Karten punischer Stützpunkte von den Historikern nicht verzeichnet wurde. Das wird sich mit Sicherheit ändern.

Schäfer selbst hat nicht mit diesen überwältigenden Ergebnissen gerechnet, als er vor drei Jahren – damals noch an der Universität Greifswald – mit der Grabung begann. Er ließ sich anregen von alliierten Luftaufnahmen aus dem Zweiten Weltkrieg, die deutliche Spuren auf dem Doppelhügel und der dazwischenliegen-

Die Grabungsleiter Thomas Schäfer (rechts) und Massimo Osanna bei der Fundanalyse

den kleinen Ebene zeigen. Unterstützt wird die Grabung von der Deutschen Forschungsgemeinschaft, die eine halbe wissenschaftliche Stelle finanziert und einen VW-Bus für die sechswöchige Kampagne zur Verfügung stellt. Die Düsseldorfer Gerda Henkel Stiftung gibt auf fünf Jahre einen Zuschuss in Höhe von 25 000 Euro jährlich. Hiermit bezahlt Schäfer die Kosten für 40 Studenten, Mitarbeiter und Wissenschaftler einschließlich Flug von Deutschland, Unterkunft und Essen. Selten sind 25 000 Euro so nutzbringend angelegt worden.

Die neun Grabungsschnitte sind zwischen dem italienischen Team unter Leitung von Massimo Osanna und dem deutschen Team aufgeteilt. Gegraben wird von 7 bis 13 Uhr. Dann wird die Hitze so flimmernd, dass man nicht mehr unterscheiden kann zwischen Keramik und einfachen Steinen. Nachmittags geht es dann im »Grabungshaus«, der örtlichen Schule, weiter: Scherben putzen und bestimmen, messen, zeichnen, Computerarbeiten. Die Studenten wohnen in den Klassenzimmern, zehn Matratzen in einem Raum, die Schulbänke stehen im Hof, es sind Ferien in Italien. Probleme gibt's nur beim Gottesdienst, der im Hof abgehalten wird. Den muss man nämlich durchqueren, wenn man zur – einzigen – Dusche möchte.

Die Akropolis auf der Spitze des Hügels San Marco ist bis auf den Fels freigelegt. Die erhaltenen Häuserfundamente mit ihren Abwasserkanälen schließen sich etwas tiefer an. Ein ausgeklügeltes Wassernetz kam zum Vorschein, an die 50 Zisternen werden auf dem Hügel geschätzt. Der ist durch die Wasserreservoirs durchlöchert wie ein Schweizer Käse. Einige der gemauerten oder in den Felsen eingetieften Zisternen sind bereits ausgegraben. Der weiße, etwas rötlich schimmernde, wasserdichte Putz aus punischer Zeit ist noch bestens erhalten. Nach Regenfällen steht das Wasser wochenlang kniehoch auf dem Boden. Überlebenswichtig auf einer Insel fast ohne Süßwasserquellen. Die Zisternen sind in einem raffinierten System von Zufluss- und Ablaufkanälen miteinander verbunden. Den sorgsamen Umgang mit jedem Tropfen Wasser kann man hier von den Puniern lernen.

Auf der obersten Spitze wurde in der Kampagne 2003 ein monumentales, in den Fels geschlagenes Wasserreservoir mit einem Fassungsvermögen von 100 000 Litern freigelegt. Eindeutig zu

S. 58: Punische Zisternen auf der Akropolis. Insgesamt 50 durchlöchern den Hügel von San Marco.

Oben: Viel zu groß für eine private Nutzung, kann diese nur unter einem öffentlichen Gebäude, etwa einem Tempel, gelegen haben.

Unten: Fundgruben für die Archäologen. Der »Schutt der Jahrhunderte« war hierin bestens aufgehoben. Auch die Funde aus der römischen Zeit Pantellerias

Aus diesem Fenster im Dammuso auf dem Hügel San Marco soll Aldous Huxley geschaut haben, als er seine Utopie »Schöne neue Welt« schrieb.

groß für ein privates Haus, lässt sich nur eine öffentliche Funktion vermuten. Die Wissenschaftler halten es für wahrscheinlich, dass hier auf der Spitze ein punischer Tempel stand, sichtbar von weit her, vom Hafen und vom Meer.

Die freigelegten Zisternen markieren die Ebene des Fußbodens, sie bildeten sozusagen den Keller. Was aber stand darüber in punischer und römischer Zeit? Auf der Spitze sicher ein Heiligtum. Aber wie sah die gesamte Bebauung des Hügels aus? Wie die punische Stadt und die Festung? Lassen sich dadurch übergeordnete Fragen beantworten: Zu welchem Zeitpunkt hat sich Karthago der Insel bemächtigt und eine Kolonie gegründet? Wo lag diese frühe punische Kolonie? Welche Rolle spielte dabei die Akropolis? Welche Schlüsse lassen sich aus den Funden zu den Handelsbeziehungen ziehen? Welche Auswirkungen hatte die römische Okkupation der Insel?

Schöne neue Welt

Oben auf dem Hügel steht einsam ein kleines, bäuerliches Haus aus dunklem Lavastein, eins der Dammusi, wie sie typisch für die Insel sind. Auf dem flachen, weiß gekalkten Dach mit einer kleinen Kuppe wird das Regenwasser gesammelt und in wasserdichten Fallrohren in die unterirdischen Zisternen geleitet. Jedes Haus auf der Insel – die alte Bauweise ist vorgeschrieben – besitzt mindestens eine solche Zisterne. Da das gesammelte Regenwasser meistens nicht ausreicht, sind täglich Tankwagen unterwegs, um die Zisternen zu füllen. Das Baugebot, nur auf Grundmauern, auf denen schon ein Haus stand, wieder zu bauen, hat der Insel ihren ganz besonderen Charme erhalten – auch wenn bei den angeblich alten Grundmauern kräftig manipuliert wird. Sie hat sich mit ihren überraschend grünen, fruchtbaren Tälern eine Urtümlichkeit bewahrt, wie wir sie im Mittelmeerraum sonst kaum noch finden. Vor allem Wein, Oliven und Kapern werden angebaut. Die Vulkanberge sind bis oben hin terrassiert, zum Teil aus antiken Zeiten. Auch die punischen Zisternen werden noch heute von der Bevölkerung genutzt, zweieinhalb Jahrtausende sind sie ununterbrochen in Betrieb.

Die großen Touristenströme führen an Pantelleria vorbei. Es gibt nur ein einziges Sterne-Hotel auf der Insel – mit dem Namen Cossyra – ansonsten ausgebaute Steinhäuser mit echter »Bio-Klima-Architektur«, für die Madonna zum Beispiel angeblich 15 000 Euro Miete pro Woche zahlt. »Zurück zur Natur!« ist offensichtlich die Devise. Vielleicht ist es dieses Ursprüngliche, ja Archaische, das die Reichen und Schönen anzieht. Unten im Hafen schaukelt Armanis viel zu große und für diese Insel zu luxuriöse Yacht, gleich neben den Resten der alten punischen Mole.

Frühstückspause für alle im Schatten vor dem Dammuso. Hier, in diesem Haus, soll Aldous Huxley Anfang der 30er Jahre seinen Roman *Schöne neue Welt* geschrieben haben. Die Utopie einer konsequent verwirklichten Wohlstandsgesellschaft, in der technischer Fortschritt und die psychologische Manipulation durch eine totale Herrschaft zwar ein genormtes Glück und Luxus für alle garantieren, aber auf Kosten von Freiheit, Religion, Kunst und Humanität.

Vom Schnitt 1 kommen Rufe. Schnittleiter Jürgen Riethmüller ist auf einen punischen Fußboden gestoßen: ein Mosaik aus kleinen weißen Steinchen, genau wie wir es in Selinunt gesehen haben. Fein bearbeitete Stufen führen nach oben. Zum Tempel? Unterhalb eines zweiten Mosaikfußbodens endet eine breite, aus dem Fels geschlagene Rampe, eindeutig aus punischer Zeit. In der

Typisch punischer Fußboden. Gleiche Mosaiken haben Archäologen in Karthago und Selinunt entdeckt.

Kampagne 2003 haben die Archäologen sie bis zur Befestigungsmauer freilegen können.

Im Schnitt 3 wird der Torbereich der Stadtmauer aufgedeckt. Pierfrancesco Vecchio ist auf die mächtigen Torwangen gestoßen und zeigt uns die noch deutlich erhaltenen Scharnierlöcher. Doch quer über die steinerne Straße zieht sich eine monumentale fünf Meter hohe Mauer aus großen Steinquadern: die offensichtlich in Eile errichtete römische Befestigung aus dem späten 3. Jahrhundert v. Chr., nach der Einnahme Cossyras, von der uns die antiken Chronisten berichten. Die punische Straße diente als stabiles Fundament. Eine gewaltige Machtdemonstration Richtung Afrika, Richtung Karthago.

S. 62 oben: Römische Befestigungsmauer direkt über der punischen Straße zum Heiligtum. Ein deutliches Zeichen: Die Römer hatten die Punier besiegt und die strategisch wichtige Insel weithin sichtbar in Besitz genommen.

S. 62 unten: Im Torbereich der punischen Wallanlage steckte eine perfekt erhaltene Katapultkugel aus Stein.

Global Players im Mittelmeer

Schäfer deutet zum Horizont, auf die dichte Linie von Frachtschiffen, die im Dunst der Hitze zu erkennen sind. Der beste Beweis für die günstige Lage der Insel – damals wie heute. Es handelte sich bei der Expansion des karthagischen Seereichs nicht um eine starke Durchdringung des Hinterlandes, nicht um Land für eine Überbevölkerung wie bei den Griechen, sondern um eine Sicherung der Küsten.

Aber was ließ die afrikanische Macht so gefährlich erscheinen, dass es schließlich nur noch um die pure Vernichtung Karthagos ging?

»Man kann vielleicht sagen, dass die Phönizier und dann die Karthager die ersten *global players* der Weltgeschichte waren. Wirtschaftlich gesehen haben sie, von der Levanteküste kommend, das Mittelmeer aufgerollt. Sie hatten die Verfügungsgewalt über die Rohstoffe – Zinn, Silber, Gold aus Spanien, Sardinien, Afrika –, mit denen sie handelten. Durch diese wirtschaftliche Potenz gerieten sie zunehmend in Konflikt mit den anderen Mittelmeermächten, erst den Griechen, dann den Römern.«

»Heißt Begegnung der Kulturen auch immer Kampf der Kulturen?«

»Wer die Rohstoffe beherrscht, beherrscht die Welt. Damals ging es um Bodenschätze wie Silber und Zinn, das zur Bronze-

Punische Münzen und eine römische, die aber immer noch punische Symbole aufweist. Die lokale Tradition konnten oder wollten die römischen Besatzer nicht brechen.

herstellung benötigt wurde, heute um Öl, morgen wird es um die Beherrschung der Wasserressourcen gehen. Da prallten Interessenlagen aufeinander. Aber wir dürfen nicht vergessen, es gab eine sehr deutliche Bedrohung: Die Karthager unter Hannibal standen im Zweiten Punischen Krieg vor den Toren Roms, im eigenen Land, als Pantelleria nach der Einnahme durch die Römer zu einer römischen Festung mit Garnison ausgebaut wurde.«

»Können wir mit Hilfe der Archäologie einen Vergleich ziehen zu heute?«

»Wir hüten uns natürlich, direkte Vergleiche zu ziehen. Aber wir können verschiedene Möglichkeiten aufzeigen, wie eine Kultur sich darstellt, wie sie sich entwickelt, wenn sie auf andere Kulturen stößt. Was gibt es für Konfliktpotenziale? Wie werden sie gelöst? Dieses können wir im Kleinen ganz wunderbar auf unserer Grabung erforschen. Pantelleria, das Karthago *en petit*, hat in den Auseinandersetzungen der Weltmächte eine entscheidende Rolle gespielt. Als Rom die Insel eroberte, setzte es mit einer Garnison direkt vor den Toren Karthagos einen deutlichen Machtanspruch. So erklärt sich die große römische Bastion, die wir hier ausgraben. Und doch blieb die Bevölkerung die gleiche. Es wurden sogar noch Münzen mit punischen Gottheiten und Inschriften geprägt. Da es hier fast keine moderne Überbauung gibt, können wir diese Akkulturationsprozesse bestens erfassen.«

Neue Erkenntnisse gibt das dreidimensionale Modell des Hügels, das mit Hilfe der Fachhochschule Karlsruhe unter der Leitung von Professor Günter Hell entwickelt wurde.

Die Insel des Windes

Pantelleria stammt aus dem arabischen Wort *bint ar-rion*, Tochter des Windes. Hier weht immer ein kräftiger Wind, hat man uns gesagt. Nur so ist die Hitze zu ertragen. Darauf vertrauend, ist Rainer Breuer aus Emmerich zu uns gestoßen. Seine selbst konstruierte Drachenkamera will er über der Grabung aufsteigen lassen und Fotos zur Rekonstruktion der Bebauung liefern. Beginnen will er mit dem Sattel zwischen den beiden Hügeln San Marco und Santa Teresa. Schäfer vermutet hier eine große, wahrscheinlich öffentliche Platzanlage, die Agora, die wiederum mit Zisternen unterzogen ist.

Es wird mühsam mit dem Drachen. Ausgerechnet in diesen Tagen ist es windstill. Fast entschuldigend sagt Thorsten Schwing aus Karlsruhe: »Das erste Mal seit acht Monaten.«

Zusammen mit seinen Kollegen vom Studiengang Vermessung

Vermessungsarbeiten mit der digitalen Totalstation

Funde von der Akropolis. Architekturdetails, die wichtige Indizien für die Rekonstruktion sind.

und Geomatik arbeitet er vor Ort daran, das Grabungsareal durch eine möglichst detailgetreue topographische Aufnahme zu erfassen und das Gebiet an das Landeskoordinatensystem anzupassen. Ein weiteres Ziel ist, aus den gewonnenen Daten ein dreidimensionales Geländemodell zu erstellen, in welchem topographische Besonderheiten wie Terrassen und Mauern, aber auch archäologische Details wie die antiken Originalmauern und Zisternen anschaulich dargestellt werden können. Beide Hügel mitsamt der

Akropolis, den 200 Terrassenmauern, der Befestigungsanlage, den Häusern und Straßen der punischen Stadt werden schließlich aufgrund der Funde, Befunde und Geodaten visualisiert.

Faszinierend ist der Film, den uns Thorsten Schwing auf dem Monitor vorführt: Ein virtueller Flug über die Insel lässt uns vom Hafen aus in Serpentinen eine breite Rampe zum Hügel hinaufsteigen, wir stehen vor der mächtigen Befestigungsmauer, das Tor des Wachturms öffnet sich für uns, wir sind im befestigten Stützpunkt, gehen die Straßen hinauf zur Akropolis und erreichen das Heiligtum auf der Spitze.

Schäfer und Schwing wissen, dass vieles in der Rekonstruktion noch ungenau und fraglich ist, aber so könnte es ausgesehen haben. »Zumindest haben wir hier eine Arbeitshypothese«, sagt der Professor.

Erste Rekonstruktion der punischen Akropolis von Pantelleria

S. 69: Der Sensationsfund vom 14.8.2003. Agrippina die Ältere mit dem Diadem der Kaiserpriesterin. Wie die kurz danach gefundenen Porträts von Julius Caesar und Kaiser Titus wohl Bestandteil eines römischen Kaiserkult-Heiligtums auf der ehemals punischen Akropolis

Fundgrube Zisterne – ein neu entdeckter Caesar

Die bis oben mit dem Schutt der Jahrhunderte verfüllten Wasserreservoirs sind das Glück eines jeden Ausgräbers. Wie in die mittelalterlichen Latrinen ist alles Mögliche hineingeworfen worden, wofür man keine Verwendung hatte. Diese Funde geben dem Forscher Auskünfte über das tägliche Leben und die Menschen einer vergangenen Epoche. Erst wenige der Zisternen auf dem Hügel sind leer geräumt worden. Auf der Akropolis sind Architektur- und überlebensgroße Relieffragmente zum Vorschein gekommen, die mit Sicherheit einem Tempel zuzuordnen sind. Wo der Tempel, der aufgrund der Funde in das 2. vorchristliche Jahrhundert und damit in die römische Zeit zu datieren ist, genau gestanden haben könnte, bleibt im Moment noch spekulativ.

Doch dann – während unserer Dreharbeiten – der Sensationsfund, der anschließend groß aufgemacht in den Medien gewürdigt wurde. Beim Ausräumen einer Zisterne stößt die Greifswalder Studentin Elisabeth Lindner plötzlich in fünf Meter Tiefe auf weißen griechischen Marmor. Sie ruft sofort Thomas Schäfer und ihre Schnittleiterin, Daniela Behnke. Der Professor legt selber mit Hand an. Vorsichtig wird ein überlebensgroßer weiblicher Kopf freigelegt – nach Münzvergleichen wahrscheinlich ein Porträt von Agrippina der Älteren, Tochter von Agrippa und der Augustustochter Julia. Ein Diadem kennzeichnet sie als Kaiserpriesterin.

Thomas Schäfer putzt den Marmorkopf der Augustus-Enkelin Agrippina frei.

Am Nachmittag gelingt ein noch sensationellerer Fund: eine Skulptur, die mit Sicherheit Julius Caesar darstellt. Die äußerst seltenen Porträts des römischen Politikers und Feldherrn konnten mit diesem Fund durch ein extrem gut erhaltenes Exemplar – nur das rechte Ohrläppchen wirkt etwas angeknabbert – erweitert werden. Es ist ein Porträt Caesars vom Typus Tusculum, nach dem Auffindungsort nahe Rom. Davon gibt es bislang vier Kopien. Die hier aufgefundene ist die besterhaltene.

Die etwa 40 Zentimeter großen Köpfe sind in perfektem Zustand. Sogar die Nasen sind noch intakt, die bei den meisten antiken Statuen beschädigt sind. Beide Köpfe gehören wohl zu einem Zyklus von Statuen, die in einem Kaiserkult-Heiligtum auf der Akropolis standen. Die Statuen wurden in claudischer Zeit (40 – 50 n. Chr.) im Heiligtum aufgestellt.

Dieser Fund ist umso überraschender, da er auf einem Außenposten des Römischen Reiches gelang – Roms Sprungbrett nach Afrika. Die Entdeckung stellt sicher eine Krönung der Arbeit dar – für die Archäologen, aber auch für das Filmteam, das mit der Kamera bei der Ausgrabung dabei sein konnte.

Wo Caesars Kopf einmal ausgestellt wird? Wahrscheinlich im Kastell von Pantelleria. Im Moment hat Schäfer ihn erst einmal am sichersten Ort der Insel verwahrt: im Tresor des Hotels Cossyra.

Wenige Tage später fanden sich in der benachbarten Zisterne, direkt neben Aldous Huxleys Lavasteinhaus, weitere Marmorfragmente von einem überlebensgroßen Bein. Es gibt Hinweise auf das Knie des Kaisers Augustus.

Die Grabung wird im nächsten Jahr fortgesetzt. Die Gerda Henkel Stiftung hat schon eine weitere Unterstützung signalisiert. Rampe, Wohnbebauung und die mächtigen Befestigungsmauern werden ausgedehnter freigelegt und die Beziehung zweier antiker Weltmächte erforscht werden. Und vielleicht kommt Thomas Schäfer ja auch dem Rätsel der einstigen punischen Akropolis mit ihrem Tempel auf die Spur. Und dem Geheimnis um die Köpfe Caesars und Agrippinas. Denn wieso, grübelt der Professor, wurden die sorgsam in der Zisterne deponiert? Ordentlich mit drei geopferten Rindern in fünf Meter Tiefe eingebettet, 30 Jahre nachdem sie im Heiligtum aufgestellt worden waren. Die Fachwelt ist sich einig: Bedeutender als der Fund an sich sind die Fundumstände mit den verbrannten Rinderknochen. Eine »ganz tolle Sache«, findet Schäfer. Das ist noch bei keinem Fund eines Kaiserporträts beobachtet worden.

Es wird immer spannender herauszufinden, was der wie ein Schweizer Käse durchlöcherte Hügel auf Pantelleria, dem antiken Cossyra, noch alles in seinen »Löchern« birgt.

Postskriptum: Nach Fertigstellung des Manuskripts wurde im Schnitt 1 in einer Zisterne ein leicht überlebensgroßer Kopf von Kaiser Titus, Sohn des Vespasian, gefunden. Auch er der am besten erhaltene von allen bekannten Porträts.

Julius Caesar, zwei Jahrtausende alt, gefunden im Schutt der Jahrhunderte: Gewaschen und geputzt sieht er aus wie neu.

Chronologie

ab Ende 12. Jh. v. Chr.:	Die durch Handel und Gewerbe reich gewordenen Stadtstaaten Phönikiens (Tyros, Sidon) expandieren ihren Handel ins Mittelmeergebiet
um 1100	Durchfahrung der Straße von Gibraltar, Vorstoß zur Atlantikküste und vermutlich bis Britannien. Erkundung der afrikanischen Küsten. Gründung von Handelsniederlassungen im Westen: Gades/Cádiz (1104/03), Utica (Nordafrika, 1101). Im Alten Testament (Buch der Könige) wird berichtet, dass Salomon (etwa 10. Jh.) gemeinsam mit dem König von Tyros Handelsexpeditionen nach Tarshish (Tartessos) ausrichtete, um »Gold, Silber und Elfenbein« aus dem fernen Westen zu importieren.
9./8. Jh.	Phönizische Faktoreien auf Sizilien, Sardinien und an der Südküste Spaniens
814/13	Gründung Karthagos
8. Jh.	Griechische Kolonisation Unteritaliens und Siziliens, weitere phönizische Niederlassungen im Mittelmeerraum: z.B. Motye (Mozia)
753	Gründung Roms
7./6. Jh.	Karthagos Einfluss auf die westphönizischen Niederlassungen im Mittelmeer wächst. Sogenannte Punische Kolonisation. Beginn handelspolitisch motivierter Auseinandersetzungen zwischen Griechen und Karthagern auf Sizilien
509	Vertrag mit Rom sichert Karthago Handelsmonopol im westlichen Mittelmeerraum zu
ab 5. Jh.	Bewaffnete Zusammenstöße zwischen Karthagern und Griechen auf Sizilien. Niederlage Karthagos gegen Syrakus bei Himera (480)
409–406	Karthagische Offensive, Eroberung wichtiger Städte (Selinunt, Himera, Agrigent)
405	Aufteilung Siziliens in Einflussgebiete, doch bald erneut Kämpfe
397	Zerstörung Mozias durch Dionysios, den Tyrannen von Syrakus

Griechen setzen nach Afrika über, vergebliche Belagerung Karthagos. Wachsende Differenzen Karthago/Rom. Vertrag zwischen Karthago und Rom, der Sizilien als ausschließlich karthagisches Interessensgebiet garantiert	**310**
Vertrag zwischen Karthago und Rom gegen griechische Angriffe unter Pyrrhos, König von Epirus	**279**
Erster Punischer Krieg: Sizilien (incl. Pantelleria), Korsika und Sardinien römische Provinzen	**264–241**
Vorstoß der Karthager (Punier) unter Hamilkar Barkas auf Iberische Halbinsel; Unterwerfung Südspaniens	**237**
Hamilkars Sohn Hannibal übernimmt Kommando in Spanien und belagert das romfreundliche Sagunt (219). Pläne zur Eroberung Nordspaniens. Folge:	**221**
Zweiter Punischer Krieg: Hannibal überquert Alpen (Sept. 218); Siege bei Trebia (218), am Trasimenischen See (217) und bei Cannae (216). Nach dem Sieg des römischen Heeres unter Scipio Africanus bei Zama (202) Spanien römische Provinz	**218–201**
Friedensvertrag: Karthago darf keine Kriege außerhalb Afrikas mehr führen – und auch da nur mit Erlaubnis Roms. Auslieferung der karthagischen Flotte	**201**
Als Karthago ohne Rücksprache gegen Übergriffe der Numider vorgeht:	**150**
Dritter Punischer Krieg. Zerstörung Karthagos	**149–146**

ROMS LIMES IM ORIENT

von Andreas Oettel

TÜ
MITTELMEER
JERU
ÄGYPTEN
N

KEI
Carrhae
Antiochia
Thannuris
Tell Dgherat
Tell Ajaja
Sura
Qreiye
Androna
Qasr ibn
Wardan
Tell Schech Hamad
Kirkesion
Resafa
Deir
az-Zor
EUPHRAT
TIGRIS
Palmyra
Dura-
Europos
ANON
SYRIEN
Ktesiphon
BAGHDAD
DAMASKUS
Bostra
Gadara
AEL
Gerasa
AMMAN
M
OTES
EER
Qasr Bushir
IRAK
JORDANIEN
SAUDI-ARABIEN
MEER

Im Jahre 64 v. Chr., östlicher Mittelmeerraum: Pompeius der Große besetzt mit seinen Legionen Syrien und gewinnt für das Römische Reich eine neue, eine bedeutende Provinz. Er steht damit in der Tradition Alexanders des Großen, dessen riesiges Herrschaftsgebiet für wenige Jahre von Griechenland bis nach Indien gereicht hatte.

Alexanders früher Tod im Jahre 323 v. Chr. in Babylon hatte Erbfolgekämpfe unter seinen Generälen zur Folge und führte schließlich zur Aufspaltung des Reiches in einen griechisch-makedonischen, einen ägyptischen und einen vorderasiatischen Teil. Die orientalischen und zentralasiatischen Gebiete fielen an seinen General Seleukos; und dieses Seleukidenreich sollte immerhin für etwa 250 Jahre bestehen. Nachdem das Gebiet des heutigen Afghanistan schon früh abgefallen war, entstand gegen 250 v. Chr. im Nord-Iran eine neue Dynastie, die sich von den Seleukiden lossagte und ein eigenes, ständig expandierendes Reich gründete. Es handelte sich um das nomadische Volk der Parther, wilde Steppenreiter, die unter ihrem historisch kaum fassbaren König Arsakes I. in die Weltgeschichte eintraten. Im 2. Jahrhundert v. Chr. gelang es den Parthern schließlich, ihrem Reich das »Land zwischen den Strömen«, Mesopotamien, im heutigen Irak, einzuverleiben. Die Grenze zwischen Seleukiden und Parthern war damit der mächtige Fluss Euphrat.

Silbermünze (Drachme) des Partherkönigs Gotarzes I. (ca. 95 – 90 v. Chr.). Die Rückseite zeigt das Standardmotiv der parthischen Münzprägung: ein nach rechts sitzender Bogenschütze, vermutlich der Dynastiegründer Arsakes, umgeben von einer Inschrift, die die Titulatur des Königs nennt.

Während das Reich der Parther immer stärker wurde, hatten die Seleukiden nicht nur gegen ihre östlichen Nachbarn zu kämpfen, sondern sie wurden zusätzlich im Libanon von den Ptolemäern, den Nachfolgern Alexanders des Großen in Ägypten, bedrängt. Dann kamen noch die Römer hinzu, die versuchten, ihre Vormachtstellung im östlichen Mittelmeerraum auszubauen – mehrere Kriege mit dem Seleukidenreich waren die unvermeidliche Folge.

Roms Griff nach dem Orient

Den Todesstoß erhält das Seleukidenreich jedoch aus dem Norden: Es sind die Armenier, die schließlich das in etwa auf das heutige Syrien geschrumpfte Herrschaftsgebiet der Seleukiden besetzen. Nun wittert Rom seine Chance: Römische Legionäre unter dem

Der Grenzfluss Euphrat bei Dura-Europos

Kommando des Pompeius besetzen Syrien und vertreiben die Truppen des armenischen Königs. Der seleukidische Herrscher Antiochos XIII. bittet Pompeius mehrmals, ihm Syrien wieder zu überlassen und das Seleukidenreich damit zu einem römischen Vasallenstaat zu machen. Doch Rom bleibt hart. Im Jahre 64 v. Chr. entsteht die römische Provinz Syria. Ihre östliche Grenze bildet der Euphrat, dahinter liegt das mächtige Reich der Parther, zu dieser Zeit das einzige Großreich neben dem römischen.

Rom gelingt es in den folgenden Jahrzehnten, diese orientalische Provinz, deren Bewohner ein buntes Völkergemisch mit einer uralten Tradition darstellten, in sein Reich einzubinden – nicht zuletzt auf der Grundlage der griechischen Kultur, die Alexanders Nachfolger in den Orient getragen hatten. Die Sprache der gebildeten Mittel- und Oberschicht des gesamten römischen Ostens – von Griechenland über Kleinasien, den Nahen Osten, Ägypten bis in die östlichen Gebiete Libyens – ist das Griechische. Latein ist lediglich die Sprache des Procurators der jeweiligen Provinz, seiner Mitarbeiter sowie die Befehlssprache innerhalb der Legionen.

Eine von der Stadt Seleukia Pieria, an der syrischen Küste gelegen, geprägte Münze mit dem Bild des Kaisers Caracalla (211–217 n. Chr.). Auf der Rückseite ist ein Tempel dargestellt, in dem sich ein Kultstein anstelle einer Götterstatue befindet.

Der Segen der »Pax Romana«

Die römische Inbesitznahme des Nahen Ostens führte zu einem wirtschaftlichen Aufschwung der ganzen Region. Es ist das Gebiet des »fruchtbaren Halbmonds«, das von Südpalästina die Küste entlang nach Norden, nach Osten und schließlich nach Süden bis zum Persischen Golf reicht. Grundlage für den Aufschwung war jedoch der anhaltende Frieden, der über lange Jahre im Römischen Reich herrschte: die Pax Romana (römischer Frieden). Dieser Frieden im Zusammenhang mit dem zielgerichteten Ausbau der Infrastruktur – wie Straßen, Brücken und Wasserleitungen – ermöglichte einen internen Handelsverkehr zwischen weit entfernten Regionen wie Spanien und Syrien. Syrien war dazu über die Seidenstraße mit noch weiter im Osten liegenden Ländern verbunden, sogar mit China. Dieser Handel und eine ertragreiche Landwirtschaft machten den Orient so interessant für Rom: Die Oberschicht profitierte von den Luxusgütern, die aus dem Orient in die Ewige Stadt kamen. Rom war zu dieser Zeit eine riesige Metropole mit großen sozialen Gegensätzen geworden. Die städtische Unterschicht, häufig von Hungersnöten bedroht, wurde mit Getreide aus Ägypten und Syrien versorgt und zusammen mit öffentlich veranstalteten Gladiatorenspielen und Tierhatzen (*panem et circences* oder »Brot und Spiele«) bei Laune gehalten.

Doch auch für die Einwohner der nun römisch gewordenen Gebiete brachte die Zugehörigkeit zum Römischen Reich große Vorteile. Dabei handelte es sich um Angehörige vieler Völkerschaften, wie die zahlreichen gesprochenen Sprachen zeigen: das Aramäische zusammen mit Dialekten wie dem Palmyrenischen, das Arabische mit Dialekten in den Wüstengebieten sowie das Griechische, vor allem in den Städten an der Küste. Die Stärke des Römischen Reiches war die Vielfalt im Ganzen. Das Imperium Romanum gab der Region eine organisatorische Bindung und beließ doch vielen großen Städten eine gewisse Selbstständigkeit. Ausdruck dieser Situation war zum Beispiel das Recht der Münzprägung, das viele Städte des römischen Syrien besaßen. Jede Stadt prägte auf der Rückseite ihre eigenen Motive, die häufig in Zusammenhang mit den dort verehrten Göttern standen. Auf der Vorderseite der Münzen war jedoch das Bild des Kaisers zu sehen. Damit ließ man keinen Zweifel an der Oberherrschaft des römischen Kaisers und verbreitete gleichzeitig die Kenntnis von seinem Aussehen: staatliche Propaganda in einer Bilderwelt, die noch lange nicht so übersättigt war, wie dies durch das heutige Medienangebot und die allgegenwärtige Welt der Werbung der Fall ist. Die Mittel- und Unterschicht, die in der Regel nicht das römische Bürgerrecht besaßen, profitierten von der Sicherheit in der römischen Provinz und der aufstrebenden Wirtschaft. Träger und Hauptgewinner dieser Entwicklung waren jedoch die Angehörigen der städtischen Oberschicht. Soziales Ansehen erkauften sie sich durch die Stiftung von öffentlichen Bauten wie Bädern, Theatern oder Tempeln. Ein Aufblühen der Städte, insbesondere im 2. Jahrhundert n. Chr., war die Folge. Rom band diese soziale Elite an sich, indem ihre Angehörigen das römische Bürgerrecht erhielten. Langfristig eröffnete sich diesen Familien dann auch der Weg in die politische Führungsschicht des Römischen Reiches.

Die Blüte städtischen Lebens

Vom Leben in einer mittelgroßen Stadt des römischen Orients gibt uns das antike Gadara, das heutige Umm Qeis in Nord-Jordanien, eine Vorstellung. Hier graben seit drei Jahrzehnten deutsche Archäologen. War der Ort zuvor nur für eine Hand voll Spezialisten von Interesse, so haben die Ausgrabungs- und Restaurierungstätigkeiten der letzten Jahre eine ansprechende archäologische Stätte entstehen lassen, die große Besuchermengen anzieht. Durch die enge Zusammenarbeit zwischen der jordanischen Antikenverwaltung, dem Deutschen Evangelischen Institut und dem Deutschen Archäologischen Institut (DAI) ist es gelungen, wissenschaftliche Fragestellungen durch Ausgrabung zu klären und gleichzeitig die antike Stätte durch vielerlei Maßnahmen auch für den Laien erfahrbar zu machen. So wurden zum Beispiel die Stadtmauern zuerst archäologisch korrekt von oben ausgegraben. Anschließend hat die jordanische Antikenverwaltung auf einem Teilabschnitt die Außenseite freilegen lassen, wofür enorme Erdbewegungen notwendig waren. So blickt der Besucher heute nicht in einen tiefen Grabungsschnitt, sondern steht beeindruckt vor den hohen Mauern.

Blick von der antiken Stadt Gadara in Richtung des Sees Genezareth. Die Lage der Stadt wurde aus militärstrategischen Gründen gewählt.

Bei den Besuchern handelt es sich sowohl um Touristen aus aller Herren Länder als auch um viele Jordanier – nicht zuletzt durch die Ruinen tobende Schulklassen. Um dem Informationsbedürfnis gerecht zu werden, stellt das DAI Informationstafeln auf Arabisch, Deutsch und Englisch auf.

Nicht nur der Ort selbst vermag zu begeistern. Es ist eine grandiose Landschaft, in der diese Stadt auf einem nach drei Seiten steil abfallenden Plateau hoch über dem Yarmuk-Tal liegt. Man schaut auf den nahe gelegenen See Genezareth und nach Israel hinein. So überrascht es nicht, dass sich bis vor wenigen Jahren jordanische Panzer in die Tempelterrasse eingegraben hatten, weshalb archäologische Forschungen dort nicht möglich waren.

Auch seine Entstehung verdankt Gadara seiner äußerst günstigen strategischen Lage. Es war zunächst eine Festung des ptolemäischen Ägypten, das vom Sinai aus über Teile des Nahen Ostens bis in den Libanon herrschte. Danach eroberten die Seleukiden Gadara und machten es zu ihrer Festung.

Gadara gehörte auch zu dem Gebiet, das Pompeius erobert hatte. Doch Gadara behielt innerhalb der »Dekapolis«, eines Bundes von »zehn Städten«, eine gewisse Eigenständigkeit. Es blühte bereits in vorrömischer Zeit unter der Herrschaft der Seleukiden. Mächtige Stadtmauern zeugen von einem schon damals vorhandenen Schutzbedürfnis.

Lageplanung: Günther Schauerte und Mitarbeiter im Gespräch. In den letzten Jahrzehnten ist aus einer unscheinbaren antiken Stätte eine attraktive Sehenswürdigkeit geworden.

Die Zielsetzung des gegenwärtig in Gadara arbeitenden Teams unter Leitung von Professor Schauerte, dem Stellvertretenden Generaldirektor der Staatlichen Museen zu Berlin, ist es, die mehrere Jahrhunderte währende Stadtgeschichte Gadaras zu erforschen. Die Aufgaben und Möglichkeiten, die eine vergleichsweise gut erhaltene Stadt wie Gadara den Archäologen bietet, sind vielfältig. Einfach irgendwo anzufangen wäre unmöglich. Denn das Ausgegrabene muss sorgfältig dokumentiert werden, um zumindest auf dem Papier – bzw. auch auf dem Bildschirm in Form einer 3-D-Animation – eine möglichst vollständige Vorstellung vom Vergangenen zu erhalten. Das bedeutet einen großen Arbeitsaufwand, sehr viel Zeit und setzt den Einsatz des feinen Pinsels ebenso voraus wie häufig auch den eines Kranwagens. So bedarf es denn eines wohl überlegten Konzepts, um durch gezielte Ausgrabungsstellen möglichst weitgehende Aussagen über diese Stadt zu bekommen, – und einen langen Atem.

Eine breite, von Säulenhallen gesäumte Straße durchzieht das gesamte Stadtgebiet von Gadara.

Eine Fernstraße durchzieht den Ort in seiner ganzen Ausdehnung. Sie ist sozusagen die Lebensader Gadaras. Im römischen Westen bildete eine große Platzanlage, das Forum, den Mittelpunkt einer Stadt. Hier lag auch der Haupttempel, auf den das Forum axial ausgerichtet war. Nicht so im römischen Orient. Platzanlagen waren weniger wichtig. Das wirtschaftliche wie das öffentliche Leben spielte sich hier zum großen Teil auf der Hauptstraße ab,

S. 85: Das im Jahre 306 n. Chr. errichtete Kastell von Qasr Bushir. Nur wenige römische Legionslager und Kastelle blieben derart gut erhalten. Lediglich die an die Innenseiten der Mauern angelehnten Mannschaftsunterkünfte sind weitgehend eingestürzt.

wo die Karawanen entlangzogen und Güter gehandelt wurden. In der Blütephase des Römischen Reiches, im 2. Jahrhundert n. Chr., wurden die Hauptverkehrsachsen in vielen Städten des römischen Ostens – wie auch in Gadara – mit prachtvollen Säulenhallen aus Marmor eingerahmt. Überdachte Fußgängersteige zu beiden Seiten boten Schatten für das flanierende Volk. Feine Damen mit edlem Goldschmuck und gut gekleidete Herren in bestickten Gewändern – auch aus chinesischer Seide (!) – konnten in kleinen Geschäften zu beiden Seiten der Straße ein reichhaltiges Warenangebot aus allen Weltgegenden bestaunen.

Städte wie Gadara profitierten in besonderem Maße vom Handel mit dem Fernen Osten und mit Arabien, also dem Handel auf der Seiden- und der Weihrauchstraße. Weihrauch wurde im Römischen Reich in verschwenderischen Mengen als Opfer an die Götter und bei Beerdigungsfeierlichkeiten verbrannt. Dafür wurde viel gezahlt: Gegen Ende des 1. Jahrhunderts n. Chr. kostete ein halbes Kilogramm Weihrauch in Rom sechs Denare, wohl das Doppelte dessen, was die meisten Römer in einer Woche verdienten!

Eine wichtige Grundlage für die florierende Handelstätigkeit war, wie bereits angeführt, die »Pax Romana«. Doch dieser Frieden musste teuer erkauft und – vor allem – erkämpft werden.

Günther Schauerte im Inneren des Kastells von Qasr Bushir. Durch die einsame Lage blieb es vom Steinraub verschont.

Gefahr von außen

So sehr Rom es innerhalb der eroberten Provinz vermochte, ein stabiles System zu errichten, das die Loyalität der Provinzbewohner beinhaltete, so sehr war das Römische Reich von außen bedroht. Im Falle von Gadara und der Dekapolis waren dies vor allem arabische Stämme aus der syrisch-arabischen Wüste, die vom Reichtum der Städte der römischen Provinzen profitieren wollten. Dabei handelte es sich in keiner Weise um ein ethnisches Problem. Eingewanderte arabische Stämme lebten im römischen Syrien friedlich neben dort ortsansässigen Aramäern. Wie diese nahmen sie das Angebot der Romanisierung wahr, ohne ihre eigene Identität aufzugeben. Ihre Religion vermischte sich mit Elementen der griechisch-römischen Götterwelt, blieb im Kern aber

Das römische Kastell von Umm el-Jemal im Norden Jordaniens, das später in ein Kloster umgewandelt wurde. Im Osten schließt eine Kirche an das Fort an.

Ein Wachturm in der Umgebung von Qasr Bushir. Seine Besatzung konnte Feindbewegungen durch optische Zeichen an das Kastell melden.

erhalten. Der Konflikt bestand vielmehr zwischen den Bewohnern der römischen Provinz und den außerhalb lebenden, auf Raubzüge ausgerichteten arabischen Nomaden. Vergleichbar stellte sich die Situation zum Beispiel auch an den Grenzen des römischen Germanien dar, wo Germanen ebenfalls beiderseits der Grenze lebten und sicherlich ein sehr unterschiedliches Selbstverständnis entwickelten.

Der Druck fremder Völkerschaften auf das Römische Reich führte schließlich zum Ausbau der die Grenzen markierenden Straßen, der *limites*. So entstand der römische Limes. Doch wie sehr unterschied sich der Limes im Orient von den Grenzanlagen in Germanien und Britannien! Waren es dort geschlossene Verteidigungsanlagen aus Wall und Graben, so stehen die römischen Kastelle des Orients vereinzelt in der Landschaft. So scheint es jedenfalls!

Schauerte hat auch diesen Aspekt im Blick. Nicht sehr weit östlich von Gadara beginnt die unwirtliche Steppenlandschaft, die es zu kontrollieren galt. Hier sind noch zahlreiche römische Militärlager erhalten geblieben, doch erst auf den zweiten Blick wird klar, wieso diese Kastelle so einsam und nicht auf einer Linie in der Steppe liegen. Schauerte fasst die Forschungsergebnisse zahlreicher Wissenschaftler aus vielen Nationen zusammen, wenn er das strategische System dieser Grenzanlagen erläutert. Die Kastelle befanden sich in Sichtentfernung zueinander, und die Wachmannschaften konnten sich verabredete Signale geben, etwa mit reflektierten Lichtzeichen oder Rauch am Tag sowie mit Fackeln in der Nacht. In Anbetracht dieses Signalsystems wird deutlich, weshalb die jeweilige Position eines Kastells oder Wachturms gewählt wurde. Es ging darum, in dieser hügeligen Landschaft die Höhen und Senken annähernd lückenlos zu kontrollieren. So konnte man verhindern, dass feindliche Gruppen unerkannt in das Römische Reich eindrangen.

Besonders gut ist das Netz von Kastellen und Lagern aus der Luft zu erkennen und verstehen. David Kennedy, der zusammen mit Schauerte dieses System aus Verteidigungsanlagen verschiedener Größe diskutiert, erforscht bereits seit Jahrzehnten den römischen Limes im Orient auch mit Hilfe von Luftaufnahmen. Er steht damit

Aufklärungsflugzeug der bayerischen Fliegerstaffel 304, die während des Ersten Weltkriegs zur Unterstützung osmanischer Truppen in der Nähe der Sinai-Front eingesetzt war.

in der Tradition der Pioniere der Luftbildarchäologie wie dem Franzosen Pater Antoine Poidebard um 1930 oder dem Briten Sir Aurel Stein (1938/39), deren Publikationen grundlegend für die Forschung werden sollten. Bereits während des Ersten Weltkriegs fotografierten Offiziere im Orient aus ihren Maschinen heraus Ruinen, die häufig gut erhalten und bisher kaum bekannt waren. Zu diesen Offizieren gehörte der deutsche Oberleutnant Falke, der mit seiner Staffel zur Unterstützung des Osmanischen Reiches in der Nähe der Sinai-Front stationiert war. Er und seine Kameraden machten im Auftrag des berühmten deutschen Archäologen Theodor Wiegand, damals Leiter des Deutsch-Türkischen Denkmalschutzkommandos, Aufnahmen von historisch interessanten Orten. Hunderte solcher Fotos werden im Bayerischen Kriegsarchiv aufbewahrt. Es muss ein besonderes Gefühl für diese Männer gewesen sein, mit ihren Maschinen zum Beispiel über eine so gut erhaltene Stadt wie Gerasa, sozusagen die größere Schwesterstadt von Gadara, zu fliegen. Denn diese beeindruckenden Orte waren im damaligen Europa nur einer ausgewählten Schar von Gelehrten bekannt.

Die Grenzanlagen im Osten Jordaniens, die Städte wie Gadara und Gerasa schützten, sind erst in der Spätantike entstanden, als diese Städte ihren Höhepunkt schon deutlich überschritten hatten. Wie sah aber die Verteidigung der Region am Anfang aus?

Es gehörte zum System der frühen römischen Politik im Osten, an den Grenzen kleine selbstständige, aber doch Rom verpflichtete Königtümer zu akzeptieren, welche die Grenzsicherung zu übernehmen hatten, im Ernstfall aber mit römischer Unterstützung rechnen konnten.

Im Umkreis der Dekapolis lebten die arabischen Nabatäer. Ihre Hauptstadt Petra liegt inmitten einer malerischen Felslandschaft. Bekannt ist sie vor allem durch die wegen ihrer Größe und Schönheit beeindruckenden Grabfassaden, die aus den umgebenden Felsen herausgearbeitet wurden. Kleinere Festungen sicherten das nabatäische Siedlungsgebiet und damit auch die römische Dekapolis.

Die Anlage von römischen Kastellen an den Grenzen des Reiches, wie sie in anderen Grenzprovinzen – in Germanien etwa – die Regel war, scheint im römischen Orient zunächst die Ausnahme

S.88 oben: *Angehörige der während des Ersten Weltkriegs im Orient stationierten bayerischen Fliegerstaffel. In Kampfpausen fotografierten sie im Auftrag des Deutsch-Türkischen Denkmalschutzkommandos auch antike Stätten und wurden damit zu Pionieren der Luftbildarchäologie. Etwa 2700 dieser Aufnahmen lagern im Bayerischen Kriegsarchiv, München.*

S.88 unten: *Das antike Gerasa, die größere Schwesterstadt von Gadara, aufgenommen von einem der bayerischen Flieger.*

gewesen zu sein. Vielmehr wurde die überwiegende Anzahl der Soldaten in den Städten stationiert. Möglicherweise handelt es sich hier um eine Tradition, die mit der Unterbringung der Leibgarden bzw. des Kern-Heeres in der unmittelbaren Nähe des altorientalischen Herrschers zu tun hatte.

Die große militärstrategische Bedeutung des römischen Orients lässt sich aber aus der Anzahl der dort stationierten Legionen ablesen. Im römischen Orient standen zur Zeit des Kaisers Augustus (31 v. Chr. – 14 n. Chr.) allein vier Legionen. Zum Vergleich: In der Donauregion waren es sieben, in der Rheinregion acht, in Spanien drei, in Ägypten zwei und in Afrika eine. In augusteischer Zeit sicherten also 25 Legionen mit etwa 150 000 Mann das Reich. Dazu kam etwa die gleiche Anzahl Soldaten, die in Hilfstruppen organisiert waren.

Die Voraussetzung für den Dienst in der Legion war das römische Bürgerrecht. Zuerst waren dies Männer aus Italien selbst, aber es wurden immer mehr Bürger aus den Provinzen, die für 20 Jahre ihren Dienst in der Legion taten. Die Nicht-Bürger dienten sogar 25 Jahre in den Auxiliareinheiten, konnten dann aber auch das Bürgerrecht erhalten.

Die aus dem Dienst entlassenen Soldaten wurden mit einem Stück Land entlohnt, das sie bebauen und so weiterhin ihren Lebensunterhalt sichern konnten. Die Ansiedlung von Veteranen wurde

Die von Säulen gerahmte Hauptstraße von Gerasa (links) mündet in einen einmaligen ovalen Platz, an dem auch das Theater liegt (rechts).

damit auch zu einem Instrument der Romanisierung in den neuen Provinzen: Mit den Veteranen kam ein Stück Rom in das eroberte Land. Zudem standen im Ernstfall Männer zur Verfügung, die über eine lange Erfahrung als Soldaten verfügten.

Die großartige Felsfassade von ed-Deir liegt in der Nekropole (»Totenstadt«) der nabatäischen Hauptstadt Petra. Anders als bei der überwiegenden Anzahl weiterer Fassaden handelt es sich hier nicht um ein Grab, sondern um ein sakrales Gebäude.

Reiter aus der Steppe

Anders als in der Rhein- oder Donauregion waren es nicht große Stammesverbände, die im Orient das Römische Reich bedrohten. Vielmehr war es ein Großreich, das der Parther. Dieses nomadische Reitervolk hatte sich sehr schnell als ernst zu nehmende Bedrohung für Rom herausgestellt. Diese Erfahrung hatte 53 v. Chr. insbesondere Crassus machen müssen. Er war der reichste Mann der Welt und neben Julius Caesar und Pompeius einer der drei mächtigen Männer Roms, die das Reich beherrschten. Sein Versuch, mit einem riesigen Heer ohne Kriegserklärung das Partherreich zu erobern, endete in der für die Römer katastrophalen Schlacht von Carrhae, die in ihrer Bedeutung der Vernichtung der drei Legionen des Varus im Teutoburger Wald im Jahre 9 n. Chr. gleichkam. Diese Niederlage bestimmte für lange Zeit die Politik Roms gegenüber den Parthern. Tatsächlich feierte Augustus den diplomatischen Erfolg der erst 30 Jahre später erfolgten Rückgabe der verlorenen Legionsfeldzeichen durch die Parther wie einen Sieg.

Die Stärke der Parther war ihre Reiterei. Dabei handelte es sich zum einen um leichte Kavallerie. Ihre gefährlichste Waffe war der Bogen. Besonders gefürchtet war der »parthische Schuss«: Die Reiter täuschten eine Flucht vor, drehten sich dann aber nach hinten und deckten ihre Verfolger mit einem Pfeilhagel ein

Zum anderen waren die Parther aber auch für ihre schwere Reiterei berühmt und gefürchtet. Diese mit einer langen Lanze bewaffneten Kämpfer waren wie ihre Pferde durch Kettenpanzer geschützt. Für die römischen Infanterieverbände waren sie ein besonders schrecklicher Gegner.

Die Römer reagierten darauf im beginnenden 2. nachchristlichen Jahrhundert, indem sie selbst Einheiten aus Panzerreitern aufstellten, die Kataphrakten.

Neue Provinzen für das Reich

Das Römische Reich war bisher immer darauf ausgerichtet gewesen, sein Territorium zu erweitern, indem man Land eroberte und zu einer Provinz machte. Ihren Höhepunkt erreichte diese Tradition unter Trajan (98–117 n. Chr.). Er besiegte die Daker auf dem Gebiet des heutigen Rumänien und Bulgarien und führte zudem einen Feldzug gegen die Parther durch, auf dem er nicht nur die parthische Hauptstadt Ktesiphon eroberte, sondern bis zum Persischen Golf gelangte.

Trajan gründete fünf neue Provinzen: Dacia, Arabia, Armenia, Mesopotamia und Assyria. Armenien, das Gebiet der Ost-Türkei sowie des gleichnamigen Staates, war bisher nur ein dem Namen nach selbstständiges Königreich gewesen. Tatsächlich war der armenische König entweder Vasall der Römer oder der Parther. Mit dem Begriff Mesopotamien (»zwischen den Flüssen«) bezeichneten die Römer lediglich den nordwestlichen Teil des Landes zwischen Euphrat und Tigris. Die östlich anschließende Landschaft im heutigen Irak machten sie zur Provinz Assyria. Obwohl das römische Heer unter Trajan bis an den Persischen Golf vorgestoßen war, zog man sich von dort also wieder weit in den Norden zurück. Die Gebietsverluste des Partherreiches blieben somit eher moderat.

Doch möglicherweise erkannten die Römer hier zu Recht, dass sie sich selbst mit diesen zurückhaltenden Gebietsgewinnen übernehmen würden. Denn Trajans Nachfolger Hadrian (117 – 138 n. Chr.) gab drei der neuen Provinzen auf und ließ die Truppen wieder die alten Stellungen einnehmen. Nur die Provinzen Dacia und Arabia blieben bestehen. Durch die Einbeziehung der Dekapolis in die neue Provinz Arabia mit der Hauptstadt Bosra änderte sich für die Grenzsicherung nicht allzu viel – die neuen Grenzen waren die des bisherigen römischen Einflussbereichs. Aber Rom besorgte jetzt selbst die Sicherung der Grenze. Die gerade eingerichtete Provinz brauchte selbstverständlich militärischen Schutz. Eine neue Legion wurde aufgestellt. Aber Trajan ging kein Risiko ein. So verließen im fernen Ägypten die diensterprobten Männer der »Legio III Cyrenaica« ihre Quartiere und marschierten in Richtung ihres neuen Standorts Bosra. Die frisch aufgestellte Legion bezog dagegen im ruhigen Ägypten Stellung.

Die Aufgabe neuer Provinzen ist am ehesten damit zu erklären, dass Hadrian eine Verlängerung der römischen Reichsgrenze scheute, die in keinem rechten Verhältnis zum wirtschaftlichen Nutzen der eroberten Gebiets stand. War es das Ziel des Eroberers Trajan gewesen, das Reich auch im Osten zu vergrößern, so kam es Hadrian in erster Linie auf die Sicherung des Erreichten an. Es ist die Zeit, in der die *limites*, die Grenzwege des Römischen Reiches, ausgebaut werden. In Britannien entsteht der Hadrianswall, der den wilden Norden vom Reich trennt. Auch in Germanien werden die Grenzsicherungsanlagen verstärkt.

Zwei Silbermünzen (Denare) Kaiser Trajans. Beide spielen auf die militärischen Siege Trajans an. Auf der einen ist die durch ein kleines Kamel gekennzeichnete weibliche Personifikation der neu gewonnenen Provinz Arabia dargestellt (oben), die andere zeigt drei Feldzeichen (unten).

Die goldene Zeit

Es ist die Blütezeit des Römisches Reiches: die erste Hälfte des 2. Jahrhunderts n. Chr. In Rom herrschen die Adoptivkaiser: Nerva, Trajan, Hadrian, Antoninus Pius, Marc Aurel und Lucius Verus. Sie hatten – bis auf Marc Aurel, mit dem diese Reihe dann auch

Kaiser Marc Aurel sah sich zu einem Krieg gegen das Reich der Parther gezwungen, nachdem diese die Oberherrschaft über Armenien an sich gerissen hatten. Der Denar zeigt auf der Rückseite die trauernde Personifikation Armenia, hinter ihr sind ein Schild und eine Standarte zu sehen.

endete – keine leiblichen Nachkommen. So entstand das Prinzip von der Auswahl des Besten als Kaiser. Wichtig war aber vor allem die Kontinuität der Politik, die diese Kaiser auszeichnete.

Das Römische Reich befand sich in einer – von kleineren Konflikten wie in Britannien abgesehen – Friedensperiode, von der die Reichsbevölkerung profitierte. Insbesondere in Kleinasien, dem Nahen Osten und Nordafrika wurden die Städte prachtvoll mit Marmor ausgebaut. Die Wirtschaft funktionierte aufgrund der großen Nachfrage gut. Luxusgüter wurden aus dem Orient nach Rom transportiert, aber auch Getreide für die Bevölkerung der Hauptstadt, die allein durch das Umland nicht mehr versorgt werden konnte.

Als Marc Aurel (161–180 n. Chr.) und sein Stiefbruder Lucius Verus (161–169 n. Chr.) – beide waren von ihrem Vorgänger Antoninus Pius (138–161 n. Chr.) noch zu Lebzeiten Hadrians und auf dessen Wunsch adoptiert worden – gemeinsam römische Kaiser wurden, hatte das Römische Reich bereits seinen Höhepunkt erreicht.

Marc Aurel galt als Philosoph auf dem Kaiserthron. Er war ebenso sehr mit der griechischen Kultur verbunden – seine Selbstbetrachtungen, die uns erhalten sind, schrieb er auf Griechisch – wie mit dem Landleben der römischen Oberschicht, die sich durch eine gewisse Erdverbundenheit auszeichnete. Doch an den Grenzen des Reiches formierte sich in diesen Jahren eine Bedrohung, die nicht nur die Regierungszeit Marc Aurels, sondern sogar die folgenden Jahrhunderte bestimmen sollte. Marc Aurel, der Philosoph, war also gezwungen, während seiner ganzen Amtszeit vor allem Feldherr zu sein. Nicht zufällig wurde er ein Vorbild für Friedrich den Großen, der in ihm einen der größten Kaiser Roms sah, weil er Feldherrnglück mit der Weisheit der Philosophie vereinte. Entsprechend stand ein Marmorbildnis des Römers in Friedrichs Schloss Sanssouci bei Potsdam.

Möglicherweise erkannten die Parther in der Thronfolge des Jahres 161 n. Chr. durch zwei gleichberechtigte Kaiser eine günstige Gelegenheit, um Fakten zu schaffen. Sie setzten den romfreundlichen Herrscher in Armenien ab und ließen einen ihnen wohlgesinnten Machthaber krönen. Für Rom war dies der *casus belli*. Der römische Befehlshaber von Kappadokien, der nahe gelegenen römischen Provinz, handelte umgehend. Doch er führte seine Legion in den Untergang.

Die Lage wurde in Rom als sehr ernst eingeschätzt. Überließ man den Parthern Armenien, so zeigte man Schwäche und motivierte sie zu einem Einfall in das römische Syrien. Dort stand zwar ein großes römisches Heer, doch für einen Krieg gegen die Parther war es nicht stark genug. So erhielten drei Legionen, die zuvor in Untergermanien, Untermösien und Unterpannonien stationiert gewesen waren, den Marschbefehl. Jeweils gut 6000 Mann mit einer etwa gleichen Zahl an Hilfstruppen und einem Tross aus schwerem Gerät, Versorgungswagen, Technikern, Handwerkern, Ärzten etc. setzten sich in Bewegung. Unaufhaltsam marschierten diese riesigen Verbände auf den gut ausgebauten römischen Straßen gen Irak. Zwar wurde schweres Gerät auf Wagen mitgeführt, aber in ihren Schienenpanzern oder Kettenhemden und mit ihren Waffen sowie der leichten Ausrüstung muss diese Truppenverlegung eine arge Strapaze für die Männer gewesen sein. Unter dem Kommando des Lucius Verus bzw. seiner vor Ort eingesetzten Kommandeure eroberten die römischen Legionen das Partherreich und nahmen die Hauptstadt Ktesiphon sowie die bedeutende Stadt Seleukia am Tigris ein. Beide Städte liegen in der Nähe des heutigen Bagdad, das erst in frühislamischer Zeit gegründet werden sollte.

Der Sieg war perfekt. Vermutlich waren die Parther gleichzeitig von ihren östlichen Nachbarn, den Kuschan, angegriffen worden. Doch mit den heimkehrenden Soldaten gelangte ein tückischer Feind ins Römische Reich: die Pest.

Pestepidemien hatte es zwar auch schon vorher gegeben, aber diese sollte besonders schwer werden und Hunderttausenden das Leben kosten. Eine Erklärung dafür war schnell gefunden: Bei der Plünderung von Seleukia am Tigris hatten die römischen Soldaten nicht vor den Tempeln Halt gemacht. Der Frevel gegen die Götter, so meinte man, hatte diese grässliche Strafe zur Folge.

Aber es kam noch schlimmer. Kaum war der Triumph über die Parther in Rom gefeiert, da begann der furchtbare Ansturm der überwiegend germanischen Völker an der Nordgrenze. Marc Aurel sollte bis zu seinem Tod in einem Feldlager in der Nähe von Wien im Jahre 180 n. Chr. fast ununterbrochen Krieg gegen sie führen.

Ansturm auf die Grenzen

Im römischen Orient kam im Jahre 174 n. Chr. das Gerücht auf, Kaiser Marc Aurel sei gestorben. Avidius Cassius, Befehlshaber der syrischen Legionen und einer der »Helden« des letzten Orientfeldzugs, glaubte jetzt seine Chance zu haben und ließ sich von seinen Soldaten zum Kaiser ausrufen. Doch Marc Aurel lebte. Und er handelte. Umgehend brach er zu einer Orientreise auf. Die Kunde davon eilte ihm voraus, und das »Problem« Avidius Cassius wurde von seinen eigenen Soldaten erledigt.

Faustina minor, die Gattin Marc Aurels, begleitete ihren Mann auf dieser Reise. Münzen zeigen ihr Porträt auf der Vorderseite, während auf der Rückseite die sitzende Faustina mit der Umschrift »Mater Castrorum«, Mutter der Kastelle, zu sehen ist. Faustina wird sozusagen als Patronin der in den Grenzkastellen Dienst tuenden Soldaten propagiert. Ein Zeichen für die Bedeutung, die man dem Militär und insbesondere der Sicherung der Grenzen zuerkannte.

Der Nordafrikaner Septimius Severus aus Leptis Magna im heutigen Libyen konnte vom Kommandeur der an der Donau stationierten Truppen zum römischen Kaiser aufsteigen. Die Rückseite seiner Münze zeigt die römische Siegesgöttin Victoria mit einer Girlande in ihren Händen über einem Schild.

Ihr beider Sohn Commodus, 161 n. Chr. geboren, war zu jung, um das Römische Reich in dieser Krise weise zu führen, als er im Jahre 180 n. Chr. Kaiser wurde. Nach seiner Ermordung 192 n. Chr. folgte ihm für zwei Monate Pertinax nach. Dann erlebte die römische Welt einen mehrjährigen Bürgerkrieg, wie es ihn so noch nicht gegeben hatte. Als wenn das Römische Reich keine äußeren Feinde gekannt hätte, gingen selbst ernannte Kaiser mit ihren Truppen aufeinander los. Didius Julianos blieb in Rom ohne bedeutende Hausmacht. Pescennius Niger stand mit seinen orientalischen Legionen gegen die Donauarmee des Septimius Severus, der sich anfangs mit Clodius Albinus und dessen britannischen Kräften verbündete. Nachdem Pescennius besiegt worden war, nahm sich der Nordafrikaner Septimius Severus seinen ehemaligen Verbündeten vor und gründete schließlich eine eigene Dynastie in Rom: die severische. Er wusste um die Grundlage seiner Macht, entließ die Prätorianergarde in Rom und ersetzte sie durch treue Soldaten seiner Donauarmee.

Die Prätorianer waren als Elitesoldaten die persönliche Garde des Kaisers und die einzigen Soldaten, die innerhalb Roms Waffen tragen durften. Sie waren ein nicht unwesentlicher Machtfaktor. Prätorianer waren es auch, die Kaiser Pertinax nach nur zwei

Monaten im Amt umgebracht hatten. Jetzt wurden sie selbst zu Verlierern und gegen andere, dem Kaiser treu ergebene Soldaten ausgetauscht.

Auch Septimius Severus unternahm einen erfolgreichen Feldzug gegen die Parther, deren Reich wegen innerer Probleme offenbar weitgehend geschwächt war. Im Südosten der Türkei und im Norden des Irak wurde jetzt die römische Provinz Mesopotamia wieder eingerichtet. Septimius Severus ließ drei neue Legionen ausheben, von denen zwei in der neuen Provinz stationiert wurden. Die dritte bezog ihr Quartier südlich von Rom in Albano. Erstmals wurde in Italien selbst eine römische Legion stationiert. Die Zeiten hatten sich geändert. Im Orient sicherten nun neue Kastelle den teilweise bis an den Fluss Chabur vorgeschobenen Grenzverlauf.

Ein Kastell aus Lehmziegeln

Es ist eine Gegend, die man entweder lieben lernt oder der man vielmehr möglichst schnell wieder entfliehen will. Gleißendes Licht liegt über dem flachen Land. Man hat das Gefühl, dass die Luft verbrannt riecht, doch es ist nur der feine Staub, den man ständig

Blick über das Euphrattal in der Nähe des römischen Lagers Qreiye

Landwirtschaft in der fruchtbaren Euphrat-Aue. Ein Bauernmädchen in traditioneller Kleidung vor einem Maisfeld.

Eine Bäuerin bei der Baumwollernte. Baumwolle gehört wegen des Ertrages zu den beliebtesten Anbauprodukten. Wegen des hohen Wasserbedarfs stellt sie aber auch enorme Anforderungen an das Bewässerungssystem.

Traditionell ist die Arbeit auf den Feldern vorwiegend Sache der Frauen der Familie, während die Männer insbesondere für die Bewässerung sorgen.

einatmet und der überall hinkriecht. Der Blick in die Ferne verliert sich im Nichts. Die einzigen farbigen Punkte sind Frauen in ihren bunten Gewändern, die weithin sichtbar sind. Es ist der Osten Syriens, zwischen den modernen Städten Deir az-Zor und Hasaka gelegen, die heißeste Region Syriens mit bis zu 50 Grad Celsius im Sommer. Doch unmittelbar am smaragdgrün schimmernden Euphrat und seinem Nebenfluss Chabur befindet sich auch im heutigen Sommer noch reiche Vegetation, ein grüner Streifen, der sich durch die mattgelbe Landschaft zieht.

Noch immer bevorzugten die Römer im Orient, ihre Soldaten in den Städten einzuquartieren. So wurde in die vormals parthische Stadt Dura-Europos ein römisches Militärlager integriert. Doch gab es auch Kastelle, die vereinzelt in der Landschaft lagen. Das um 200 n.Chr. am Euphrat neu gegründete Kastell Qreiye wird jetzt als gemeinsames deutsch-syrisches Projekt von Markus Gschwind von der Außenstelle Damaskus der Orient-Abteilung des Deutschen Archäologischen Instituts (DAI) in Kooperation mit Haytham Ali Hassan von der Generaldirektion der Antiken und Museen in Syrien ausgegraben.

Qreiye liegt in strategisch günstiger Position oberhalb des Euphrats, unmittelbar an einem Steilabbruch. Entdeckt wurde es vom französischen Luftbildarchäologen Antoine Poidebard, der in den Jahren um 1930 das Gebiet überflog und fotografierte. Aber auch am Boden zeichnen sich die Strukturen der Wälle und Gräben gut sichtbar ab. Gschwind vermag diesen Kastelltyp in die Entwicklung der römischen Militäranlagen einzuordnen: Vor dem Ende des 3. Jahrhunderts entstanden auch in den Westprovinzen Kastelle dieser Form. Eine Datierung, die durch Scherben von Keramikgefäßen, wie sie in Qreiye überall an der Oberfläche liegen, unterstützt wird. Gschwind: »Vergleichbare Keramik findet sich am gesamten Mittleren Euphrat, am Chabur und bis in den heutigen Nordost-Irak hinein an Plätzen, die in den Jahren um 250 n.Chr. zerstört wurden. Vergegenwärtigt man sich zudem die historische Situation am Euphrat, deutet alles darauf hin, dass das Kastell Qreiye unter Septimius Severus oder seinem Sohn Caracalla errichtet wurde. Die Scherben lassen wiederum vermuten, dass es nur etwa 50 oder 60 Jahre vom römischen Militär genutzt wurde. Im Zusammenhang mit den für den gesamten römischen Orient

Die Stadt Dura-Europos am Euphrat wurde 256 n. Chr. von den Sasaniden erobert.

katastrophalen Feldzügen des Sasanidenkönigs Schapur I. wurde es geräumt oder zerstört.«

Das Lager misst 220 mal 220 Meter, eine riesige Fläche, wenn man hier graben will. Aufgrund dessen wurde damit begonnen, das Gebiet zuerst naturwissenschaftlich untersuchen zu lassen. Geophysiker haben mittels Methoden der Geomagnetik, der Geoelektrik und des Georadars das Gelände des Kastells erfasst und in seinem Innern Strukturen sichtbar gemacht, die sich an der Oberfläche kaum oder gar nicht abzeichnen. Insbesondere das Georadar hat sehr gute Ergebnisse erbracht, doch leider ist es auch eine sehr teure Technik. Eine Wahl besteht allerdings nicht: Die Anlage von Grabungsstellen auf Verdacht ohne vorherige Prospektion durch Georadar wäre – eben auch aus finanziellen Gründen – nicht vertretbar. So muss jetzt – nach erfolgreicher Probe – ein Weg gefunden werden, um die Fortsetzung dieser Arbeit zu finanzieren. Die bisherigen Ergebnisse fordern dazu auf.

Teils fällt die Interpretation der Grundrisse leicht. Gschwind zeigt auf gut sichtbare Gebäudestrukturen auf dem Bildschirm seines Notebooks: »Die *principia*, das Stabsgebäude, und die Mannschaftsbaracken sind gut zu erkennen, denn vergleichbare Grundrisse sind aus zahlreichen Kastellen in anderen Teilen des Römischen Reiches wie Britannien, den Rhein- und Donauprovinzen

Die Stadtmauer von Dura-Europos. Neben römischen Auxiliarsoldaten waren in Dura-Europos auch Legionäre stationiert.

Markus Gschwind, Grabungsleiter Kastell Qreiye, erläutert in Dura-Europos das Verteidigungssystem.

oder Nordafrika bekannt. Bei diesen beiden großen quadratischen Gebäuden, die hier an prominenter Stelle, direkt an der Kreuzung der beiden Lagerhauptstraßen liegen, vermuten wir, dass es sich um Wohnhäuser hochrangiger Offiziere handelt. Ein anderer Bau, der bislang nur in Ausschnitten in der Geophysik erfasst werden konnte, ist für uns vorerst hingegen noch rätselhaft. Handelt es sich um Magazinbauten oder um einen großen militärischen Werkstättenbereich?« Gschwind zuckt mit den Schultern und fügt hinzu: »Solche Fragen können wir nur durch Ausgrabungen klären!«

Aufgrund der geophysikalischen Messungen kennt Gschwind nun genau die Lage dieser Gebäude innerhalb des Kastells und kann seine Grabungsflächen entsprechend anlegen. Zu seinen Zielen gehört es insbesondere, den inneren Aufbau und die Organisation eines solchen Lagers zu untersuchen.

Das Lager Qreiye wurde im beginnenden 3. Jahrhundert n. Chr. zum Schutz der Euphrat-Grenze errichtet.

Ausgrabungsarbeiten im römischen Kastell Qreiye

Bereits im März 2003 hatten hier die Ausgrabungen begonnen. Wegen des Krieges im nahe gelegenen Irak wurden sie jedoch auf Anordnung der Syrischen Generaldirektion der Antiken und Museen abgebrochen, und das Team musste nach Damaskus zurückkehren. Doch jetzt arbeitet es wieder in dem Kastell, das in vielerlei Hinsicht Lagern im römischen Westen gleicht, aber in lokaler Bautradition aus ungebrannten Lehmziegeln, die auf einem Sockel aus Bruchsteinen ruhen, errichtet wurde.

Keramikscherben stellen eine wichtige Grundlage zur Datierung von Befunden dar.

Gschwind erläutert seine Vorgehensweise und Zielsetzung: »Da man das Kastell Qreiye sozusagen ›auf der grünen Wiese‹ errichtete« –, er schmunzelt, denn nur im Frühjahr, wenn es viel regnen und auch empfindlich kalt werden kann, ist die Landschaft hier tatsächlich grün –, »es aber knapp ein Menschenleben später bereits zerstört oder verlassen und zudem bis heute nicht wieder besiedelt wurde, bietet uns der Platz eine der ganz wenigen Gelegenheiten, ein mittelkaiserzeitliches Kastell an der Ostgrenze des Römischen Reiches flächig zu untersuchen. Bei dem Zeit- und Arbeitsaufwand, den eine moderne archäologische Ausgrabung mit sich bringt, ist das jedoch nur durch eine Kombination von flächendeckender Geophysik und gezielten kleinflächigen Ausgrabungen möglich. Auf Ausgrabungen können wir jedoch nach wie vor nicht verzichten, denn nur durch sie kann es gelingen, Funde zu bergen, mit denen eine Chronologie abgesichert werden kann. Auch für Aussagen zur Funktion einzelner Räume oder Gebäude sind sie unerlässlich. Das Ziel, einen vollständigen, möglichst stimmigen Plan des Kastells zu produzieren, ist jedoch kein Selbstzweck. Es ist vielmehr der einzige Weg, Aussagen über die Art und Stärke der in Qreiye stationierten Truppe zu treffen und die Aufgaben zu rekonstruieren, die den hier lebenden Soldaten zukamen. Wenn dies gelingt, dann können wir vielleicht auch die übergeordneten strategischen Ziele besser verstehen, mit denen Septimius Severus und sein Sohn Caracalla die Militärorganisation am Mittleren Euphrat grundlegend neu gestaltet haben.«

Wenn man in dieser Region auf einer Grabungskampagne mehrere Wochen im Spätsommer bei bis zu 50 Grad im Schatten verbringt, bekommt man eine Ahnung davon, was für Strapazen und auch welche Eintönigkeit der Dienst in einem solchen Kastell für die römischen Soldaten in ihrer schweren Ausrüstung bedeutete.

Vermutlich verhielten sich aber Römer wie Araber und Sasaniden in den Sommermonaten weitgehend ruhig, denn allein der enorme Wasserbedarf musste bei Bewegungen größerer Gruppen zu logistischen Problemen führen. Grabungen sind dagegen häufig – nicht zuletzt wegen der teilnehmenden Studenten – auf die Semesterferien angewiesen, das heißt in der Praxis: auf den Spätsommer.

In den kleinen, an den Grenzverlauf vorgeschobenen Kastellen

Georadarmessung in Qreiye: Zwei Arbeiter ziehen den Messschlitten exakt entlang einer durch Schnüre gekennzeichneten Messlinie. Im Hintergrund überwacht S. Sirri Seren von der Zentralanstalt für Meteorologie und Geodynamik in Wien die Ergebnisse auf seinem in einem Fahrradanhänger untergebrachten Computer.

taten häufig Auxiliareinheiten, Hilfstruppen, Dienst. So waren es zum Beispiel Palmyrener, die im Abschnitt um Palmyra die Grenze bewachten. Sie kamen besser mit den klimatischen Bedingungen zurecht und kannten vor allem die topographische Situation am besten. Der grundlegende Unterschied zwischen den Soldaten der Legionen und der Auxiliareinheiten war in den ersten beiden Jahrhunderten n. Chr. das Vorhandensein bzw. Fehlen des römischen Bürgerrechts gewesen. Dies änderte sich mit einem neuen Gesetz, das unter Caracalla, dem ältesten Sohn von Septimius Severus, erlassen worden war. Durch die so genannte Constitutio Antoniana erlangten fast alle Bürger des Römischen Reiches das Bürgerrecht – und unterlagen damit auch der Steuerpflicht. Die kommenden hundert Jahre veränderten das Imperium Romanum und nicht zuletzt seine Armee grundlegend.

Silbermünze (Denar) Kaiser Caracallas (211–217 n. Chr.). Auf der Rückseite ist Sol, der Sonnengott, zu sehen.

Zwischen den Kulturen

In der unmittelbaren Nähe von Qreiye lag ein wohl vorrömischer Siedlungshügel. Diese Hügel (arabisch: *tall*) entstanden durch den Siedlungsschutt der Jahrhunderte. Immer weiter bewohnt, erhöhte sich das Begehungsniveau eines Ortes ständig. Häuser verfielen oder wurden abgerissen, darüber errichtete man neue. Denselben Entwicklungsprozess kann man auch hierzulande in Städten beobachten, in denen noch sehr alte Bauten existieren, die aus bestimmten Gründen nicht erneuert wurden. Zumeist handelt es sich dabei um Kirchen. Häufig ist das Straßenniveau mittlerweile viel höher, so dass man zum Eingang des Baus hinuntersteigen muss. Da die durchschnittliche Lebensdauer eines Lehmziegelmauerwerks bei etwa 50 Jahren liegt, müssen häufig Erneuerungen vorgenommen werden. So liegen in einem Tell viele Siedlungsschichten übereinander, die es bei einer Ausgrabung sorgfältig voneinander zu trennen gilt.

Die Siedlung von Qreiye bestand bereits vor der Anlage des Kastells. Und sie überlebte das Kastell, das bereits ab der Mitte des 3. Jahrhunderts nicht mehr genutzt wurde. Aber auf dem Hügel liegt heute der Friedhof des modernen Dorfes, so dass hier Ausgrabungen wohl kaum möglich sein werden.

Im nicht ganz 100 Kilometer Luftlinie entfernt liegenden Tell Schech Hamad ist die Situation genau entgegengesetzt. Hier erfahren wir etwas über die Siedlung, jedoch kaum etwas über das sehr wahrscheinlich ebenfalls existierende Kastell. Der Ort liegt im südlichen Abschnitt des unteren Chabur, einer Region, die unter Septimius Severus oder seinem Nachfolger als römische Reichsgrenze ausgebaut wurde. Der Berliner Archäologe Hartmut Kühne gräbt hier seit 1978. Bereits im 7. Jahrhundert v. Chr. besaß die Siedlung ihre größte Ausdehnung. Kühne stellt sich die Frage, wie man es schaffte, zu dieser Zeit weit mehr Menschen zu ernähren, als dies heute trotz moderner Bewässerungstechnik mittels Diesel- und Elektropumpen möglich ist. Interdisziplinäre Untersuchungen bestätigten den Verdacht eines Klimawechsels nicht. Vielmehr konnten die Naturwissenschaftler in Zusammenarbeit mit den Archäologen ein ausgeklügeltes Kanalsystem zur Bewässerung nachweisen, durch das die landwirtschaftliche Produktivität auf einem hohen Niveau gehalten wurde.

Über die Jahrhunderte hinweg ist aus dem Schutt der zerfallenen Lehmziegelgebäude ein hoher Tell – auch Zitadelle genannt – entstanden. Zu seinen Füßen zeichnet sich im Gelände eine riesige Unterstadt als Erhebung ab, die durch Mauern geschützt war. In römischer Zeit siedelte man jedoch nur noch auf dem Tell. Das Gelände der Unterstadt war eine Ruinenlandschaft, in der nun die Toten bestattet wurden.

Hartmut Kühne bei der Freilegung eines Doppeltopfgrabes in Tell Schech Hamad

Kühnes Ziel ist es, die neuassyrische und spätbabylonische Zeit, das heißt das 9. bis 6. Jahrhundert v. Chr., zu erforschen. Um aber ein Bild von möglichst allen Siedlungsphasen auf dem Tell zu erhalten, wurde ein Hangschnitt angelegt und so ein kleiner Teil der parthisch-römischen Siedlung ausgegraben.

Kühne arbeitet jetzt in den Ruinen der Unterstadt. Über und in der Architektur des 9. bis 6. Jahrhunderts v. Chr., die ihn so sehr interessiert, liegen die Bewohner der parthisch-römischen Siedlung. So wurden bisher bei der Untersuchung der Gebäudekomplexe über 600 Gräber freigelegt und dokumentiert. Einige dieser Gräber waren reich ausgestattet, häufig mit Silber-, seltener mit Goldschmuck. Wie Finderglück zum falschen Zeitpunkt den nach zweieinhalb Monaten harter Arbeit »im Feld« ohnehin erschöpften Archäologen den Schlaf raubt, zeigt folgende Episode: Zwei

Tage vor dem Ende der Grabungskampagne kam ein kleines Topfgrab zum Vorschein, ein Grabtyp, in dem Kinder bestattet wurden. Kinderbestattungen wurden keineswegs immer mit reichen Beigaben versehen. In diesem Falle aber schon. Es wurde der Fundrekord: Mit dem Skelett zusammen lagen in dem Tonbehälter Schmuck wie Ohrringe, Armreifen und Perlenketten – einschließlich der Perlen gut 350 Einzelfunde! Die sich anschließende Dokumentation der Fundumstände und das Ausfüllen der Fundzettel bedeuteten Arbeit unter Hochdruck für zwei Tage und – fast – zwei Nächte. Doch alles muss sofort geborgen und dokumentiert werden, damit auch die kleinste Information nicht verloren geht.

Ein weiteres Grab der Nekropole von Tell Schech Hamad: Ein syrischer Grabungsarbeiter präpariert vorsichtig das Skelett eines Kindes.

Der Wohlstand, den die Grabbeigaben spiegeln, belegt, dass die Landwirtschaft nicht die alleinige Lebensgrundlage der Bewohner gewesen sein kann. Tell Schech Hamad lag an einer Furt durch den Chabur. Sehr wahrscheinlich verlief über diesen Ort eine Nebenstrecke der Seidenstraße, und an dem Handel partizipierten auch

Arbeit mit den Funden: ein filigran verzierter Dolch aus einem Grab aus Tell Schech Hamad unter der Lupe. Einst hatte er einem römischen Legionär gehört.

die Bewohner. Textilreste aus den Gräbern werden gerade untersucht; möglicherweise kommt sogar chinesische Seide vor.

Dass sich Stoffreste so gut erhalten haben, liegt daran, dass vereinzelt zweiteilige ovale Tonsarkophage verwendet wurden, die luftdicht abschlossen. Obwohl gut 2000 Jahre alt, konnte nach ihrer Öffnung nur mit Mundschutz gearbeitet werden. Selbst Haarreste ließen sich erkennen. Zu einigen dieser Verstorbenen hat die Grabungsmannschaft ein fast persönliches Verhältnis entwickelt. So ist die junge Frau, die im Grab 94/94 lag, als »Charlotte« bekannt geworden. Nur »Sophie« erwies sich nach der zweiten, detaillierten Untersuchung des Skelettes durch den Anthropologen als junger Mann mit einem zugegebenermaßen etwas breiten Becken!

Politisch gehörten die Bewohner der Gebiete östlich des Euphrats und damit auch das Tal des unteren Chabur zum Reich der Parther. Die in Tell Schech Hamad gefundenen Münzen, fast ausschließlich römische, weisen jedoch auf einen intensiven Kontakt mit dem römischen Syrien hin. Römische Importe wie Siegelringe, Bronzegefäße und eine römische Militärwaffe bestätigen dies. Es handelt sich um einen Dolch in einer kunstvoll gearbeiteten Scheide, der vor allem als Statussymbol diente und allenfalls im Nahkampf eingesetzt wurde. Doch wie kam dieses Stück aus der Zeitenwende nach Tell Schech Hamad? War es eine Beutewaffe, die ein Legionär im Kampf gegen die Parther eingebüßt hatte? Oder hatte sie ein Veteran einer römischen Auxiliareinheit nach 25 Dienstjahren mit in sein Heimatdorf gebracht? So gerne wüssten wir mehr über die Schicksale und Lebensumstände dieser Menschen.

Mit den Zeugnissen des Handels wird durch die Archäologie eine Komponente der römisch-parthischen Beziehungen lebendig, über die die alten Schriftsteller kaum etwas berichten. Denn so zahlreich die Nachrichten römischer Geschichtsschreiber über die Parther auch sind, sie betreffen fast ausschließlich den politischen, genauer gesagt: den militärpolitischen Bereich. Wir erfahren aus diesen Quellen überwiegend die Geschichte der kriegerischen Auseinandersetzungen mit den Parthern. Die Parther haben hierüber keinerlei schriftliche Nachrichten hinterlassen. Unnötig zu erwähnen, dass die römischen Quellen parteiisch sind und so kaum ein objektives Bild entstehen kann. Für die meisten Aspekte des damaligen Lebens sind wir daher allein auf die Ergebnisse der Archäologie angewiesen.

Für Tell Schech Hamad sollte dieser – aus den Grabbeigaben ablesbare – Wohlstand allerdings nicht dauerhaft sein: Bereits im späten ersten nachchristlichen Jahrhundert führte eine Verlagerung der Handelswege zu einer Verarmung des Ortes, die Gräber weisen kaum noch Beigaben auf. Infolge des Krieges gegen die Parther unter Marc Aurel (161 – 180 n. Chr.) und Lucius Verus (161 – 169 n. Chr.) veränderte sich das Lebensumfeld von Magdala, wie der antike Name des Tell Schech Hamad zu dieser Zeit wahrscheinlich lautete, erneut grundlegend. Die Grenze verlief jetzt am Chabur.

Am Fuße des Tell Schech Hamad befindet sich eine viereckige Anlage, von der sich heute noch die Nordostecke deutlich abzeichnet. Münzfunde und Keramik bestätigen eine Datierung in die erste Hälfte des 3. Jahrhunderts n. Chr. Mit großer Wahrscheinlichkeit handelt es sich hier um ein römisches Kastell. Ausgegraben wurde es jedoch nicht, da das Gelände von der lokalen Bevölkerung noch bis vor wenigen Jahrzehnten als Bestattungsplatz genutzt wurde. Arbeiten könnten hier nur in geringem Maße durchgeführt werden.

Die persische Renaissance – Rom in der Krise

Antlitz der aus Syrien stammenden Kaiserin Julia Domna (ca. 170–217 n. Chr.) auf einer Silbermünze (Denar) aus Rom. Auf der Rückseite ist ihre Schutzgöttin, die Venus Genetrix (»Mutter«), dargestellt. Ihr ältester Sohn Caracalla ließ seinen Bruder und Mitkaiser Geta umbringen.

Kaiser Septimius Severus stammte aus Leptis Magna, heute in Libyen gelegen. Verheiratet war er mit Julia Domna, einer Syrerin aus Emesa, dem heutigen Homs.

Im Linienbus nach Palmyra unterhalten wir uns mit einem Syrer, einem Juristen. Als er meinen Beruf erfährt, fragt er mich nach den Namen römischer Kaiser. Ich fange mit Augustus an, doch er spricht mit glänzenden Augen von Caracalla, dem Sohn von Septimius Severus und Julia Domna, wobei er betont, dass er ein syrischer Kaiser gewesen sei. Ein Lokalpatriotismus, der mich im ersten Moment staunen macht, der aber in der Antike sicher ähnlich empfunden wurde. Die Frauen dieser syrischen Familie sollten in Rom noch großen Einfluss ausüben. Am augenfälligsten wurde dies, als ein junger Priester aus Emesa in Syrien unter dem Namen Marcus Aurelius Antoninus Kaiser wurde. Er war der Enkel einer Schwester der Julia Domna, der Julia Maesa, und nannte sich nach seinem Gott Elagabal. Als Kaiser ließ Elagabal (218–222 n. Chr.) den Kultstein seines Gottes, wohl ein Meteorit, nach Rom holen. Münzen aus dieser Zeit zeigen den Stein auf einem von vier Pferden gezogenen Kultwagen, auf dem er bei Prozessionen durch die Stadt gefahren wurde. Orientalische Kulte hatten auch zuvor in Rom große Anziehung ausgeübt. Aber die Herrschaft des Elagabal dauerte nur wenige Jahre. Auch er wurde von den Prätorianern umgebracht. Im Osten des Reiches entstand in diesen Jahren – zunächst wohl unbemerkt von Rom – eine tödliche Gefahr. Im Südwest-Iran, in der Landschaft Fars um die ehemalige Königsstadt Persepolis, machte sich ein Provinzfürst des Partherkönigs selbstständig und gründete seine eigene Dynastie, die der Sasaniden.

In Naqsch-i Rustam, nahe Persepolis im heutigen Iran, befinden sich mehrere überlebensgroße sasanidische Felsreliefs. Sie spielen auf folgenschwere historische Ereignisse an. Der letzte parthische König und der neue Sasanidenherrscher Ardaschir I. reiten gegeneinander an: die Entscheidungsschlacht im Jahre 223 n. Chr., die den Beginn der Herrschaft der persischen Sasaniden über ein riesiges Reich markierte. Ein anderes Relief zeigt den Sasaniden Schapur zu Pferde. Er fasst den gefangenen Kaiser Valerian am Handgelenk, vor ihm kniet Kaiser Philippus Arabs. Welch eine

Demütigung für die Römer! Das Bild fasst gleich mehrere Ereignisse zusammen. Anders als ihre Vorgänger verfolgten die Sasaniden von Anfang an eine aggressive Politik gegen ihre römischen Nachbarn im Westen. Ihr Ziel war es, im römischen Syrien möglichst große Beute zu machen. Rom reagierte umgehend. Doch wie hatte sich die Situation des römischen Reiches verändert! Als drei Legionen unter Marc Aurel und Lucius Verus in Richtung Orient marschiert waren, war allein die lange Strecke die Herausforderung gewesen. Jetzt musste sich Gordian III., mit dessen Vorgänger die Zeit der »Soldatenkaiser« begonnen hatte, zunächst gegen die Goten in der Donauregion durchsetzen, bevor er mit seinem Heer gegen den Feind im Orient vorgehen konnte. Wir wissen nicht sicher, wie der junge Kaiser ums Leben gekommen ist. Dass Philippus Arabs, der aus dem heutigen Shaba (Süd-Syrien) in der Provinz Arabia stammte, mit bittender Geste vor Schapur kniet, spielt auf die hohen Tribute an, die Rom den Sasaniden zahlen musste. Eine Katastrophe war dann die Gefangennahme Kaiser Valerians (253 – 260 n. Chr.) und seines ihn begleitenden Stabs aus römischen Senatoren. Tausende Soldaten fielen im Kampf, Tausende wurden in den Iran deportiert. Das Ergebnis war, dass zahlreiche Städte, Orte und Kastelle aufgegeben wurden, darunter auch Dura-Europos, Tell Schech Hamad und das Kastell Qreiye.

Silbermünze des sasanidischen Königs Chosrau II. (590 – 628 n. Chr.) mit reich verzierter Krone. Die andere Seite zeigt einen Feueraltar, flankiert von zwei Priestern.

Der Triumph des Sasanidenkönigs Schapur I. (um 241 – 272 n. Chr.) über die Kaiser Philippus Arabs und Valerian, eingemeißelt in eine Felswand bei Naqsch-i Rustam (Iran)

Kaiser Philippus Arabs wurde in der Provinz Arabia geboren. Die Münze (ein »Antoninian«) hatte den doppelten Wert eines Denars, nicht jedoch den zweifachen Silbergehalt. Die Münzverschlechterung war eine Folge der Krise des Römischen Reiches. Auf der Rückseite wird die schon lange nicht mehr vorhandene securitas orbis (»Sicherheit der Welt«) beschworen.

Was mit der Bevölkerung der völlig verlassenen Ortschaften geschah, bleibt unklar. Die Region versinkt für etwa 50 Jahre im Dunkeln. Keine schriftlichen Nachrichten erzählen uns vom Schicksal ihrer Bewohner, keine Ausgrabung erlaubt Einblick in ihre Lebensumstände.

Valerians Sohn Gallienus (253–268 n. Chr.) sah sich einem allgemeinen Verfallsprozess gegenüber: In allen Reichsteilen ließen sich Kommandeure von ihren Truppen zu Gegenkaisern ausrufen. In Gallien, Britannien, Rätien und Spanien etablierte sich 260 n. Chr. für immerhin 14 Jahre ein römisches Sonderreich.

Da kann es nicht überraschen, dass auch der Orient alles andere als ruhig blieb. Für einige Jahre entstand sogar in Syrien ein eigenes Reich, das mit dem Namen der Königin Zenobia verbunden ist. Als sie auch noch das römische Ägypten eroberte, war die Getreideversorgung Roms gefährdet. Aurelian (270–275 n. Chr.) setzte daher diesem »syrischen Reich« ein rasches Ende. Unnötig zu erwähnen, dass einem heutzutage in Syrien der Name Zenobia überall begegnet.

Die Reorganisation des Römischen Reiches

Kaiser Diokletian (284–305 n. Chr.) erkannte die Notwendigkeit einer umfassenden Reichsreform. Sie betraf zahlreiche Bereiche des Lebens. Die Münzprägung wurde reformiert, das Steuerwesen wie die Aufteilung in Provinzen neu geregelt.

Der Kaiser ließ sich jetzt nicht nur als *dominus* ansprechen, sondern man übernahm – von den Feinden ! – Elemente des sasanidischen Hofzeremoniells. Das bedeutete Unterwerfungsgesten vor dem Herrscher, wie es sie so vorher bei den Römern nicht gegeben hatte.

Unter Diokletian wurden die Grenzen des Römischen Reiches nochmals systematisch durch eine dichte Reihung von Legionslagern, Kastellen und Wachtürmen gesichert. Dies war allerdings kein durchgehender Limes im Sinne eines Wall- oder Zaunsystems. Vielmehr handelte es sich um auf Sichtweite aufeinander ausgerichtete Militärbauten. Das Ziel war nicht die hermetische Abrieglung der Grenze, sondern das frühzeitige Erkennen eines in römisches Gebiet eindringenden Gegners. In Palmyra ließ Diokletian ein Legionslager errichten. Ein gut erhaltenes Kastell aus dieser Zeit liegt südlich von Palmyra: Khan al-Hallabat. Es ist aus Stein erbaut, einem insbesondere in der Region nördlich und nordöstlich von Palmyra raren Baumaterial.

Prokop, der als Berater des byzantinischen Feldherrn Belisar im 6. Jahrhundert unter anderem Syrien und Mesopotamien bereiste, schildert, wie die Kastelle zur Zeit Diokletians, also gegen 300 n. Chr., aussahen. Sie waren – wie die sasanidischen – aus ungebrannten Lehmziegeln errichtet. Wie wir wissen, war bereits das römische Kastell Qreiye am Euphrat um 200 n. Chr. mit Lehmziegeln auf einem Bruchsteinmauersockel hochgezogen worden. Die Verwendung von ungebrannten Lehmziegeln entsprach der alten traditionellen Bauweise in dieser an holz- wie steinarmen Gegend. Das Material für Lehmziegel ist vor Ort zu gewinnen und kostet fast nichts. Außerdem besitzt das Material Lehm klimatechnisch viel günstigere Eigenschaften als etwa Stein. Bis vor wenigen Jahren waren auch die Wohnhäuser der heute dort lebenden Bevölkerung aus luftgetrockneten Lehmziegeln.

Die ständigen äußeren Bedrohungen zwangen auch zu einer Neuorganisation des Heeres. Die Anzahl der Legionen wurde auf gut 70 erhöht. Dafür sank die Stärke einer Legion. Hatte in der frühen Kaiserzeit eine Legion um die 6000 Mann umfasst, so waren es in der Spätantike nur noch 1000. Eine *ala*, eine Kavallerieeinheit, bestand statt aus 500 nur mehr aus etwa 120 Mann. Es kam zu einer Trennung zwischen dem Bewegungsheer oder Feldheer (*comitatenses*) und den an den Grenzen stationierten Truppen (*limitanei*). So entwickelte sich an den Grenzen eine Art Wehrbauerntum. Die Kampfkraft dieser Verbände sank damit ganz erheblich.

Auch die Kampfesweise hatte sich gegenüber der frühen und mittleren Kaiserzeit gewandelt. Es wurde nicht mehr mit dem Kurzschwert (*gladius*) gefochten, was ein ausführliches Training voraussetzte, sondern mit dem Langschwert (*spatha*) dreingeschlagen. Das Langschwert war vor allem besser dazu geeignet, sich gegen Reiter oder mit Lanzen bewaffnete Infanteristen zur Wehr zu setzen. Gleichzeitig war man aber in der Spätantike nicht mehr in der Lage, die Disziplin und den Ausbildungsstand der Legionäre zu halten, welche vorher die Kampfkraft der in beweglichen und

Die umfassenden Reformen Kaiser Diokletians betrafen auch die Münzprägung. Das Rückseitenbild der Bronzemünze ist symbolträchtige Propaganda: Der links stehende Kaiser erhält von Jupiter eine Statue der Siegesgöttin (Victoria) überreicht. Die Umschrift »concordia militum« betont die für die Machterhaltung so entscheidende Eintracht der Soldaten.

Gesucht und gefunden! Der Mainzer Althistoriker Theodor Kissel beim Lesen der Inschrift eines an der erwarteten Stelle gefundenen Meilensteins, der einst an der Straße nach Palmyra stand. In Palmyra befand sich seit diokletianischer Zeit (284–305 n. Chr.) ein römisches Legionslager.

doch in geschlossenen Einheiten vorgehenden römischen Infanterie ausmachten.

Entsprechend der geschilderten Reduzierung der Truppenstärken wurden jetzt auch die Garnisonen deutlich kleiner. Selbst Reiterkastelle waren in einigen Fällen nur noch 50 mal 50 Meter groß.

Archäologie aus der Luft und am Boden

Von der Provinz Arabia im Süden, zu der auch Gadara gehörte, zog sich jetzt – gegen 300 n. Chr. – eine lange Reihe von römischen Kastellen durch die syrische Wüste gen Norden, um über Palmyra den Euphrat zu erreichen. Von dort verlief die Grenze, markiert durch Kastelle, den Fluss entlang zunächst nach Osten und dann bei der großen Festung Kirkesion entlang des Nebenflusses Chabur nach Norden. Es war ein Grenzweg, der durch die Kastelle gleich einer Grenze geschützt wurde, dann aber durch freie Landschaft führte; nur ab und zu passierte er einen Wachturm, ein Kastell oder ein Lager. Die Strecke unmittelbar südlich von Palmyra trug den Namen »Strata Diocletiana«, eine Bezeichnung, die heute aber gern für die gesamte Grenzstrecke verwendet wird.

Eine Hunderte von Kilometern lange imaginäre – nicht wirklich miteinander verbundene – Kette aus Legionslagern, Kastellen und Wachtürmen musste aus der Luft besonders gut zu erkennen sein. So war es denn auch die Luftbildarchäologie, die sich erstmals intensiv mit dem römischen Limes im Orient beschäftigte.

In den Jahren um 1930 flog der französische Pater Antoine Poidebard in Syrien diese Strecke entlang und suchte nach römischen Lagern. Es war die Zeit des französischen Protektorats. Nach dem Ersten Weltkrieg war der Vordere Orient von den Alliierten aufgeteilt worden. Schnurgerade Grenzen durchziehen daher noch heute den Orient. Auf der britischen Seite – im Irak – wurde die Luftbildarchäologie durch Sir Aurel Stein angewandt. Doch am Boden wurde der Limes in Syrien erstmals vor wenigen Jahren systematisch untersucht.

Ein Team des DAI Damaskus unter der Leitung von Tilo Ulbert und Michaela Konrad hat vor wenigen Jahren eine Teilstrecke dieses späten syrischen Limes untersucht, und zwar einen etwa 100 Kilometer langen Abschnitt des Grenzverlaufs nördlich von Palmyra bis zum Euphrat. Im 4. Jahrhundert n. Chr. sicherte hier eine Reihe von Legionslagern, Kastellen und Wachposten, die jeweils in Sichtentfernung voneinander lagen, den Verbindungsweg und damit gleichzeitig die Grenze. Im Übrigen lassen von den Archäologen aufgelesene Keramikscherben darauf schließen, dass hier bereits im ersten nachchristlichen Jahrhundert römische Kastelle existierten. Doch blieb von diesen Bauten nichts erhalten.

In Tetrapyrgium wurde unter Leitung von Michaela Konrad ein kleines – etwa 50 mal 50 Meter großes – Kastell aus dem frühen 4. Jahrhundert ausgegraben. Auch hier konnten die Archäologen zielgerichtet vorgehen. Der Verlauf der Mauern und die Lage der Ecktürme waren weitgehend klar. So konnte mit vergleichsweise wenigen Grabungsschnitten der Grundriss des Kastells überprüft und sicher rekonstruiert werden. Eine Überraschung gab es aber dennoch: In das ehemalige römische Kastell war in frühislamischer Zeit ein christliches Kloster mit Kirche eingebaut worden. Christen wurden unter islamischer Herrschaft akzeptiert, wenngleich sie erheblich höhere Steuern entrichten mussten. Offenbar konnten gelegentlich Kirchen und Klöster neu errichtet werden, wie dies in Tetrapyrgium geschehen war. Auch die Siedlung um das

Kastell existierte noch, als die Soldaten schon längst aus dem Kastell abgezogen waren.

In diesem lebensfeindlichen Gelände der syrischen Wüste ermöglichen nur Wasserquellen – Oasen – Leben, wie dies in Palmyra der Fall ist. In einem solchen flachen, unbebauten und baumlosen Gelände lassen sich Verteidigungsbauten aus der Luft leicht erkennen, fotografieren und kartieren.

Ein See in der Wüste

Doch nicht überall in Ost-Syrien ist die Landschaft so trocken und lebensfeindlich. Im unmittelbaren Bereich der Flüsse Euphrat und Chabur ist Landwirtschaft durch Bewässerungsfeldbau möglich. Ein besonderes Beispiel dafür gibt der untere Chabur zwischen der modernen Stadt Hasaka in Nordost-Syrien und seiner Mündung in den Euphrat. Ursprünglich lag hier die von den alten Schriftstellern als uneinnehmbar geschilderte Festung von Kirkesion. Das heutige Dorf Buseira lässt nur wenig von der ehemaligen Bedeutung dieses Ortes erahnen. Während im Süden des unteren Chabur, nahe seiner Mündung in den Euphrat, die Siedlungsplätze weit auseinander liegen, ist die Entfernung zwischen ihnen im nördlichen Abschnitt weitaus geringer. Der Grund hierfür ist, dass die durchschnittliche Niederschlagsmenge im Norden des unteren Chabur noch Regenfeldbau erlaubt.

Die lange Siedlungskontinuität während mehrerer Jahrtausende mit zahlreichen Siedlungshügeln führte aber auch dazu, dass die Identifizierung des römischen Limes in dieser fruchtbareren Landschaft erstaunlich schwierig ist. Anders als in der syrischen Wüste zwischen Palmyra und dem Euphrat hilft hier die Luftbildarchäologie nur bedingt. So haben häufig eine spätere Überbauung oder landwirtschaftliche Maßnahmen die ursprünglichen Konturen verändert. Und bei den viereckigen Anlagen, die man auf den Luftbildern erkennt, kann es sich ebenso gut um altorientalische Befestigungen, frühislamische Anlagen oder Karawansereien des 19. Jahrhunderts handeln. Denn der gemeinsame Zweck der Verteidigung brachte typologisch ähnliche Anlagen hervor. So wurde das römische Kastell von Azraq in Jordanien – östlich von

Gadara gelegen – noch von den arabischen Aufständischen unter Lawrence von Arabien genutzt.

Archäologische Untersuchungen von möglichen römischen Militärlagern am unteren Chabur haben bis vor kurzem noch nicht stattgefunden. Für den nördlichen Abschnitt des Flusses ist es dafür eigentlich auch schon zu spät. Denn südlich der modernen Stadt Hasaka wird seit den frühen 80er Jahren ein Staudamm gebaut, um der Landbevölkerung eine intensivere Bewirtschaftung der Felder und damit einen höheren Lebensstandard zu ermöglichen. Auf Einladung der syrischen Regierung haben sich zahlreiche Länder an Rettungsgrabungen in dem durch den geplanten Stausee betroffenen Gebiet beteiligt. Doch diese Unternehmungen galten fast alle den vorrömischen Perioden. Fachleute für klassische und provinzialrömische Archäologie, eben die Spezialisten für die römische Kultur, »verirrten« sich bisher eher selten in den Osten Syriens.

Eigentlich sollte der Stausee schon längst ganzjährig die vielen Siedlungshügel entlang des ehemaligen Flusslaufes bedecken.

Das römische Kastell von Azraq in Jordanien diente im 8. Jahrhundert n.Chr. als »Wüstenschloss« der Omayyaden. Dazu entstand im Hof eine Moschee. Im Winter 1917/18, vor dem Sturm auf Damaskus, zog T. E. Lawrence mit den arabischen Aufständischen in die alten Gemäuer ein.

Doch der Fluss führt nicht mehr genug Wasser. Noch vor 15 Jahren sprudelte es in den unmittelbar an der türkischen Grenze gelegenen Quelltöpfen nach oben und füllte das Flussbett. Jetzt muss es aus diesen Töpfen herausgepumpt werden. Der Druck reicht nicht mehr. Das vorhandene Wasser gelangt nur noch bis in den Stausee. Die Wasserqualität dieses stehenden Gewässers ist schlecht. Südlich davon ist das Flussbett völlig ausgetrocknet. Die Folgen der Aufstauung sind daher zunächst negative. Die syrische Regierung bemüht sich, den Menschen zu helfen, die jetzt das Grundwasser abpumpen, um ihre Felder zu bewässern. Der Stausee erreicht seine geplante Füllmenge allenfalls in den Wintermonaten, in denen es in dieser Region zeitweise stark regnen kann. In den Sommermonaten zieht er sich jedoch weit zurück und gibt einige der Siedlungshügel wenigstens für einige Wochen wieder frei. Eine letzte Chance für uns Archäologen.

Die Suche nach dem Kastell

Syrien im Herbst 1926. Kommandant Ruby lässt seine französische Militärmaschine den Ruinenhügel aus nordnordwestlicher Richtung anfliegen. Zur linken Hand liegt der Chabur, dahinter öffnet sich die Steppe. Seine Anweisungen bekommt Ruby von Pater Antoine Poidebard, einem der großen Pioniere der Luftbildarchäologie. Poidebard lässt den Tell Matariya fotografieren, den er für eine große römische Militäranlage hält. Er ist exakt an dieser Stelle einem römischen Lager auf der Spur. Im Norden liegt der Tell Tuneinir, das antike Thannuris. Weiter im Süden der Tell Ajaja, das antike Oroba, beides römische Stützpunkte. Etwa 50 Kilometer weiter westlich hat Poidebard neben einem Kranzhügel mit seiner typischen ringförmigen Struktur aus dem 3. Jahrtausend v. Chr. ein viereckiges, sehr wahrscheinlich römisches Lager (Tell Muazzar) gesehen. Auf derselben Höhe liegt 25 Kilometer östlich des Flusses ein römisches Kastell (Al-Khan), das er ebenfalls entdeckt hat. Es handelt sich offensichtlich um einen Streckenposten Richtung Singara, einer wichtigen römischen Stadt, heute bereits im Irak gelegen.

Es gibt also gute Argumente, in der Mitte des aus diesen vier

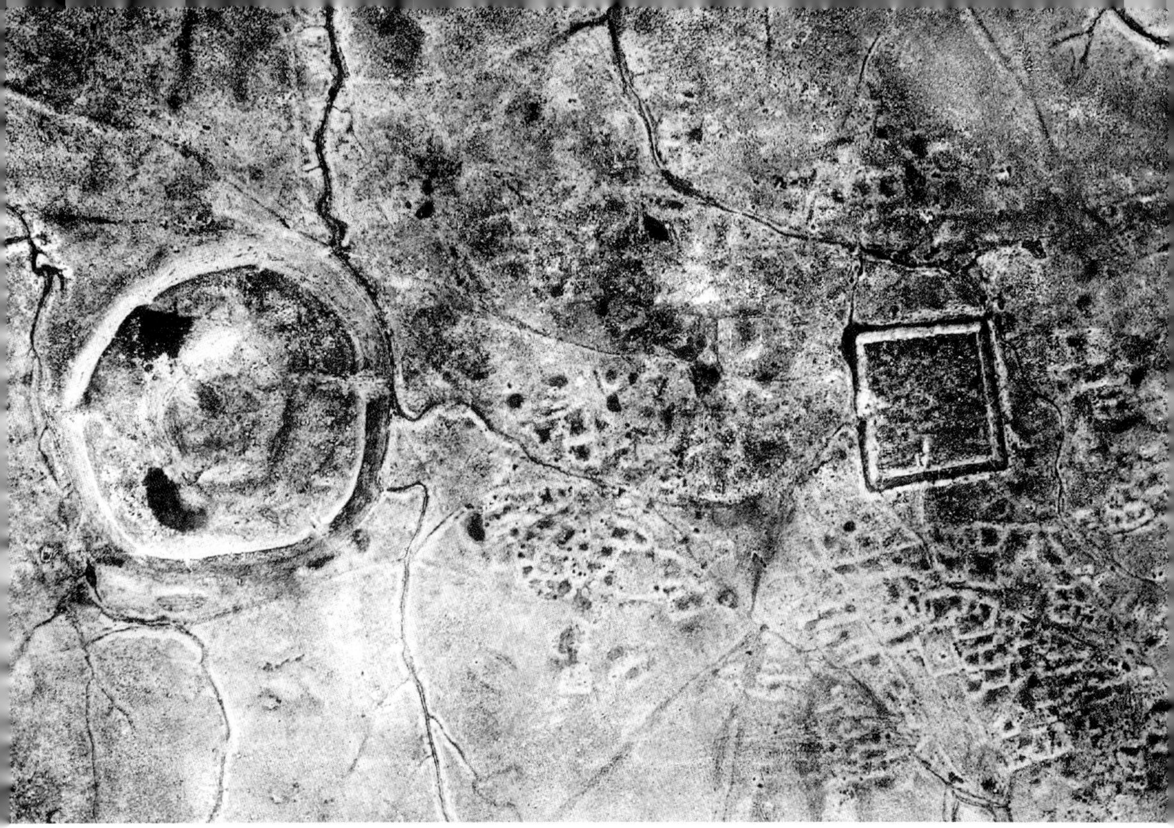

Tell Muazzar: links der Kranzhügel aus dem 3. Jahrtausend v. Chr., rechts das römische Lager

Lagern entstehenden Kreuzes ein römisches Kastell an den Ufern des Chabur zu suchen. Doch sehr wahrscheinlich hat Poidebard den falschen Ort fotografiert. Denn Tell Matariya liegt auf der Ostseite des Chabur, also auf der gegen die Sasaniden ungeschützten Seite. Oroba und vielleicht auch Thannuris befanden sich dagegen auf der westlichen Seite, und die großen Befestigungsanlagen, die Poidebard sah, können durchaus vorrömisch sein. Auch in Tell Schech Hamad hielt Poidebard die Stadtbefestigung des 7. Jahrhunderts v. Chr. für römisch.

Doch wo lag nun das vermutete Kastell? Als Poidebard sein Foto machte, befand er sich vermutlich fast genau über einem Tell, dessen »Verteidigungswall« aus der Luft zweifellos sehr gut zu erkennen war, der aber einen vermeintlichen Fehler hatte: Er war nicht rechteckig!

Sommer 1977: Professor Wolfgang Röllig, ein Altorientalist, und Hartmut Kühne, Professor für Vorderasiatische Archäologie, stehen zusammen mit ihrem syrischen Partner, dem Archäologen As'ad Mahmoud, sowie Mitarbeitern auf dem flachen Tell Dgherat-

Tell Dgherat-Süd im Jahre 1995. Auf diesem natürlichen Steilabfall stand einst die Stadtmauer.

Süd. In zwei Jahren haben sie 130 Siedlungshügel besucht, davon viele erst neu entdeckt, auch Tell Dgherat-Süd. Der Siedlungsplatz nutzt einen natürlichen Steilabhang zur Chabur-Aue hin, der hier einen rechten Winkel bildet. Auf dieser Ecke befindet sich eine rechteckige Zitadelle: das Kastell! Aus der Luft, aber auch am Boden gut zu erkennen ist eine Art Wall, der im Norden, am Steilabfall beginnend, ein großes Gelände nördlich der Zitadelle wie diese selbst umschließt und im Süden wieder den Steilabfall erreicht. Aber dieser Wall bildet keine richtigen Ecken und wirkte so in den Augen von Poidebard möglicherweise unrömisch.

Professor Kühne hält Tell Dgherat-Süd dennoch für ein römisches Kastell und ermutigt mich als Mitarbeiter und klassischen Archäologen im Frühjahr 1995 zu einem Besuch der Stätte. Der Staudamm unmittelbar südlich des Ortes ist bereits im Entstehen. An der Oberfläche liegt Keramik, und vereinzelt sind Kalkfußböden sichtbar, aber fast überall bedeckt eine Grasnarbe über einer Humusschicht die Kulturschichten. Kühe, Schafe und Ziegen weiden hier. Nördlich davon, ganz in der Nähe, liegt ein kleines Dorf aus Lehmziegelhäusern, das durch eine Stromleitung an das Netz angeschlossen ist. Die sich hier weit öffnende Chabur-Aue gibt den Blick frei auf ein fruchtbares, landwirtschaftlich genutztes Land. So ähnlich, vermutlich nur noch grüner aufgrund des Bewässerungssystems durch Kanäle, wird es hier auch in römischer Zeit ausgesehen haben.

Eine Grabung in letzter Minute

Tell Dgherat-Süd, im Sommer 1999. Professor Kühne und ich stehen nach Jahren wieder auf dem Tell. Der Stausee füllt sich zunehmend und hat im letzten Winter bereits den Siedlungshügel überspült. Die Strommasten waren zuvor abgerissen, die Menschen umgesiedelt worden. In den heißen Sommermonaten ist das Wasser jedoch weit zurückgegangen. An den Hängen hat es die Humuserde ebenso wie Teile der Kulturschichten mit sich gerissen. Ein Bild der Zerstörung! Doch uns Archäologen bietet sich ein wunderbarer Einblick in die Vergangenheit. An der Oberfläche liegen jetzt Mauern aus ungebrannten Lehmziegeln frei. Eine Ausgrabung könnte sofort beginnen. Kühne, seit Jahrzehnten in Syrien bekannt, gelingt es, eine Grabungslizenz zu erhalten. Die Fritz Thyssen Stiftung finanziert die Notgrabung, die in den Jahren 2000, 2002 und 2003 durchgeführt wird und seit 2002 am DAI Berlin angesiedelt ist.

Im Frühjahr 2003 erreicht mich ein Brief aus Syrien von Abu Beshir, einem der zuverlässigsten Arbeiter aus der Umgebung. Noch im Sommer 2000 hat er mit seiner Familie in einer kleinen Sommerhütte am Tell gelebt, um sein dort angepflanztes Baumwollfeld betreuen zu können. Jetzt, nach der Überflutung des Gebietes, ist er Fischer geworden. In seinem Brief berichtet er davon,

Tell Dgherat-Süd im Jahre 1999. Auf der Nord-Ost-Kuppe sind an der Oberfläche bereits Lehmziegel zu erkennen, dahinter der Stausee.

Abu Beshir, Baumwollbauer, Grabungsarbeiter und: Fischer!

dass er mit seinem kleinen Boot über die Grabungsstelle fahre und dabei an die »Almaniyun« (die Deutschen) denke, mit denen er im Sommer so gern zusammengearbeitet hat. Die nächste Nachricht von Anfang Juli ist beunruhigend: Der Tell ist immer noch eine Insel von 50 Meter Durchmesser.

In Anbetracht der gnadenlosen Sonne sinkt der Wasserpegel jedoch schnell. So wird es spannend für uns Archäologen.

Geplant ist, dass die Arbeit – wie im vergangenen Jahr – unter einfachen Bedingungen stattfindet: Ein 18 Meter langes Zelt, wie es von der örtlichen Bevölkerung für Beerdigungsfeierlichkeiten angemietet wird, beherbergt in drei voneinander abgetrennten Bereichen die Küche, Arbeitsräumlichkeiten sowie einen Wohnteil für einige der Mitarbeiter aus Deutschland. Die aus Tell Schech Hamad angereisten Spezialarbeiter haben ein eigenes Zelt, die meisten deutschen Mitarbeiter haben sich kleine Campingzelte mitgebracht. So entstand ein recht buntes Wohnlager vor der Kulisse der vor Hitze glühenden Steppe einerseits und des hier wie eine Fata Morgana wirkenden Stausees mit einer mehr als kniehoch bewachsenen Uferregion andererseits.

Diese Lebensumstände verlangen den Mitarbeitern viel ab. Aber man gewöhnt sich daran. Die meisten empfinden es als Genuss, am Abend, wenn es deutlich abgekühlt hat, sich in unserem nach oben offenen »Duschzelt« – mit Blick auf den orientalischen Sternenhimmel – Wasser aus einer Schüssel über den Kopf zu gießen. Der metallene Wasserbehälter hat die Tageshitze gespeichert, das Duschwasser ist noch angenehm warm und das Ambiente einmalig.

Einen Streich unserer Kollegen vermuteten wir, als wir im letzten Jahr in unserem Gepäck einen Ventilator entdeckten. Nicht, dass wir ihn nicht gerne benutzt hätten. Nur haben wir keinen Strom!

Diese naturverbundene Lebensweise hat aber auch ihre schönen Seiten. Selbst wenig romantisch veranlagte Mitarbeiter genießen es, am Abend zusammen vor dem Zelt zu sitzen und den Blick über den See schweifen zu lassen, in dem sich der Mond spiegelt.

Als wir hier im Jahre 2000 eine erste dreiwöchige Kampagne starteten, war unsere Fragestellung klar: War die Zitadelle von Tell Dgherat-Süd tatsächlich ein römisches Kastell? In welche Zeit gehört die Besiedlung? In welchem Verhältnis stand die durch den Wall umschlossene Unterstadt zur Zitadelle?

Die Frage nach der Datierung ließ sich durch die zahlreichen Münzfunde als erste beantworten: Der Ort bestand in der Zeit vom 4. bis mindestens ins 6. Jahrhundert, also in der spätrömisch-byzantinischen Periode. Aber war es nun auch ein Kastell? Bei der Reihe von Räumen, die das Team freigelegt hat, könnte es sich tatsächlich um Mannschaftsunterkünfte handeln, die sich auf die Umwehrungsmauer des Kastells öffneten. Von dieser Mauer kann aber nur noch ein Abschnitt von wenigen Metern in den untersten Ziegellagen nachgewiesen werden. Über die Jahrhunderte hinweg ist der Fels an den Hängen durch die Witterungseinflüsse mürbe geworden und hinabgestürzt. Die zeitweise Überflutung des Tells in den letzten Wintern hat diesen Prozess sicher noch beschleunigt. Auf der Nord- und Ostflanke sind daher mit dem Fels die Mauer und ihre Türme in die Tiefe gestürzt und – das Material war Lehm – unwiederbringlich verloren. Und es gibt noch ein Problem. Dort, wo sich eine Ecke des Kastells befunden haben muss, legen wir eine kleine Toranlage frei, die auf die Räume zuführt. Ein Eingang in der Ecke eines Kastells? Undenkbar!

Nach der ersten Kampagne übertrifft die Anzahl der neuen Fragen die der Antworten. Während der Kampagne 2002 kommt das Team einen großen Schritt weiter. Es zeigt sich, dass die Toranlage

Tell Dgherat-Süd im Jahre 2000. Eine Reihe von Mannschaftsbaracken öffnete sich auf einen Gang vor der – jetzt abgestürzten – Kastellmauer. Der Stausee ist bereits wieder stark zurückgegangen.

erst in einer späteren Phase – möglicherweise im 6. Jahrhundert – angelegt wurde. Das Überraschende: Sie führte nicht von der Siedlung in die Zitadelle, sondern lediglich auf einen Gang zwischen der Außenmauer und den Räumen. Die Westmauer der Zitadelle war abgetragen worden. Wir finden sie in mühevoller Arbeit in der untersten Lage.

Darüber waren später mehrere Fußböden angelegt worden. Auf der Ostflanke wurden Teile der Mannschaftsunterkünfte eingerissen und zu einer planen Oberfläche aufgeschüttet. Darüber entstand ein Gebäude, das von seiner Konstruktion her zeitgleich mit der Toranlage der Nordflanke sein muss. Ist es tatsächlich eine Kirche, wie Abd el-Masich, der so hilfsbereite Direktor der örtlichen Antikenbehörde in Hasaka, aufgrund seiner Kenntnis einer vergleichbaren Kirche in Thannuris vermutet? Wurde hier abermals ein römisches Kastell nach dem Abmarsch der Soldaten zu einer Klosteranlage? Wurden aus den Mannschaftsunterkünften der Nordflanke Mönchszellen?

Endlich gefunden! Die westliche Kastellmauer war in der Antike bis auf diese untersten Ziegellagen abgetragen worden, um das Kastellgelände zur Siedlung hin zu öffnen.

Es sind dies Fragen, die nur durch diese dritte und letzte Kampagne geklärt werden können. Zwar habe ich keine grundlegenden Zweifel mehr, dass es sich bei der Zitadelle um ein Kastell der ersten Hälfte des 4. Jahrhunderts handelt. Doch ein wirklicher Beweis wäre es, wenn sich der vierte – südwestliche – Eckturm nachweisen ließe, der einzige, der nicht mit dem Hang herabgestürzt sein kann, da er innerhalb der Siedlung stand. Seine Lage lässt sich auf dem topographischen Plan genau bestimmen. Aber kann das Team ihn auch finden?

Das Glück ist dieses Jahr nicht mit uns. Eine Woche vor dem geplanten Abflug ist der Tell noch immer vom Wasser umgeben und auf seiner Oberfläche zu feucht. Eine Ausgrabung ist so nicht möglich. Das Team wird verkleinert, und zu fünft ziehen wir in die Kellerräume des Museums von Deir az-Zor mit dem Ziel ein, die Funde der letzten Kampagne wissenschaftlich zu bearbeiten. Einige Tage nach unserer Ankunft fahren wir nach Tell Dgherat, um die Folgen der Überspülung zu begutachten. Das Wasser ist weiter zurückgegangen, und wir können über eine kleine von Anglern gebaute Brücke aus Steinen trockenen Fußes den Tell erreichen. Wir hatten damit gerechnet, dass von den alten Grabungsstellen nicht mehr viel zu sehen sein würde. Und doch stehen wir fas-

Ein Angler aus der Umgebung. Tell Dgherat-Süd war bereits vor der Überflutung ein vergessener Platz. Nichts erinnerte die Einheimischen daran, dass hier einst römische Legionäre in einem stark befestigten Lager ihren Dienst verrichteten. Nun ist der Steilabhang, auf dem einstmals die hohen Kastellmauern standen, zu einem beliebten Platz für Angler geworden.

sungslos vor den abgespülten Hängen, die kaum erahnen lassen, dass hier erst im letzten Jahr ausgegraben wurde. Es ist ein trauriger Anblick!

Das Wasser hat aber nicht nur die ausgegrabene Architektur weitgehend abgetragen. An mehreren Stellen liegen an der Oberfläche Mauern frei, die noch in diesem Winter ebenfalls für immer verschwinden werden. Für eine Ausgrabung ist der Boden noch zu feucht. So entscheiden wir uns, in einer Kampagne von sechs Tagen die bereits sichtbaren Strukturen vollständig freizulegen, um sie dann zeichnen und fotografieren zu können. In Hasseka sichert uns der Antikendirektor Abd el-Masich seine Unterstützung zu.

Vor dem Busbahnhof stehend, höre ich plözlich jemanden meinen Namen rufen und sehe verwundert in das lachende Gesicht von Abu Beshir. Er ist nicht nur Fischer, sondern auch Taxifahrer und kutschiert auf seinem Moped (!) Gäste durch die Stadt. Sofort bietet er das im Moment nicht bewohnte Haus seines Bruders nahe Tell Dgherat als Unterkunft an. Er selbst wird die kleine Schar von Grabungsarbeitern anführen, die fast ausnahmslos alle mit ihm verwandt sind.

Die Ergebnisse lassen sich sehen. Besonders interessant ist der Nachweis, dass die Siedlung außerhalb des Kastells noch in frühislamischer Zeit besiedelt war. Wie auch an anderen Orten bestand

Dokumentation auf dem Tell Dgherat-Süd: Arno Kose bei der zeichnerischen Aufnahme der freigelegten Architektur.

Dokumentation im Museum: Der Autor beim Zeichnen eines gerade wieder zusammengesetzten Tongefäßes aus Tell Dgherat-Süd.

hier eine Siedlungskontinuität, die erst durch den Mongolensturm des 13. Jahrhunderts beendet wurde.

Ob die ausgefallene Grabungskampagne im nächsten Jahr nachgeholt werden kann, ist offen. Was sollen wir hoffen? Ein sehr trockener Winter könnte den Wasserspiegel nochmals sinken lassen, aber das hätte negative Folgen für die Bevölkerung, die das Wasser für ihre Felder dringend benötigt.

Viele Probleme werden sich erst lösen lassen, wenn die Aufarbeitung der Funde – wie Münzen, Waffen, Bronzeobjekte etc. – und vor allem der zahlreichen Keramikscherben im Museum von Deir az-Zor abgeschlossen und die Daten in Berlin ausgewertet sind. Die Arbeit am Schreibtisch des Archäologen dauert um ein Vielfaches länger als die Ausgrabungen vor Ort. Und manche Frage wird dennoch unbeantwortet bleiben.

Aber immerhin: Sehr wahrscheinlich kennen wir bereits die römische Militäreinheit, die in diesem Kastell stationiert war. Ein spätantikes Truppen- und Verwaltungshandbuch, die *Notitia Dignitatum*, erwähnt – leider ohne seinen Namen – ein Kastell, das zwischen den Kastellen Thannuris und Oroba lag, als den Standort der »Prima Ala Nova Diocletiana«. Offenbar lag in dem Kastell von Tell Dgherat-Süd also eine Reitereinheit von etwa 120 Mann Stärke.

Stadtmauer und -tor von Tell Dgherat-Süd blieben in den Fundamenten erhalten.

Im Namen der altehrwürdigen Götter

Anfang April des Jahres 363 n. Chr.: In Eilmärschen zieht an den Stadttoren von Tell Dgherat-Süd ein gewaltiges Heer aus römischen Legionären und verbündeten Arabern, den Sarazenen, vorbei. Es wird befehligt von Kaiser Julian Apostata (der »Abtrünnige«), dem letzten nicht-christlichen römischen Kaiser. Sein Ziel ist zunächst die uneinnehmbare Festung Kirkesion, die an der Mündung des Flusses Chabur in den Euphrat liegt und so von beiden Flüssen gleich einer Insel umspült wird. Kaiser Diokletian (284–305 n. Chr.) hatte Kirkesion derart ausbauen lassen, um die iranischen Sasaniden an ihren Einfällen in römisches Gebiet zu hindern. Hier wird Julian die nächste Zeit verbringen, während sein Heer auf einer Schiffsbrücke den Chabur überschreitet.

Dann rückt die mit schweren Belagerungsmaschinen und Geschützen ausgerüstete Armee auf die sasanidische Hauptstadt Ktesiphon, in der Nähe des heutigen Bagdad, vor. Doch der Versuch, den mächtigen Gegner entscheidend zu schwächen, misslingt. Nach anfänglichen Erfolgen muss das römische Heer schwere Verluste hinnehmen. Kaiser Julian, der das Heidentum reformieren wollte, fällt in der Schlacht. Überliefert ist uns diese Episode innerhalb einer ausführlichen Schilderung des Feldzugs in der *Römischen Geschichte* Ammians, der selbst an dieser Unternehmung teilgenommen hat.

War die Auseinandersetzung zwischen dem Römischen und dem Sasanidischen Reich auch ein Kampf der Kulturen? Sicherlich nicht, denn das Römische Reich war in vielerlei Hinsicht eine multikulturelle Gesellschaft. Gerade im römischen Orient trafen Angehörige vieler Ethnien aufeinander, die die Zugehörigkeit zum Imperium Romanum verband. Es war die Stärke des Römischen Reiches gewesen, Neues und Fremdes aufzunehmen und zu integrieren.

Zweifelsohne war die Kultur des römisch-byzantinischen Orients eine orientalisch geprägte Kultur, so dass der Unterschied zwischen den Bewohnern des östlichen Syrien und des sasanidischen Mesopotamien sehr wahrscheinlich nicht bedeutend war. In beiden Reichen lebten zudem arabische Stämme, die als Hilfstruppen die jeweiligen Heere unterstützten.

Die Sasaniden nutzten sogar bewusst die Fertigkeiten der römischen Kriegsgefangenen, indem diese im Sasanidenreich Städte nach ihren Gebräuchen, also im rechtwinkligen Straßensystem, erbauten. Gleichzeitig entstand so eine starke christliche Gemeinde im Sasanidenreich, die teilweise eine staatstragende Rolle übernahm, indem sie das zoroastrische Sasanidenreich im Kampf gegen das jetzt christliche Rom unterstützte. So war es weniger ein Kampf der Kulturen als vielmehr ein Aufeinanderprallen großer Staatsverbände, die letztendlich ganz ähnliche Probleme hatten, sich aber deutlich voneinander abzusetzen suchten.

Taumelnde Giganten

Beide Reiche mussten sich gegen große Stammesverbände zur Wehr setzen, die unaufhörlich gegen die Grenzen anrannten. Im Jahre 395 n. Chr. kam es zur Teilung des Römischen Reiches in ein West- und ein Ostreich. Bereits 476 n. Chr. hörte das Weströmische Reich auf zu existieren. Das Oströmische bzw. das aus diesem hervorgehende Byzantinische Reich konnte sich dagegen noch lange halten. Die Byzantiner betrachteten und bezeichneten sich selbst als »Romaioi«, standen also bewusst in der Tradition Roms. Kaiser Justinian (527–565 n. Chr.) unternahm es sogar nochmals, längst verlorene Gebiete im Westen wieder zu erobern. Im Orient stieß er in dem Sasanidenkönig Chosrau I. jedoch auf einen ebenbürtigen Feind. Chosraus Truppen konnten sogar die syrische Hauptstadt Antiochia erobern.

Ein so starker Gegner bedeutete Gefahr. Und wieder einmal wurde im Orient die Grenze neu befestigt. Justinian ließ von seinen Vorgängern errichtete Anlagen ausbauen und neue errichten. Es ist vor allem die Zeit der großen Festungsstädte. Gleichzeitig wird der arabische Stamm der Ghassaniden, die Christen geworden waren, in die Grenzverteidigung einbezogen. Möglicherweise taten sie ihren Dienst auch im Kastell von Tetrapyrgium. Denn die römisch-byzantinischen Münzen enden dort schon gegen 520 n. Chr., während über die Keramik noch eine Belegung des Kastells bis zumindest 580 n. Chr. wahrscheinlich ist. Danach marschierten dort aber auch die Ghassaniden ab. In Tell Dgherat-

Zur Kirche von Qasr ibn Wardan aus der Mitte des 6. Jahrhunderts n. Chr. gehörte einst eine große Kuppel.

Süd wurde das Kastell im 6. Jahrhundert schon nicht mehr militärisch genutzt. Die Mauer, die das Kastell von der zivilen Siedlung trennte, wurde entfernt. Auf dem Gelände entstanden neue Gebäude, möglicherweise ein Klosterkomplex. Auch zahlreiche andere Kastelle wurden jetzt zu Klöstern umgebaut, so das nördlich von Gadara gelegene Umm el-Jemal. In Tetrapyrgium war dies sogar noch in frühislamischer Zeit der Fall, wie wir gesehen haben.

Die Auseinandersetzungen zwischen dem Byzantinischen und dem Sasanidischen Reich wurden immer heftiger. Die Sasaniden eroberten 614 n. Chr. unter anderem Jerusalem und raubten das Heilige Kreuz aus der Grabeskirche, das sie nach Ktesiphon mitnahmen. Die Byzantiner konnten zwar nochmals zurückschlagen und im Jahre 630 auch das Heilige Kreuz wiedergewinnen. In diesen Jahren hatte aber bereits der Siegeszug des Islam begonnen.

Araber unter der Fahne des Propheten eroberten innerhalb weniger Jahre den Nahen Osten. Mit der Schlacht am Yarmuk im Jahre 636 n. Chr. fiel der gesamte orientalische Teil des Byzantinischen Reiches an die Mohammedaner. Noch im gleichen Jahr wurden auch die Sasaniden entscheidend geschlagen, die sich nur im Iran noch wenige Jahre halten konnten.

Binnen kurzer Zeit hat also eine neue Kraft den Orient grundlegend verändert. Doch die neuen Herrscher islamischen Glaubens übernahmen vieles von den Vorgängerreichen. Ihre »Wüstenschlösser« bauten sie in mehreren Fällen aus den Resten römisch-byzantinischer Kastelle. Einige Wüstenschlösser, die in islamischer Zeit errichtet wurden, wie das von Mschatta, von dem Teile der Fassade im Islamischen Museum von Berlin zu besichtigen sind, hielten Forscher daher für byzantinische Kastelle. Dabei betrifft die Übereinstimmung im Wesentlichen nur die Form der viereckigen Anlagen und die Anordnung der Räume entlang der Innenmauern. Denn bei den Wüstenschlössern handelte es sich nicht um Grenzsicherungsbauten, nicht einmal um militärische Bauten im engeren Sinne. Sie dienten den neuen Herrschern als Landsitze und Jagdschlösser und waren dementsprechend in ihrem Innern häufig prächtig ausgemalt oder mit farbigem Stuck ausgeschmückt. Das ehemals römische Kastell von Azraq in Jordanien erfuhr nach der Nutzung als frühislamisches Lustschloss noch eine dritte Form der Verwendung, diesmal wieder eine rein militärische: Hier überwinterte Lawrence von Arabien 1917/18 mit den aufständischen Arabern im Kampf gegen das Osmanische Reich.

Die Kastelle und Lager des »Limes Orientalis«, die den römischen Orient von der Gründung der Provinz Syria im Jahre 64 v. Chr. bis zur Schlacht am Yarmuk im Jahre 636 n. Chr. geschützt hatten, waren alles andere als Lustschlösser gewesen. Anfangs noch Außenstellen der in den Städten stationierten Truppen, dienten sie dazu, das unkontrollierte Eindringen von gegnerischen Gruppen in das Reichsgebiet zu verhindern. Dazu reichte es, Kastelle und Wachtürme in Sichtweite zueinander anzulegen. An diesem System änderte sich nichts, als in der Spätantike auch die Legionen an die Grenze verlegt wurden. Die Soldaten in diesen Kastellen, die ihren Dienst unter härtesten Bedingungen während heißer Sommer und kalter Winter taten, sicherten über mehrere Jahrhunderte Frieden und Wohlstand im Römischen Reich. Die spätantiken Kastelle stehen für den Überlebenskampf des römisch-byzantinischen Ostens. Dieser Kampf ging schließlich verloren, doch die Bauform der Kastelle lebte in den Wüstenschlössern weiter.

LETZTER KAMPF GEGEN PERSER UND NOMADENSTÄMME

Beispiele für die Sicherung der zentralsyrischen Wüstensteppen in spätantik-byzantinischer Zeit

von Christine Strube

Roms Kampf gegen die persischen Sasaniden war Ende des 4. Jahrhunderts auf Konstantinopel, das »Neue Rom«, übergegangen. Die Situation in Syrien wurde das ganze 6. Jahrhundert von den Abwehrkämpfen gegen die Sasaniden beherrscht, die zur Zerstörung zahlreicher Städte im Norden und Nordosten des Landes führten und 540 n. Chr. in der Eroberung der Metropole Antiochia gipfelten: 80 000 Einwohner der Stadt wurden als Gefangene ins Persische Reich verschleppt. Kaiser Justinian unterstützte den Wiederaufbau finanziell und mit seinen besten Ingenieuren und Architekten. Über einige dieser Aktivitäten berichtet der zeitgenössische Historiker Prokop. Wir können seinen Bericht nun ergänzen durch die Aussage bedeutender Bauten, die nach 540 errichtet wurden.

Al Andarin, das antike Androna, und sein Nachbarort Qasr ibn Wardan gehören zu den über 200 Siedlungen, die in den wasserarmen Wüstensteppen Zentralsyriens vom 3. bis 7. Jahrhundert heranwuchsen und auf der Basis eines durchdachten Bewässerungssystems einen erstaunlichen Wohlstand entwickelten. Beide Orte liegen am Rande der Wüstensteppe und sind zugleich von den nordsyrischen Städten nicht weit entfernt. Wenn wir diese Lage für den Fall kriegerischer Ereignisse als günstig bezeichnen, dann ist damit nicht nur die Gefährdung durch die Perser, sondern vor allem auch die Bedrohung durch räuberische, glänzend organisierte Nomadenstämme gemeint.

Die großartigen Bauten, die in beiden Orten einige Jahre nach der Mitte des 6. Jahrhunderts errichtet wurden, sind durch ihre Architektur aufs Engste miteinander verbunden: Bei der Ausführung arbeiteten hier wie dort heimische Werkleute mit Einheiten des Heeres zusammen, und es entstanden Bauten, die einerseits in der Bautradition der Region verankert waren und andererseits aus ihr heraus – nach Antiochia und

Androna, Westtor des Kastrons

Konstantinopel – führten. Besonders aufschlussreich für die Situation nach 540 ist, dass Palast, Kirche und Militärlager (die griechische Bezeichnung für *castrum* ist *kastron*) in Qasr ibn Wardan einen offiziellen Charakter hatten, da der Palast Sitz eines hohen Militärs war, während das Kastron von Androna mit Thomas, einem reichen Einwohner des Ortes, über einen privaten Stifter verfügte, der neben diesem gewaltigen Bau noch ein öffentliches Bad finanzierte. Dies verdeutlicht nicht nur, dass die kaiserliche Unterstützung bloß einem Teil der wiederhergestellten oder neu errichteten Verteidigungsanlagen zugute kam; es wirft auch die Frage auf, wie ein Einwohner Andronas ein Vermögen entwickeln konnte, das derart umfangreiche Bauvorhaben ermöglichte.

Androna wird im 3. Jahrhundert als wichtige Station der Straße vom nordsyrischen Chalkis über Isriye nach Palmyra genannt. Erste Kenntnis des Ortes verdanken wir den Expeditionen der Princeton University in der Zeit um 1900, auf die dann die bereits erwähnte Luftbildarchäologie von R. Mouterde und A. Poidebard folgt. Es ist die erste Siedlung der Wüstensteppen, die durch Grabungen erforscht wird. Die Arbeiten des deutschen Teams begannen 1997, unterstützt von der Fritz-Thyssen-Stiftung und werden seit drei Jahren von der Deutschen Forschungsgemeinschaft finanziert. 1998 wurde eine Zusammenarbeit mit Archäologen der Syrischen Antikenverwaltung und der Universität Oxford organisiert.

Al Andarin, das antike Androna, ist mit einem Areal von 1,8 Quadratkilometern, zwei gewaltigen Mauerringen, elf Kirchen, einer Badanlage und einem großen Militärlager (*kastron*) im Ortszentrum sowie zahlreichen unter Sandhügeln begrabenen Hausbauten ein Ort mit städtischem Charakter. Schon im 5. Jahrhundert war er bekannt für seinen guten Wein. Das Wissen darum lebt bis heute weiter: So gibt es in Syrien immer noch einen Wein, einen Gin und einen Brandy namens Andarin.

Nicht nur Wein- und Ölbaumkulturen sowie der Anbau mehrerer Getreidesorten, sondern darüber hinaus die in den großen Wasserreservoiren außerhalb des Ortes durch das Team aus Oxford nachgewiesene Fischzucht zeugen für den Wohlstand seiner Einwohner. Zahlreiche, über das ganze Stadtgebiet verteilte Fragmente von importierten Marmorplatten ließen schon vor Grabungsbeginn ahnen, dass auch die Hausbauten reich ausgestattet waren, und die erste Hausgrabung hat dies bestätigt: Farbige Mosaikböden aus geschnittenen Natursteinen in den Wohnräumen, Malerei auf dem Verputz der Wände und reich dekorierte Basaltplatten kamen zutage.

Androna, Grabung am Osttor der Basaltmauer. Grabungsleiterin und Architekt vor dem Stadtplan

Androna, Hausgrabung. Haus und Wasserreservoir von Süden

Besonders charakteristisch für den Ort ist die Vielfalt der Baumaterialien: Die Hauptbauten wurden fast ganz aus Basalt errichtet, der über weite Strecken herangeschafft werden musste. Er wurde einmal mit luftgetrockneten, ein andermal mit gebrannten Ziegeln kombiniert, hinzu kam noch der heimische Kalkstein. Das Gesamtbild war also von Vielfalt und Farbigkeit geprägt.

Sehr selten besitzt ein Ort zwei Stadtmauern, und ebenso ungewöhnlich ist, dass zu einem bestimmten Zeitpunkt in seinem Zentrum ein Kastron von fast 6000 Quadratmetern errichtet wird. Eine der Hauptfragen am Anfang unserer Grabungen war also, welcher der Mauerringe zuerst existierte, und welche der Mauern noch intakt war, als mit dem Bau des Kastrons begonnen wurde. Wie bei den Arbeiten in Qreiye erbrachten geophysikalische Messungen, die durch Grabungen ergänzt wurden, erste Ergebnisse: Die innere, aus Basaltquadern erbaute Mauer ist älter als die äußere, aus luftgetrockneten Ziegeln errichtete. Es konnte jedoch noch nicht geklärt werden, ob dem Bau der Lehmziegelmauer eine Zerstörung der Basaltmauer voranging. In der Frage nach dem Grund für die Errichtung des Kastrons waren wir also ganz auf die Aussagen der dortigen Grabungen angewiesen.

Androna, Kastron. Südhalle und Vorraum des SW-Turmes (links), Westhalle mit Wehrgang (rechts)

Qasr ibn Wardan, Palast und Kirche. Südansicht

Vor Grabungsbeginn ragte aus den gewaltigen Hügelkuppen des Kastrons nur der Sturz des Westtores mit seiner griechischen Stifterinschrift heraus. Die Oberflächensituation ließ nicht erahnen, dass bei der Freilegung jedes Raumes eine Grabungstiefe von fünf bis sechs Metern mit einem gewaltigen Versturz von Basaltquadern und Ziegeln zu bewältigen sein würde. Doch die eindrucksvollen und unerwartet reichen Ergebnisse ließen alle Mühen und Plagen vergessen.

In das Kastron mit seinen vier Ecktürmen führen zwei große, von Wehrtürmen flankierte Tore in der West- und Südseite. In dem von Pfeilerarkaden umlaufenen Innenhof wurde wenige Jahre nach Fertigstellung des Hauptbaus eine Kirche errichtet. An die Innenseite der Außenmauern schließen zweigeschossige Räume und ein Wehrgang mit Schießscharten an, der sich in voller Höhe zu den Erdgeschossräumen öffnet. Zahlreiche Getreidemühlen, große Vorratsgefäße und andere Funde belegen, dass im Erdgeschoss die Wirtschafts-, Lager- und Gemeinschaftsräume lagen, im Obergeschoss dagegen die Wohnräume. Große Rampenhäuser führen auf der West- und Südseite zum Wehrgang und zur oberen Etage. Die Räume vor der Innenseite der Außenmauern – mit teilweise erhaltenen Ziegelgewölben überdeckt – erreichten eine Gesamthöhe von etwa 13 Metern.

Überraschend war der Grabungsbefund der südlichen und westlichen Obergeschossräume: Glasmosaik auf den Ziegelgewölben, reiche Marmorverkleidung an den Wänden und sogar roter aus Ägypten und grüner aus Griechenland importierter Porphyr in Verbindung mit vielfarbigem, geschnittenem Marmor: Es ist die reiche Ausstattung der Kirche von Qasr ibn Wardan, die sich hier in einem Militärlager wiederholt! Während die Organisation des Wehrgangs, der Wehrtürme und der Rampenhäuser keinen Zweifel am Verteidigungscharakter der Anlage lässt, spricht die reiche Ausstattung der Wohnräume dafür, dass das Kastron nicht nur als Militärlager, sondern auch als letzte Zuflucht für den äußersten Notfall, also die Situation nach Einnahme der Stadtmauer gedacht war. Der ungewöhnliche Befund der Türinschriften stützt diese These: Auf jeder freigelegten Tür – in bis jetzt insgesamt 18 Inschriftmonogrammen – wird beschwörend wiederholt: »Licht und Leben durch das Werk des Thomas«. Das Kastron von Androna wurde über mehr als sieben Jahrhunderte von ansässigen oder durchziehenden Beduinen nachgenutzt.

Diese äußerst lebendige Nachgeschichte ließ schon vermuten, dass auch Androna nach der arabischen Eroberungswelle des 7. Jahrhunderts zumindest für einige Zeit weiter besiedelt war. Dies bestätigte sich, als in jüngster Zeit durch das syrische Team nahe des Thomas-Bades ein frühislamisches Bad ausgegraben wurde. Damit wird Androna zu einem faszinierenden Ort, in dem nicht nur die spätantik-frühbyzantinische Epoche, sondern auch der Übergang in die frühislamische Zeit beispielhaft erforscht werden kann.

Androna, Ortszentrum. Beduinen und Grabungsteam beim großen Abschiedsessen

Chronologie

64	Syrien wird römische Provinz; Handel und Städtebau profitieren von der »Pax Romana«; Grenzen im Osten durch Parther und Araberstämme bedroht
60	Erstes Triumvirat: Caesar, Pompeius, Crassus
58–51	Caesar erobert Gallien; Bürgerrechte für alle, die im Heer gedient haben
53	Crassus fällt im Kampf gegen Parther
44	Ermordung Caesars
43	Zweites Triumvirat: Antonius, Octavian, Lepidus
31	Octavian besiegt Antonius bei Actium; Beginn der Kaiserzeit: Octavianus Augustus (31 v. Chr. – 14 n. Chr.) ordnet den Staat neu; Prinzipat
9 n. Chr.	Schlacht im Teutoburger Wald; Arminius verhindert Romanisierung des rechtsrheinischen Germanien
98–117	Kaiser Trajan: Erweiterung des Römischen Reiches an Donau und Euphrat zur größten Ausdehnung seiner Geschichte; Dacien, Armenien, Assyrien, Mesopotamien römische Provinzen
117–138	Kaiser Hadrian: gibt Neueroberungen im Osten bis auf Arabia und Dacien wieder auf; dafür Verstärkung der Grenzanlagen; Ausbau der *limites* (Grenzwege)
161	Marc Aurel und Lucius Verus Doppelkaiser; Parther setzen romfreundlichen Herrscher Armeniens ab; nach anfänglicher Niederlage Eroberung des Partherreichs durch Rom
212	»Constitutio Antoniniana«: Caracalla verleiht allen Freien Bürgerrechte

Ardaschir aus dem Geschlecht der Sasaniden gründet Neupersisches Reich (bis 642); stößt bis Schwarzmeerküste vor und wird zum gefährlichsten Gegner Roms in Asien	**226**
Schapur I., König der Sasaniden, führt Kriegszüge gegen Rom durch. Kaiser Gordian III. stirbt (244), Kaiser Valerian gerät in Gefangenschaft (260). Zerstörung oder Aufgabe zahlreicher Städte und Orte	**um 241–272**
Diokletian regiert als orientalischer Despot; ernennt Maximian zum Augustus des Westens (Hauptstadt Mailand), während er sich den Osten vorbehält (Hauptstadt Nikomedia); weiterer Ausbau der Grenzforts	**284–305**
Konstantin siegt an der Milvischen Brücke über seine innenpolitischen Feinde; Toleranzedikt für Christen; stellt Alleinherrschaft wieder her; verlegt Hauptstadt an den Bosporus (Konstantinopel, Byzanz). Nach seinem Tod erneut Reichsteilung	**312**
Julian Apostata fällt im Kampf gegen die Sasaniden	**363**
Theodosius beherrscht noch einmal das Gesamtreich	**394–395**
Odoaker setzt Romulus Augustulus ab; Ende des Weströmischen Reiches; Ostrom (Byzanz) besteht weiter bis 1453	**476**
Justinian erobert für das Byzantinische Reich ehemals römische Gebiete im Westen. Erneute Verstärkung der Grenze im Orient. Chosrau I. (531–579) erweist sich als ebenbürtiger Gegner	**527–565**
Schlacht am Yarmuk: Die Mohammedaner erobern den gesamten byzantinischen Orient	**636**

DIE SCHATZINSEL DER WIKINGER

von Peter Prestel

Ein rätselhafter Fund auf dem Wikingerfriedhof von Fröjel. Warum hat die Frauenleiche die Arme auf dem Rücken verschränkt? Ebenfalls ungewöhnlich, sie »blickt« in die Erde.

Drei Männer beugen sich über die Frauenleiche. Sie befeuchten die Tote. Ihren Blicken sollen auch verblasste Details nicht entgehen. Zentimeterweise untersuchen sie die Frau, die das Rätsel ihres Lebens und die Umstände ihres Todes mit ins kalte, steinige Grab genommen hat. Warum liegt ihr Körper so seltsam verdreht in der blanken Erde? Starb sie einen gewaltsamen Tod? Mit kriminologischer Akribie erfassen die drei jede auch noch so unscheinbare Kleinigkeit. Nachdem sie den Kopf untersucht haben – er liegt seltsamerweise mit dem Gesicht zur Erde gewandt –, nehmen die Männer den Beckenbereich ins Visier. Stirnrunzeln auch hier: Die Hände des Opfers liegen verschränkt auf dem Rücken. Einer der Spurensicherer meint, es sähe aus, als ob die Hände gefesselt worden wären. Ist die Frau Opfer eines Verbrechens, einer Vergewaltigung, einer Hinrichtung geworden? Schwierige Fragen an die Vergangenheit, denn das Skelett, das die Männer so neugierig begutachten, ist beinahe 1000 Jahre alt. Wir sind in Fröjel, einem kleinen Dorf auf Gotland, und die Männer sind keine Kriminalpolizisten, sondern Archäologen der Universität in Visby.

Kaffeepause. Das Team um Professor Dan Carlsson diskutiert im Grabungszelt die sonderbare Tote aus Schnitt 4. Einer erzählt, dass er vor Jahren einmal vor einem ähnlich obskuren Gerippe stand. Die Vermutung damals: Die ungewöhnliche Position des Skeletts deute auf eine Hexe hin. Die Leiche war nämlich zusätzlich mit großen Wackersteinen beschwert worden. Die These leuchtet ein: Mit der Zentnerlast wollten die Leichenbestatter sichergehen, dass die unheimliche Frau nicht mehr aus dem Totenreich zurückkehrt. Beim jetzigen Fund glaubt Carlsson nicht an die Hexentheorie. Zum einen fehlen die Steine, und zum anderen ist ihm am Kopf der Frau eine etwa sechs Zentimeter lange Nadel aufgefallen. Solche Haarnadeln trugen die Frauen auf der anderen Seite der Ostsee, im Baltikum und in den grenzenlosen Wäldern der osteuropäischen Tiefebene. Sören, ein erfahrener Grabungsarbeiter, entwickelt aus diesen Indizien »seine« Geschichte der Toten von Schnitt 4: »Es könnte sich doch um eine Sklavin handeln, die die Wikinger von Fröjel auf ihren Raubzügen gen Osten erbeutet haben. Und da die rechtlose Frau in der Fremde weiterhin ihren slawischen Traditionen und Kulten nachging, wurde sie den Wikingern suspekt, und sie töteten die Sklavin, sozusagen vorsichtshalber, bevor sie böse Geister rufen konnte. Deshalb wurde ihr auch das Gesicht in die Erde gedrückt, damit sie für immer schwieg.«

Die Schatzinsel

Spillings ist ein Hof in Ostgotland, der nahe einer lagunenartigen Meeresbucht liegt. 1983 fand der Bauer beim Pflügen einige Bronzeobjekte. Die eilig herbeigerufenen Archäologen vom Amt für Altertümer konstatierten die Reste einer wikingerzeitlichen Hofanlage und verschwanden wieder. Erst fünf Jahre später machten sie sich an die Nachuntersuchung des Zufallsfunds, und nach kurzem Graben trauten sie ihren routinierten Archäologenaugen nur noch eingeschränkt. Es glänzte silbern! Und je weiter sie auch vordrangen, der Glanz hörte nicht mehr auf. Am Ende hatten sie

Silbermünzen mit arabischer Prägung. Wie kamen sie in den hohen Norden, zu den Schatzverstecken der Wikinger?

320 Armbügel, 30 Armreifen, 20 Hals- und Fingerringe, 20 Barren, etliche Beschläge und 9000 Münzen geborgen. Insgesamt 55 Kilogramm Silber. Der größte jemals gehobene Wikingerschatz der Welt! Einer byzantinischen Münze unter den 9000 sonst überwiegend arabischen Stücken verdanken wir die Datierung des Schatzes. Sie wurde 867 zu Ehren des oströmischen Kaisers Basileos I. geprägt und ist die jüngste Münze des Funds. Irgendwann nach 867 musste der Silberhort somit in der Erde vergraben worden sein.

Spillings ist nur die Spitze des »Silberbergs«. Auf Gotland wurden bisher über 700 Schätze entdeckt, insgesamt 15 Tonnen Silber. Fachleute sprechen der schwedischen Insel in der Ostsee die höchste Schatzdichte auf der ganzen Welt zu. Jedes Jahr kommt mindestens ein neuer Fund hinzu, obwohl private Schatzsuche illegal ist und unter strenger Strafe steht. Schon der Besitz von Metalldetektoren ist verboten. Statt des reichen Silberhorts fand sich so mancher Schatzjäger in der »gesiebten« Luft hinter »schwedischen Gardinen« wieder. Zwei Monate Gefängnis bekamen zwei Raubgräber aus Deutschland aufgebrummt, als sie mit ihren Metallsonden erwischt wurden. »Diese Art der Schatzsuche ist kein Kavaliersdelikt«, sagt Professor Dan Carlsson aus Visby, denn »sie zerstört den für die Erforschung der Geschichte so wichtigen archäologischen Fundzusammenhang. Nur wenn wir dokumentieren können, an welchem Ort, in welcher Bodenschicht etwas gefunden wurde, können wir es wissenschaftlich einordnen. Der Schatz als solcher ist für uns Forscher zweitrangig. Außerdem ist es Diebstahl.« Doch die Verlockung ist groß, als Raubgräber sein Glück auf der Schatzinsel Gotland zu machen. »Wir vermuten, dass noch über 70 Prozent der Wikingerschätze im Boden versteckt sind«, sagt der Professor nüchtern.

Äußerst interessant ist für die Archäologen die Fundverteilung. Sie erstreckt sich über die ganze Insel, von Nord nach Süd und von der Küste ins Binnenland. Kaum ein Dorf auf Gotland, das nicht von seinem Schatz berichten kann. Warum ist das Silber auf der ganzen Insel verteilt, und woher stammt der phantastische Reichtum? Carlsson glaubt, dass jeder Wikingerhof einen Silberhort versteckt hatte. Als Beleg nennt er die Ausgrabungen in Spillings, wo Pfostenlöcher und Keilsteine nachgewiesen wurden, die eindeutig auf eine Bebauung im direkten Umfeld des Schatzes schließen lassen. Und da jeder Wikingerclan sein eigenes Gehöft bewohnte, – möglichst weit weg vom neidischen Nachbarn –, sind diese Anwesen wie die matt glänzenden Funde über die ganze Insel verstreut. Warum wurde das Silber versteckt? Fürchteten die stolzen Krieger etwa Räuber, Feinde, Eindringlinge? Von einem Überfall oder gar einer Invasion auf Gotland ist für die Wikingerzeit nichts bekannt. Die meisten Archäologen halten einen anderen Grund für ausschlaggebend: die Religion, den Kult. Silber als Opfer für die Götter.

Wie reich mussten die Gotländer des 10., 11. und 12. Jahrhunderts gewesen sein, wenn sie solche Mengen Silber opferten! Wie viel mehr mussten sie für den »Hausgebrauch«, für den Schmuck ihrer Frauen, den Kauf neuer Waffen, den Bau ihrer Boote zur Verfügung gehabt haben? Für den Wikingerexperten Carlsson ist klar, dass die Schatzverstecke oft mehrmals nachgefüllt wurden; das ließe sich an Münzen aus verschiedenen Epochen eindeutig nachweisen. Außerdem gibt es keine Schatzfunde aus der Zeit nach der Christianisierung. Dafür wurden innerhalb von wenigen Jahrzehnten 92 Steinkirchen auf der kleinen Insel errichtet. »Das Silber wurde nun einem anderen Herrn geopfert, nicht mehr Odin«, ist der Archäologe sicher. Als Beispiel zeigt er in der Kirche von Garda,

Taufbecken in der Kirche von Garda auf Gotland. Aus Byzanz stammte nicht nur der neue Glaube, das Christentum, sondern auch der Künstler, der den Stein bearbeitete.

einem kleinen Dorf mit wenigen Gehöften, auf kostbare byzantinische Malereien aus dem 12. Jahrhundert. Den Kirchenraum schmückt ein reich verziertes Taufbecken des Meisters Byzantios. Der Name verrät es: Die als grob verschrieenen Nordmänner hatten diesen feinsinnigen Künstler aus dem fernen Byzanz engagiert, um Glanz in ihr Gotteshaus zu bringen. Noch heute sind Taufbecken und Wandgemälde im Original zu bestaunen. »Der Weg von den Warägern zu den Griechen, von den Wikingern nach Byzanz«, wie ihn einige mittelalterliche Chronisten beschreiben, hier in Garda ist er erfahrbar, greifbar. War dieser sagenumwobene Weg die Quelle des Reichtums? Wo verlief er? Gab es ihn wirklich? Die Fahndung der Archäologen beginnt in der skandinavischen Heimat der Waräger.

Der Hafen der Drachenkopfboote

Die Ausgrabungen in Fröjel sind auf den ersten Blick alles andere als spektakulär. Die »Archäologie auf der grünen Wiese« ist für Professor Carlsson jedoch auch ohne rätselhafte Frauenleichen spannender als jeder Krimi, denn er ist überzeugt davon, dass sich unter der Grasnarbe eine ganze Wikingerstadt verbirgt. Eine spektakuläre Theorie, wenn man bedenkt, dass auf Gotland immer Einzelgehöfte die Siedlungsstruktur bestimmten und dass selbst auf dem schwedischen Festland erst sehr wenige Wikingerstädte entdeckt wurden, die diesen Namen auch verdienen. Mit Schnitt 4 sind Carlssons Leute offensichtlich zur Nekropole, dem Friedhof, der großen Siedlung vorgedrungen. Unweit der Frauenleiche werden die unscheinbaren Überreste eines mit Steinen befestigten Pfostenlochs freigelegt, vermessen und gezeichnet. Da der Pfosten allein stand, kann es sich nicht um ein Gebäude gehandelt haben. Ein Haus auf dem Friedhof wäre auch sehr ungewöhnlich. Es muss eine Art Totempfahl, ein Ort für kultische Handlungen, gewesen sein, vermutet der Archäologe.

Dan Carlsson, Ausgrabungsleiter und Professor an der Gotland-Universität in Visby, ist ein weltweit anerkannter Wikingerexperte (Herausgeber des *Viking Heritage Magazine*, http://viking.hgo.se; Infos über die Grabung: http://frojel.hgo.se), der ihre Raubfahrten nach Westen untersuchte und sich nun auch ihrem Wirken im

Ein spektakulärer Fund: Ausgräber Dan Carlsson (li.) und der Autor staunen über die kunstfertige Silberverzierung eines Bergkristalls.

GOTLAND
OSTSEE
NORDSEE
ELBE
SEINE
LOIRE
RHEIN
DONAU
DONAU
MITTELMEER

LADOGA SEE
WOLCHOW
NOWGOROD
Lovat
WOLGA
TSCHERNIGOW
KIEW
DNJEPR
Chortiza
WOLGA
URAL
Berezan
KASPISCHES MEER
N
SCHWARZES MEER
BYZANZ

Osten widmet. Gerne vergleicht er die Nordmänner mit den heute viel zitierten *global players*: Für sie und ihre Boote gab es keine Grenzen. »Obwohl unzählige Wikingergeschichten durch die Literatur geistern«, sagt Carlsson nachdenklich, »wissen wir noch erstaunlich wenig über unsere Vorfahren.« Selbst in ihrer skandinavischen Heimat sind die legendären Seefahrer noch lange nicht komplett erforscht. Er nennt seine Grabung als anschauliches Beispiel: »Wir können jedes Jahr nur ein sehr kleines Fenster in die Vergangenheit öffnen. Wenn wir mit unserer heutigen Manpower und Technik das gesamte Stadtareal des alten Fröjel ergraben wollten, wären wir bis zum Jahr 2250 beschäftigt.« Außerdem sind viele Spuren einfach weggepflügt. Hunderte Jahre Landwirtschaft machen den Jägern versunkener Bodendenkmäler das Leben schwer. Die modernen Methoden der Geomagnetik könnten eine Hilfe sein, doch den Ausgräbern fehlt das Geld für diese neueste Waffe der Archäologen im Kampf gegen das Dunkel der Vergangenheit. Der Stadtplan der wohl größten Wikinger-Hafenstadt auf Gotland ist deswegen noch relativ unklar.

Klarheit besteht für Dan Carlsson darüber, dass Fröjel einer der wichtigsten Handelsplätze Gotlands in der Wikingerzeit gewesen sein muss. Eine vorgelagerte Landzunge schützte den großen natürlichen Hafen gegen die rauen Winde der Ostsee. Erst als die Bucht irgendwann versandete, verlor der Platz an Bedeutung und wurde schließlich aufgegeben. »Wo heute die Mohnfelder blühen und der Weizen steht, legten früher die Langschiffe mit den Drachenköpfen an«, entwirft der Professor ein Szenario für das Jahr 1000 n. Chr. Vor seinem inneren Auge zimmern Werftarbeiter neue Boote für tollkühne Fahrten über die Meere, Segelmacher nähen Stoffbahnen zu den berühmten Rahsegeln der Nordmänner, die mit extrem haltbaren Hanfseilen gesteuert werden. Etwas abseits, in einer offenen Werkstatt, sitzt ein Meister, behutsam an einem Drachenkopf schnitzend, der dem Bug des Wikingerschiffs erst seine Furcht einflößende Aura verleiht.

Ein anderer Künstler bearbeitet mit Hammer und Meißel einen über mannshohen Stein. Von glücklicher Reise zurückgekehrt, hat ihm ein Clanchef den Auftrag gegeben, seine Abenteuer für die Nachwelt festzuhalten. Im Zentrum steht, wie auf den meisten der einzigartigen gotländischen Bildsteine, eine sehr realistische

Darstellung des Bootes. Die Besegelung, die komplizierte Seilsteuerung, ja sogar die Anzahl der Besatzung ist dem fertigen Bildnis zu entnehmen. Auch die Ausgräber von Fröjel haben schon solch einen Stein geborgen. Darauf kann man die Bildgeschichte von 14 Männern »lesen«, die von hier ihren Raubzug antraten und heil zurückkehrten. Von wo sie kamen, mit welchen Schätzen, mit wie viel Silber ihr Boot beladen war, verschweigt das Denkmal vornehm.

Lohn der Angst

Was brachten die Wikinger außer Silber von ihren langen und gefahrvollen Reisen in die Fremde mit? Das interessiert auch die Hobby-Archäologen brennend, die seit Jahren kostenlos in Fröjel mitarbeiten und dafür ihren Jahresurlaub opfern. Stig Blomquvist wird belohnt: In seinem Planquadrat schimmert es nach stundenlanger Arbeit mit Kelle, Schaufel und Pinsel golden. Etwas aufgeregt ist der sonst so abgeklärte Skandinavier dann schon, als er eine Glasperle mit Goldblecheinlage in Händen hält. Sehr vorsichtig, denn das Schmuckstück hat gerade mal einen Durchmesser

Bildsteine. *Auf ihnen verewigten die Wikinger ihre abenteuerlichen Fahrten. Solche Segelschiffe brachten sie zu den Flüssen des Ostens.*

S. 153 oben: Ein Runenknochen. Seine Schriftzeichen geben den Experten noch Rätsel auf. Ist das Stück Teil eines umfangreicheren Orakelspruchs?

S. 153 unten: Der Schmuckanhänger deutet nach Osten. Die Silberverzierung weist slawische Einflüsse auf.

von acht Millimetern. Doch durch das gewölbte Glas wirkt das eingelegte Goldblättchen bedeutend größer. Stig lacht: »Vor 1000 Jahren galt anscheinend auch schon die Devise: Mehr Schein als Sein«.

»Runen! Runen!« Aufgeregte Rufe aus Schnitt 2 alarmieren den Grabungsleiter. Ein Mitarbeiter ist auf einen Knochen gestoßen, der mit nordischen Schriftzeichen verziert ist. Schnell geht die Schweinerippe von Hand zu Hand. Jeder will sie sehen, denn Runenknochen sind sehr selten. Professor Carlssons einleuchtende Erklärung: »Die Wikinger waren einfach schreibfaul.«

Welche Botschaft hielten sie also für wichtig genug, um sie in den Schweineknochen zu ritzen? Auf der Grabung steigt die Spannung, bis der sofort verständigte Runenexperte aus Visby eintrifft. Er tut sich schwer, einige Buchstaben sind gespiegelt geschrieben, andere stehen auf dem Kopf. Eine verschlüsselte Botschaft? Endlich steht die Übersetzung des Runenspezialisten: »Gut und einfach ist es zu deuten, wenn ihr wisst, was ich schreibe«, liest der »Runologe« und auf der Rückseite entziffert er: »Du möchtest die Runen lesen, dann …«, dort bricht der kryptische Text ab. Ist der Knochen Teil eines Orakels, sozusagen die Bedienungsanleitung für ein komplexeres Werk? Carlsson ist skeptisch, bleibt seiner pragmatischen Linie treu: »Da wollte einer nur zeigen, wie gut er schreiben konnte, ein Angeber. Auch davon gab es bei den Wikingern genug.«

Nicht jeder Fund ist der Schlüssel, der das Tor in die Vergangenheit öffnet. »Archäologie ist Puzzlearbeit«, meint der Professor und verwahrt die Schweinerippe in seinem Archiv. Vielleicht wird sie ja doch noch einmal ein wichtiges Beweisstück.

30 000 dieser Beweisstücke, unterschiedlichste Objekte, sind in Fröjel schon geborgen worden. Sie belegen die Handelstätigkeit der Wikinger von Fröjel: Gefäße, in denen Wein und Salz von den Küsten Siziliens in den Hohen Norden transportiert wurden, Schmuck aus edlen Metallen von der Arabischen Halbinsel, Bernstein aus dem Baltikum. Doch am spannendsten ist für Carlsson ein unscheinbares Tonei. Es ist glasiert und gelbbraun marmoriert. Im östlichen Christentum spielen diese so genannten Auferstehungseier eine wichtige Rolle. Sie symbolisieren die Auferstehung Christi. In Kiew begann man im 11. Jahrhundert mit der Herstel-

lung solch kunstvoll glasierter Toneier. Nicht minder stolz ist der Forscher auf einen Bergkristall von hoher Qualität, der, linsenförmig geschliffen, in einer Silberverzierung als Schmuckanhänger das Dekolleté einer standesbewussten Wikingerfrau zum Blickfang machte. Seine Granulationsverzierungen weisen eindeutig slawischen Charakter auf, wurden aber hier hergestellt, weiß Carlsson. Die Verbindung Bergkristall und Silberfassung gibt es nämlich nur auf Gotland. Diese Funde aus Fröjel deuten auf eine Verbindung der Insel mit Osteuropa hin. Das ist für die Archäologen Aufsehen erregender als der bisher ausgebliebene Schatzfund.

Die Leiche spricht

Leise surrt ein Zahnbohrer in den blendend weißen Labors der Universität Visby. Innerhalb der altehrwürdigen Mauern der Handels- und Hansestadt hat die kleine, aber feine Hochschule ihren Platz gefunden. Visby soll einst die reichste Stadt der Welt gewesen sein, bis 1361 der Dänenkönig Waldemar Atterdag vor ihren Toren erschien. Die Dänen plünderten und brandschatzten. Ein Chronist schrieb: »Als es vorbei war, stank es in der Sommerhitze nach Blut, Fleisch und Exkrementen. Schrecken und Trauer über verspielte Menschenleben sah man überall.« Dem Dänensturm zum Trotz hat

Spurensuche im Labor. Wenige Mikrogramm Zahnmehl aus dem Backenzahn der rätselhaften Leiche reichen zur DNA-Analyse.

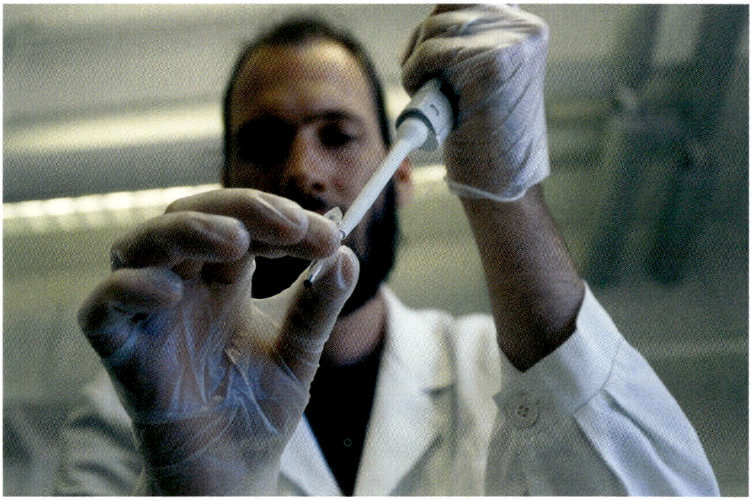

sich in der von der UNESCO zum Weltkulturerbe erhobenen mittelalterlichen Stadt ein einmaliger Bestand an alten Häusern, Wachtürmen, Stadtmauern und Toren erhalten. Mittendrin steht das Archäologische Institut, ausgestattet mit modernster Technik.

Unter Reinraumbedingungen entnimmt ein Pathologe mit einem Titanbohrer Zahnmehl aus einem 1000 Jahre alten Backenzahn. Er wurde der Frauenleiche gezogen, die auf dem Gesicht lag und die Hände auf dem Rücken verschränkt hatte. Wenige Milligramm des weißen Zahnmehls genügen den Forschern, ihre Herkunft, ihr Alter und ihr Geschlecht zweifelsfrei zu bestimmen. DNA-Analyse heißt das Zauberwort. Nach wenigen Stunden im High-Tech-Labor beginnt die mysteriöse Tote zu sprechen. Carlsson staunt nicht schlecht, als ihm das Strichmuster der DNA-Analyse ins Schwedische übersetzt wird: Die Dame war ca. 40 Jahre alt und stammte sicher nicht aus Skandinavien. Referenzstrukturen zeigen einen beinahe identischen Gencode dagegen in Russland und der Ukraine. Es lag also wirklich eine Slawin auf dem Wikingerfriedhof von Fröjel, so wie der Professor anhand der Haarnadel vermutet hatte. Wie sie dorthin kam, wird wohl immer ein Rätsel bleiben. War sie eine Sklavin? Oder die Gattin eines Wikingers? Oder war sie in Begleitung eines Händlers aus dem Osten nach Gotland gekommen? Der Weg von den Warägern zu den Griechen, hier ist er anscheinend einmal in die andere Richtung unternommen worden.

Rjurik, der Begründer Russlands

Der Erste, der den »Weg von den Warägern zu den Griechen« beschrieb, war ein Mönch namens Nestor. Seine *Erzählung aus den vergangenen Jahren*, um 1100 zusammengetragen und niedergeschrieben, ist die älteste russische Chronik. Darin ist nachzulesen, dass Waräger, sprich Wikinger, im Jahre 859 »von jenseits des Meeres« in das Land der Slawen und Finnen kamen. Sie forderten Tribut von den Einheimischen und waren deswegen nicht sonderlich willkommen. Drei Jahre später wurden die Eindringlinge zurück über das Meer getrieben. Doch das Land an den großen Flüssen kam nicht zur Ruhe. »Unter ihnen war kein Recht, Sippe stand gegen

Die »Nestor-Chronik« ist das älteste Geschichtsbuch Russlands. Sie berichtete erstmals von der Gründung des Staates durch Rjurik, den Wikinger.

Sippe«, berichtet die Nestor-Chronik. Dann folgt die Passage, die dieses Buch weltberühmt machte, die Gründungslegende des ersten Russischen Reiches: »… und sie begaben sich über das Meer zu den Warägern, zu den Rus, und sprachen: Unser Land ist groß und reich, aber es ist keine Ordnung in ihm. Kommt, Fürst zu sein und über uns zu herrschen.«

Die Waräger, die sie auch Rusen nannten, entsandten daraufhin drei Brüder. Der älteste von ihnen, Rjurik, ließ sich 862 in Nowgorod nieder, einte die Stämme und herrschte. Seinen Gefolgsleuten gab er befestigte Plätze, und so breitete sich das Gebiet der Rus aus. Nach Rjuriks Tod 879 zog dessen Nachfolger Oleg nach Süden und unterwarf Kiew. Das erste russische Großreich war geboren. So will es die Legende. Handfeste archäologische Beweise vom sagenhaften Reichsgründer Rjurik fehlen bis zum heutigen Tag. Und das macht Rjurik zu einer der umstrittensten Figuren der russischen Geschichte. Gesichert ist bisher nur, dass Mitte des 9. Jahrhunderts mehrere Herrschaften zu einem Reich, zur Kiewer Rus, zusammengefasst wurden. Die regierende Dynastie nannte sich »Rjurikiden«. Historiker, Archäologen, Sprachwissenschaftler und nicht zuletzt Politiker diskutieren seitdem über den wahren Ursprung des mächtigen Landes an Wolga, Don und Dnjepr. Heftiger Streit entbrannte um die These von der Staatsgründung Russlands durch die Wikinger. Die Frage, ob die Rus ursprünglich Skandinavier gewesen seien, also ihr Name auf die Ostslawen, die späteren Russen, übergegangen ist, beschäftigte Historikergenerationen, die sich in zwei verfeindete Lager spalteten: die »Normannisten« und die »Antinormannisten«.

So hat man sich im 19. Jahrhundert den legendären Reichsgründer Rjurik vorgestellt. Archäologische Beweise, ob er überhaupt existiert hat, fehlen bis heute.

Schützenhilfe bekamen die Normannisten vor allem von den Sprachforschern. »Ruotsi« nannten die Westfinnen ihre Nachbarn, die Schweden. Das Wort bedeutet »Ruderer«. Tatsächlich waren die Boote der Wikinger mit Rudern ausgestattet. In einem 1877 in Oxford erschienenen Werk des Linguisten Vilhelm Thomsen werden nicht nur altrussische, sondern auch byzantinische, arabische und lateinische Quellen aufgeführt, die die Rus als Normannen ausweisen.

Für Historiker ist die Sache nicht so eindeutig. Die Antinormannisten sehen in den Warägern lediglich ein kleines Kontingent von Söldnern, die von den slawischen Herrschern angeworben wurden. Da in der Zeit des Stalinismus die Geschichtsschreibung der Staatsräson untergeordnet wurde, gibt es aus jenen Tagen viele Arbeiten, die einem großrussischen Nationalismus huldigen und die Einflüsse der Waräger auf die gesellschaftliche Entwicklung der Slawen gering einschätzen. Aber auch die Normannisten waren gegen den »nationalen Bazillus« nicht immer immun. Skandinavische Wissenschaftler schrieben mit großem Stolz von den Taten ihrer Wikingerhelden in den Weiten des Ostens, obwohl stichhaltige Belege auch ihnen nicht zur Hand waren. Die Stunde der Archäologen schien gekommen.

Forschung im Gulag

St. Petersburg im Sommer. Touristenmassen strömen zur Eremitage, junge Mädchen flanieren an den Ufern der Newa, der Panzerkreuzer Aurora liegt fest vertäut am Kai und erinnert an die fast schon vergessene Oktoberrevolution von 1917. Wir lassen all diese Sehenswürdigkeiten links liegen und steuern einen der sozialistisch-uniformen Plattenbauten der 50er Jahre an. In seiner Wohnung haben wir uns mit dem Archäologieprofessor Lew Klejn verabredet. Wir wollen mehr wissen über den Mann, der wegen seiner wissenschaftlichen Forschungen im Gefängnis landete. In der zur »Warägerschlacht« ausgearteten Auseinandersetzung zwischen Normannisten und Antinormannisten bezahlte er seinen festen Standpunkt zusätzlich mit der Aberkennung aller seiner akademischen Titel.

Im Großen Vaterländischen Krieg kämpfte Lew Klejn gegen die »germanischen Herrenmenschen«. 1979 wurde der Archäologe verhaftet. Grund: Er hatte die Rolle der Nordgermanen, der Waräger, in der Geschichte Russlands zu positiv dargestellt. Drei Jahre verbüßte er dieses Vergehen in einem Gefangenenlager – zusammen mit Schwerverbrechern.

Einberufungsbefehl, Auszeichnungen für Tapferkeit vor dem Feind, das Gerichtsurteil »im Namen der Union der Sozialistischen Sowjetrepubliken« – Erinnerungsstücke aus schlimmen Zeiten

Der 76-Jährige begrüßt uns zurückhaltend; kritische Fragen nach unserem Anliegen begleiten den Weg durchs dunkle Treppenhaus. In der Wohnung, voll gestopft mit Büchern und Manuskripten, kommen wir dann gleich auf sein Thema zu sprechen, die Wikingerfrage. Warum wurde darum so erbittert gestritten? »Es geht um nationalen Stolz. In der Vorstellung von vielen Russen war es einfach unzulässig, dass der russische Staat irgendwann von Leuten einer fremden Nation regiert und womöglich sogar geschaffen wurde.« Ich erwidere, dass die Sage vom Wikinger Rjurik, der im 9. Jahrhundert zum Fürsten der Russen erkoren wurde und das Reich einte, doch in einer russischen Chronik niedergeschrieben ist und dass es auch archäologische Beweise für die Anwesenheit der Nordmänner gibt. Klejn nickt, »doch gerade deswegen suchte die Sowjetmacht Historiker, die beweisen sollten, dass die Chronik irrte und dass die Waräger keine Wikinger, sondern baltische Slawen waren, die nicht als Eroberer kamen und die auch keinen Einfluss auf die Entwicklung Russlands hatten. Das stimmt natürlich nicht!«

Lew Klejn, 1927 als Sohn eines jüdischen Ärztepaares in Weißrussland geboren, wollte die Geschichtspropaganda von oben nicht mittragen. Als Dozent am Lehrstuhl für Archäologie der Universität Leningrad unternahm er 16 Expeditionen in die dunkle Vergangenheit seines großen Heimatlandes. Dabei stieß er immer wieder auf die Spuren der Waräger, der Nordmänner aus Skandinavien. Im Laufe seiner Arbeit wurde ihm immer klarer, dass die herrschende sowjetische Lehrmeinung die Rolle der Waräger stark untertrieb. Doch dies öffentlich zu sagen war gefährlich. »Die Normannentheorie, die eine wichtige Rolle der Waräger beim Aufbau des russischen Staates im 9., 10. und 11. Jahrhundert konstatierte«, erklärt Klejn bestimmt, »galt *de facto* als faschistische Ideologie. Die Normannisten wurden als unpatriotisch gebrandmarkt.«

Boris Rybakov*, der damalige Leiter des Instituts für Archäologie der Akademie der Wissenschaften der UdSSR, war der herausragende Hardliner der staatstragenden Antinormannisten. Er suchte die *Frage der Bildung der altrussischen Völkerschaft im Lichte der Werke Josef Stalins*, so ein vielsagender Buchtitel, zu lösen. Für Klejn ist Rybakov ein »böses Genie«, das voller Fanatismus die Slawen zu den uneingeschränkten Staatsgründern des Russischen Reiches erhob. Die Wikinger spielten aus seiner national-stalinistischen Sicht keine Rolle. Rybakov wies seine Forscher an, gerade dort, wo es Zeugnisse der Wikinger gab, nach noch früheren slawischen Spuren zu suchen. In einer Mischung aus Patriotismus und Propaganda wurde die wissenschaftlich verbrämte Verehrung der »großen Vorfahren« betrieben. In den frostigen Jahren der Sowjetunion war sein Wort Archäologengesetz.

* Autoren, die international publiziert haben, sind nicht eingedeutscht, sondern erscheinen so, wie sie in Katalogen zu finden sind.

Der Tabubruch

Anfang der 60er Jahre gründete Klejn an seinem Institut eine Forschergruppe, die sich speziell mit der Warägerthematik beschäftigte. Sie trug alle kursierenden Thesen zusammen und fand etliche wissenschaftlich nachvollziehbare Argumente, die als eindeutig »normannistisch« eingestuft wurden. Ein ungleicher Kampf hatte begonnen. Lew Klejn erinnert sich: »Ich hatte schon Erfahrung mit dem KGB, da ich in einer Untergrundorganisation mitarbeitete. Dort habe ich gelernt, meine Positionen vorsichtig zu formulieren. So habe ich beispielsweise ein Buch über die Waräger geschrieben, es aber nie veröffentlicht. Es zirkulierte nur unter meinen Studenten, die es als Handbuch nutzten. Davon erfuhr irgendwann die Parteileitung, und sie haben eine große Diskussion an der Universität veranstaltet, um mich öffentlich zu demaskieren, um mich kaputtzumachen.«

Der clevere Archäologe hatte sich gut vorbereitet. Als er wegen seiner Thesen angegriffen, seine Entlassung und die Auflösung seiner Forschergruppe gefordert wurde, konterte er mit einem Marx-Zitat. Marx hatte geschrieben, es sei eine bloße Behauptung, dass die Rolle der Normannen geringfügig gewesen sei. So zog Lew Klejn seinen Kopf vorerst aus der Schlinge. 1974 wurde er dann von einem Kollegen aus Moskau denunziert. Er behauptete, Klejns Gruppe folge »... der berüchtigten Normannentheorie, die in ihrem innersten Wesen den Lehren des Marxismus-Leninismus widerspricht, insbesondere hinsichtlich der Theorie zur Staatsgründung. Diese Theorie fand dank der Tätigkeit von Lew Klejn am Lehrstuhl für Archäologie der Universität Leningrad eine neue Brutstätte.« Die Warägerfrage wurde zur Warägerschlacht. Durch geschicktes Taktieren konnte sie Klejn lange Zeit ausgeglichen gestalten und weiterarbeiten. Doch nur unter scharfer Beobachtung.

Den Einmarsch sowjetischer Truppen im Dezember 1979 in Afghanistan deutete Klejn als Zeichen: Das Ende der Schonzeit war gekommen. Bald darauf wurde der Archäologieprofessor verhaftet, seine Wohnung durchsucht, und ein Gericht verurteilte ihn »im Namen der Union der Sozialistischen Sowjetrepubliken« zu drei Jahren Lager. Drei Jahre Gulag wegen einer archäologischen These? »Offizieller Grund des Urteils war meine angebliche Homosexualität«, erzählt Klejn bitter, »doch das war nur vorgeschoben. Kollegen von mir wurden zum Beispiel unter dem Vorwand der Spionage inhaftiert.« Wie erging es ihm dann im Lager als Wissenschaftler, zusammengepfercht mit Dieben, Drogenhändlern, Vergewaltigern und Mördern? »Ich betrachtete die Gefangenschaft als eine Art Forschungsexpedition in die Welt der Kriminellen. Ich erkundete die Analogien ihrer Welt mit der Gesellschaftsstruktur der Waräger. Und ich fand viele Übereinstimmungen mit den Wikingern: Im Gefängnis existieren auch Häuptlinge, Krieger, Sklaven. Es gibt Kriege und Eroberungen. Ich nutzte die Zeit für eine Art experimentelle Archäologie.«

Als Klejn das Lager verlassen durfte, waren ihm alle akademischen Titel aberkannt und seine Stelle an der Leningrader Universität mit einem linientreuen Archäologen besetzt worden. Er wartete nicht auf eine Rehabilitation – die Zeiten von Glasnost und Perestrojka sollten erst noch kommen –, schrieb eine neue Doktorarbeit, bewarb sich um eine Stelle als Archäologieprofessor und verfasste ein Buch mit dem Titel *Verkehrte Welt*, in dem er über seine Zeit in der »grimmigen Zone«, wie er und seine Mitgefangenen das Lager nannten, berichtete. Mit überraschendem Erfolg: Lew Klejn durfte wieder an der Universität lehren und gilt heute als einer der renommiertesten Vertreter der »Normannentheorie«.

Es klingelt an der Tür der Zweizimmerwohnung. Ein Schüler Klejns, Gleb Lebedew, heute selbst Professor, steht kurz darauf in der winzigen Küche. Er berichtet voller Stolz von einer abenteuerlichen Schiffsreise, die er zusammen mit schwedischen Kollegen auf einem nachgebauten Wikingerboot auf den Flüssen Russlands unternommen hat. »Wir haben den Weg der Waräger zu den Griechen, zum Schwarzen Meer, nachvollzogen. Das ist ein wichtiges Kapitel unserer Geschichte, und heute darf man das auch laut sagen«, erklärt Lebedew mit einem Leuchten in den Augen, das von der Sehnsucht nach dem fernen Byzanz erzählt. Bei einer Tasse Tee zeigt er Fotos vom Boot und den wichtigsten Stationen der Reise: Ladoga, Nowgorod, Kiew. Klejn ist gerührt. Er greift nach einem Ordner und zieht einige vergilbte Blätter heraus. Zum ersten Mal sieht sein Freund das auf dünnem Papier maschinengeschriebene Urteil von 1981.

In den Unterlagen findet er auch noch seinen Einberufungsbescheid in den Großen Vaterländischen Krieg. 1944 sollte er Minsk von den Deutschen befreien. Der Krieg der »germanischen Herrenmenschen« gegen die »slawischen Untermenschen«, wie ihn die NS-Propaganda verkaufte, war sicher auch ein Grund für die scharfe Reaktion der Sowjetmacht gegen die archäologischen »Normannisten«, sind sich die beiden Archäologen einig. Mit den Wikingerrunen ϟϟ an Revers und Mütze verübten Deutsche unsagbare Verbrechen an den Völkern der Sowjetunion. Eine Division der Waffen-SS trug gar den Ehrennamen »Wiking«. Nach langem Schweigen schüttelt Kriegsteilnehmer Lew Klejn verständnislos den Kopf: »Das ist doch alles kein Grund, die Ergebnisse wissenschaftlicher Arbeit zu verbieten, zu bestrafen, zu vernichten.«

Das Herz Russlands

Der Arbeitstag der Paläobotanikerin Almuth Alsleben beginnt um sieben Uhr morgens mit einer Spritztour. Ein Schnellboot der Wasserschutzpolizei Nowgorod bringt sie zu einer Halbinsel im Fluss Wolchow, die nach starken Regenfällen sonst nur mühsam in langen Fußmärschen erreichbar wäre. Nach 15 Minuten Fahrt flussaufwärts landet die Biologin an ihrem Einsatzort Rjurikowo Gorodischtsche, einer der ältesten archäologischen Ausgrabungen Russlands. 1901 wurde die »heilige Erde« dieses zwölf Meter hohen Hügels zum ersten Mal zu wissenschaftlichen Zwecken durchwühlt. Seit 1975 ist Professor Evgenij Nosov Chefausgräber. Freudig begrüßt er die Spezialistin aus Deutschland, die die pflanzlichen Hinterlassenschaften der einstigen Bewohner des Hügels suchen, finden und bestimmen soll. Doch erst gibt der Hochschullehrer einen kurzen geschichtlichen Überblick, der die Bedeutung des Hügels für die russische Archäologie beschreibt. Er beginnt mit einem Paukenschlag: »Wenn es Rjurik wirklich gegeben hat, dann hat er von hier aus sein Reich regiert!«

Rjurikowo Gorodischtsche trägt also nicht ganz unbegründet seinen stolzen Namen. Seit 850 ist der Ort besiedelt, die entdeckten Befestigungen weisen ihn eindeutig als den Sitz der ersten Fürsten Russlands aus. »Aus strategischen Gründen haben sie den

Eine Kirchenruine ist heute die einzig sichtbare Landmarke von Rjurikowo Gorodischtsche. Hier stand die Wiege Russlands, so vermuten zumindest viele namhafte Archäologen.

Hügel gewählt«, doziert Nosov, »mit seinen zwölf Metern ist er die höchste Erhebung in weitem Umkreis. Eine Burg hier oben sicherte den Zugang über den Wolchow zum nahen Ilmensee und damit zum gesamten Flusssystem Nordrusslands. Wer von Nord nach Süd wollte, musste hier vorbei. Und wer hier saß, hatte die Macht. Hier schlug das Herz Russlands.«

Zar Iwan der Schreckliche ließ im 16. Jahrhundert aufgrund der herausragenden geschichtlichen Bedeutung der Halbinsel, die nach den Überschwemmungen des Frühjahrs häufig den Charakter einer Insel annimmt, eine Brücke über den Wolchow bauen. Sie verband ein nahes Kloster mit dem Ort der Vorfahren. Es geht auch die Legende, dass der größte Held der russischen Geschichte, Alexander Newskij, der Bezwinger des Deutschen Ritterordens in der Schlacht auf dem Eis des Peipussees 1242, hier seine Jugend verbracht haben soll. Rjurikowo Gorodischtsche lag den Russen immer schon besonders am Herzen.

Almuth Alsleben hat ihre Spurensuche begonnen. In einem Grabungsschnitt tauchen schwarze Brandschichten auf, darauf hat sie gewartet. Feuer konserviert pflanzliche Stoffe, wenn es sie nicht vollständig verbrennt. Mit einer Kelle nimmt die Paläobiologin vorsichtig Proben aus der dunklen Schicht. Auf den ersten Blick sind weder Samen, Pollen noch Früchte zu erkennen. »Verkohlte Erde, was soll die uns wohl sagen können?«, fragt ein junger blonder Mann die Biologin in akzentfreiem Englisch. »Wo kommen Sie denn her?«, lautet die erstaunte Gegenfrage. »Aus Schweden. Ich gehöre zu einer Studentengruppe von Professor Carlsson aus Gotland. Wir arbeiten für sechs Wochen im Rahmen eines Austauschprogramms hier mit.« Evgenij Nosov tritt hinzu und erklärt: »Das wäre vor 15 Jahren undenkbar gewesen. Heute helfen Spezialisten aus ganz Europa bei der Aufklärung unserer Vergangenheit, und die jungen ›Normannen‹ und unsere Freunde aus Deutschland sind dabei jederzeit willkommen.«

Am Wolchowufer werden Scherben gewaschen – über Fundmangel können sich die Archäologen in Rjurikowo Gorodischtsche nicht beklagen –, als die deutsche Biologin ihre Ausbeute in einem Eimer anschleppt. Ein Zehntel der Probe wird mit neun Zehntel Wasser gelöst. Das Prinzip ist einfach. Die leich-

In verkohltem Zustand sind Samen, Pollen und Früchte über eintausend Jahre erhalten geblieben. Sie verraten uns, was die ersten Bewohner von Rjurikowo Gorodischtsche gegessen haben.

ten pflanzlichen Inhaltsstoffe schwimmen auf und können dann ausgesiebt werden. Unter dem Mikroskop bestimmt Almuth Alsleben die Proben. Erst jetzt erkennt auch der Laie, dass es sich bei den schwarzen Krümeln um Fragmente von Ähren und einzelne Samen handelt. Mit geschultem Auge sortiert die Pflanzenexpertin sie je nach Art in unterschiedliche Petrischalen. Danach zählt sie aus, wie viel Anteile Roggen, Hirse, Gerste etc. in der Probe vorhanden sind. »Datenfutter« für ihre Statistik. Frau Alsleben vergleicht, wo welche Art am häufigsten vorkam, also verspeist wurde. »Man kann jetzt schon sagen, dass auf Gorodischtsche, wo die Wikingerfürsten lebten, hauptsächlich Brot aus Roggen und Weizen gegessen wurde. Die Befunde aus dem Umland – dort wohnte die hauptsächlich slawische Bevölkerungsmehrheit –, deuten auf Breie und Grützen aus Hirse hin«, sagt die Biologin und nennt diese »Klassennahrungsmittel« als eindeutiges Unterscheidungsmerkmal.

Aß Rjurik Weißbrot auf seiner Burg über dem Wolchow? Ausgräber Nosov hat über die Jahre so viele Funde mit skandinavischem Ursprung gesammelt, dass für ihn die Anwesenheit der Waräger außer Frage steht – und auch ihr hoher sozialer Rang und ihre besondere Rolle bei der Reichsgründung. Nur für Rjurik hat er noch keinen Beweis gefunden. Sein Kollege Professor Chorosev von der Moskauer Lomonossow-Universität ist in der Warägerfrage zurückhaltender, früher hätte man ihn einen Antinormannisten genannt. Er entgegnet: »Wir finden Zeugnisse aus dem 10. und 11. Jahrhundert, die belegen, dass Wikinger auf diesem Territorium lebten. Sie bildeten nicht die Mehrheit der Bevölkerung, aber sie waren definitiv hier. Davon zeugen Kunstgegenstände im Nowgoroder Museum.« Die These von der Reichsgründung sieht er distanziert: »Es ist wahrscheinlich, dass die ersten Vorstöße der Wikinger auf dieses Territorium aggressiver Natur waren. In der historischen Entwicklung der Stämme wurde aber bald ein Konsens gefunden. So bat man die Waräger sogar um Hilfe. Es ist in den Chroniken festgehalten, wie Rjurik zum Nowgoroder Fürsten gemacht wurde, wie eine Ehe geschlossen wurde und vieles mehr. Das kann man nicht abstreiten. Doch die Macht des Fürsten umfasste lediglich die Gesetzgebung und die Rechtsprechung und dies nur im Einverständnis mit der ansässigen Bevölkerung.«

Das wissenschaftliche Streitgespräch wird durch einen Schrei jäh unterbrochen. Er kommt von der Grabung, die Studenten sind zusammengelaufen, sie drängen sich um ein rostiges Stück Metall, das mit seiner gewölbten Oberfläche aus dem Lehm einer geputzten Fläche ragt. Hektische Fragen: Wie groß ist das Teil? Wie viel davon steckt noch im Boden? Ein Wikingerfund? Mit Rjurikinschrift? Ein Blick genügt Nosov, um die Umstehenden zu beruhigen und gleichzeitig in Hochspannung zu versetzen. Das Metallteil ist 60 Jahre alt und gehört zu einer Granate, die im Zweiten Weltkrieg hier einschlug. Wahrscheinlich ein Blindgänger, ein Fall für die Kampfmittelbeseitigung. Bis auf weiteres sperrt der Professor diesen Grabungsabschnitt. Er will kein Risiko eingehen. »Maschinengewehrmunition finden wir häufiger, die ist relativ ungefährlich«, sagt Nosov und erklärt den Frontverlauf des 10. Oktober 1941. Das war der Tag, an dem die Deutschen aus Richtung der Stadt Nowgorod hierher kamen. Die Russen hatten sich auf dieser Wolchow-Seite eingegraben. Noch heute stoßen die Archäologen bei ihrer Arbeit regelmäßig auf die Schützengräben der Rotarmisten. Auch sie wussten um die Schlüssellage der Insel.

Silberfieber

Der Weg von den Warägern zu den Griechen führte über die Flüsse Russlands. Sie waren die einzigen Verkehrswege in dem von Wäldern und Sümpfen überzogenen weiten Land. Wer reisen wollte, um Handel zu treiben, zu plündern, zu missionieren, musste auf diesen Lebensadern unterwegs sein. Es war ein gefährlicher Weg, an jeder Flussbiegung konnten Feinde, Räuber lauern, und es war ein teurer Weg. Die Herren des Landes saßen an den wichtigen Verkehrsknotenpunkten der Flüsse, verlangten Zoll auf alle Waren, und wer keine besaß, musste für das bloße Durchfahrtsrecht bezahlen. Was trieb die Wikinger, die Herrscher der Meere, auf die für sie eigentlich viel zu engen Flüsse des Ostens? Evgenij Nosovs Antwort ist eindeutig: »Silber! Wenn sie an große Mengen Silber herankommen wollten, mussten sie den Quellen dieses für sie so attraktiven Metalls entgegengehen.«

Die Silberschätze Gotlands verraten ihre Herkunft auf den ersten Blick. Die Münzen tragen arabische Prägungen. Hunderttausende Dirhans steckten in schwedischer Erde vergraben. Ebenso auffällig sind seltsam geformte Silberbarren, die in verschiedenen Varianten vorkommen: dünne längliche; flache, die aussehen wie ein zweischneidiges Beil; grobe eckige, die an die heute gebräuchliche Art erinnern. Spezialisten erkennen an der Form, woher die Barren stammen und unterscheiden den Nowgoroder Typ, den aus Tschernigow und den aus Kiew. Diese Bestimmung stammt von russischen Archäologen, die solche Silberbarren bei ihren Grabungen gefunden haben. Einige sind mit Runen verziert, nennen den Namen der einstigen Besitzer. Doppelte Beweisführung nennen das die Warägerforscher: russische Barren auf Gotland und nordische Runen auf den Barren in Russland. Die Wikinger waren im Osten und kamen mit dem begehrten Silber zurück.

Deswegen zogen die Waräger nach Osten: Sie suchten arabische Silbermünzen und Silberbarren. Anhand der Formen unterscheiden sich die aus Nowgorod von denen aus Tschernigow oder Kiew.

Mit solch kleinen, gedrungenen Booten machten sich die Waräger auf die Reise durch die Flusslandschaften der osteuropäischen Tiefebene.

Das Silberfieber lockte die Nordmänner in ihren schlanken Booten auf die Flüsse des Ostens. Die Archäologen haben die Hauptrouten anhand von Wikingerfunden rekonstruiert: Von der Ostsee ging es über die Newa zum Ladogasee. Von dort aus über Wolchow, Ilmensee und Lowat über die Wasserscheide in das Flusssystem des Dnjepr, der ins Schwarze Meer mündet. Eine zweite Hauptroute führte über die Wolga ins Kaspische Meer und von dort in den Orient.

Waren die berühmten Langboote der Wikinger für eine solche Reise geeignet? Der experimentelle Archäologe Gleb Lebedew hat es ausprobiert: »Die Langboote, mit denen die Wikinger die Meere bis nach Amerika befahren haben, waren für eine Reise in den Osten denkbar ungeeignet! In engen Flussbiegungen und bei Stromschnellen wären sie viel zu träge zu manövrieren gewesen; und was noch wichtiger ist, auf den Schleppstrecken, wo die Boote samt Ausrüstung über die Wasserscheide gezogen werden mussten, wären sie viel zu schwer gewesen.«

Deshalb haben verschiedene Forscher mit kleineren Booten experimentiert. Legendär ist die »Krampmacken« des Schweden Erik Nylén. Das gedrungene Boot ist acht Meter lang, mit drei Ruderpaaren und einem Rahsegel ausgestattet und wiegt »nur« zwei Tonnen. Eine Last, die sich gerade noch mit einfachen technischen Hilfsmitteln – Rollen und einem wagenartigen Unter-

Über die kontinentale Wasserscheide, aber auch vorbei an Stromschnellen und Engstellen musste das tonnenschwere Boot gezogen werden. Knochenarbeit, um an die Schätze von Byzanz zu gelangen

bau – durch unwegsames Gelände bugsieren lässt. Von den Strapazen eines solchen Schleppunternehmens können die Männer der »Krampmacken« ein Lied singen. »Die Gier nach Silber muss schon sehr ausgeprägt gewesen sein, um sich das anzutun«, meint einer der Hobby-Wikinger, der nach einem Schleppversuch über einige hundert Meter kleinlaut nach einem Traktor zur Unterstützung fragt. Dass die Flussboote der Waräger bei weitem nicht so elegant aussahen wie die berühmten Gokstadboote, die 1860 nahe Oslo gefunden wurden, hat die Männer damals sicher nicht gestört. Praktisch mussten sie sein, und das Steuerruder musste rechts – steuerbords – angebracht sein, wie bei allen Wikingerbooten.

East meets North

Die arabischen Silbermünzen bekamen die Waräger nicht selten aus der Hand eines waschechten islamischen Händlers. Diese waren auf der Suche nach Pelzen, Falken, Bernstein, Wachs, Honig und Sklaven in das Reich der Russen gekommen und machten dabei Bekanntschaft mit den Männern aus dem Norden. Der berühmteste Bericht stammt von Ibn Fadlan, der die Waräger 921 am Hofe des Khans der Wolgabulgaren kennenlernte: »Nie sah ich Leute von ausgewachsenerem Körperbau, sie sind groß wie Dattelpalmen, fleischfarben und rot.« Auch die Bewaffnung beeindruckte den gottesfürchtigen Mann: »Jeder führt eine Axt, ein Messer und ein Schwert bei sich. Ohne diese Waffen sieht man sie niemals.«

Abscheu empfindet der vornehme Herr Fadlan hingegen für die Hygienevorstellungen der Nordmänner: »Sie sind die unsaubersten Menschen, die Gott geschaffen hat: Sie reinigen sich nicht, wenn sie ein natürliches Bedürfnis verrichtet ... Jeden Tag waschen sie sich mit dem schmutzigsten Wasser das Gesicht. Das Mädchen bringt eine große Schale. Darin wäscht er Gesicht und Haare, kämmt sie mit dem Kamm in die Schüssel aus. Darauf schnäuzt er sich und spuckt ins Gefäß. Wenn er, was nötig war, verrichtet, trägt das Mädchen dieselbe Schüssel zu dem, der ihm zunächst sitzt.«

Ibn Fadlan und seine Kollegen kamen jedoch nicht, um ethnographische Studien zu betreiben – ihre Aufzeichnungen sind ein Nebenprodukt, für heutige Forscher von unschätzbarem Wert –, sondern um an die begehrten Handelswaren der Russen zu gelangen. An allererster Stelle standen Pelze. Am begehrtesten war der seltene schwarze Fuchs, gefolgt von Hermelin und Zobel. Aber auch Luchs, Marder und Fuchs ließen sich gut in Silbermünzen verwandeln. Um eine Wertvorstellung zu bekommen, sei der arabische Forschungsreisende Ibn Battuta zitiert, der den Preis für ein einziges schönes Hermelinfell mit 400 Dinaren für Indien im 14. Jahrhundert angibt. Die Hochachtung für Felle aus dem Osten fand sogar Eingang in die arabische Poesie: »Luchspelze wie Frühlingslaub, besprengt mit hunderttausend Veilchen«, dichtet Nizami im 12. Jahrhundert.

Die Liebe der Araber zur Falkenjagd brachte ein lebendiges Handelsgut ganz nach oben auf die Liste der gefragtesten Tauschobjekte. Jagdfalken und -habichte brachten oft mehr Silber ein als funkelnder Bernstein oder liebreizende Sklavinnen. Apropos Sklavinnen: Auch zu diesem Thema hat der gute Ibn Fadlan die passende Geschichte: »Jeder von ihnen (den Warägern) hat eine

Jagdfalken, dafür zahlten arabische Händler ein Vermögen.

Auch Zobelfelle »versilberten« die Waräger. Ihre Kunden aus dem Orient waren geradezu süchtig nach Pelzen aus den russischen Wäldern.

Ruhebank, worauf er mit seinen Mädchen und den Schönen, die zum Verhandeln bestimmt sind, sitzt. Da vergnügt sich denn wohl einer mit seinem Mädchen, während sein Freund zusieht. Es trifft sich auch, dass ein Kaufmann zu ihm ins Haus tritt, um ein Mädchen zu kaufen, und er den Herrn dasselbe in Lust umarmend überrascht, der dann nicht eher von ihr ablässt, als bis er seine Lust gestillt hat.« – Ob für eine derart »gebrauchte Ware« ein Preisnachlass gewährt wurde, ist nicht überliefert.

Bevor die Münzen den Beutel des Warägers klingend füllten, musste er an die begehrten Objekte gelangen. Da die Jagd zeitaufwendig und nicht immer Erfolg versprechend war, verlegten sich die meisten Nordmänner im Osten auf den Handel mit den Einheimischen. Und wenn einer einmal nicht verkaufen wollte, musste eben die Streitaxt ihr Werk verrichten. Um ihren Handel zu schützen und zu intensivieren, gründeten die Waräger befestigte Stützpunkte an den Flüssen. Dort sammelten sie die Waren, um sie dann auf die Märkte zu bringen. Diese Handelsstationen waren der Nukleus so mancher russischen und ukrainischen Stadt. Nach den Händlern siedelten sich Handwerker an, Truppen wurden stationiert, die Landbevölkerung versorgte die Menschen der Festung, und irgendwann kam es dann zu verwandtschaftlichen Beziehungen zwischen Warägern, Finnen, Balten und Slawen. So sind die heutigen Russen entstanden.

Der Knabe Onfim und die Wikinger

Dem Werden des russischen Staates ist Professor Alexander Chorosev auf der Spur. Sein Grabungsschwerpunkt ist die Altstadt von Nowgorod. Als Handels- und Hansestadt war sie einst reich und mächtig, die Hauptstadt eines riesigen Territoriums, das sich vom Baltikum bis zum Ural erstreckte. Die Mauern des Kreml und die Türme der Sophienkathedrale erinnern bis heute an die glanzvolle Zeit, als Nowgorod die Drehscheibe des Fernhandels im Osten war. Die archäologischen Arbeiten laufen seit über 70 Jahren, nur unterbrochen vom Zweiten Weltkrieg. In dieser Zeit wurden zuerst die zentralen Plätze und dann das ganze Territorium der Altstadt freigelegt. Für Alexander Chorosev ist Nowgorod die am besten untersuchte Stadt Russlands: »Heute haben wir mehr als 30 000

So sahen die ersten befestigten Handelsstationen der Waräger aus, meist an strategisch günstigen Stellen am Hochufer der Flüsse gelegen. Diese waren die einzigen Verkehrsadern des riesigen Landes.

Fundstücke, die ein sehr repräsentatives Bild über das städtische Leben von der Mitte des 10. bis zum 15. Jahrhundert zeichnen. Sie geben uns ein allgemeines Verständnis von der Politik, der Wirtschaft und den sozialen Systemen.«

S. 174 oben: Die Sophien-Kathedrale im Kreml von Nowgorod. Das Herz des alten Russlands

S. 174 unten: Seit über 70 Jahren untersuchen Archäologen die Erde Nowgorods, bis zu zwölf Meter Tiefe. Dort finden sie die ältesten Kulturschichten.

Im Schatten der Kremlmauer begibt sich Chorosev mit einem ganzen Heer von Schülern und Studenten auf Zeitreise. Nowgorod wurde in der Mitte des 10. Jahrhunderts gegründet. Das zeigen die tiefsten und damit frühesten Grabungsschichten. Chorosevs Gruppe ist bei sechs Meter Tiefe im 12. Jahrhundert angekommen. Wikingerfunde? Bislang Fehlanzeige. Der Professor erklärt: »In einer intakten Stadt wurden Wertgegenstände wie Schmuck oder Waffen nicht weggeworfen. Solche Funde sind nach Zerstörungen durch Kriege oder Brandkatastrophen viel häufiger. Er ist schon froh, dass sich in der feuchten Erde die Holzbalken eines Hauses perfekt erhalten haben. Nachdem der Befund vermessen und gezeichnet ist, kommt die Motorsäge zum Einsatz. Vorsichtig wird aus dem Balken eine Scheibe herausgesägt und ins Labor gebracht.

Unter dem Mikroskop werden die Jahresringe vermessen. Die Abstände sind unterschiedlich, je nach den Wachstumsbedingungen der entsprechenden Jahre. So entsteht ein spezifisches Jahresringmuster, das mit einem Referenzmuster verglichen werden kann. Für einige Baumarten und Regionen gibt es lückenlose Referenzen von heute zurück bis zum Jahr 7000 v. Chr. Die Dendrochronologin, so nennt sich die Jahresringspezialistin, muss nun nur noch das Muster der Balkenprobe von der Grabung mit dem richtigen Referenzabschnitt in Übereinstimmung bringen, um zu wissen, wann der Baum geschlagen wurde – ein mühseliges Verfahren, das heute ein Computerprogramm übernimmt. Die Dendrochronologie ist für die Datierung von archäologischen Funden von unschätzbarem Wert. Im Nachbarlabor herrscht Aufregung. Unter einem Holzbalken ist eine zusammengerollte Birkenrinde gefunden worden. Jetzt wird das fragile Teil nach allen Regeln der Kunst behandelt.

Die Mühe lohnt sich, bergen diese Birkenrinden doch immer wieder Botschaften aus der Zeit der Waräger. Briefe, Steuerlisten, Lieferscheine wurden auf Altrussisch abgefasst und in das fragile Material geritzt. Auch einige Runeninschriften sind erhalten. Diese Dokumente gewähren einen faszinierenden Blick auf das Leben in

Auf Birkenrinde ritzte der Knabe Onfim Strichmännchen, die Waräger darstellen sollen. Birkenrinde diente aber auch als Medium für Briefe, Schuld- und Lieferscheine.

der Handelsmetropole. Neben vielen Briefen findet sich zum Beispiel auch ein Verzeichnis von Schuldnern und ihren Schulden. Einer der säumigen Zahler trägt den skandinavischen Namen Asgut (Ásgautr). Ein weiterer Beleg für die Präsenz der Wikinger. Auch ein sehr junger Birkenrindenautor ist uns namentlich bekannt: Der Knabe Onfim übte anscheinend das kyrillische Alphabet und langweilte sich dabei, denn neben seinem Namen und den ungelenken Buchstaben des Alphabets hat er phantasievolle Figuren in die Rinde geritzt. Birkenrindenexperten erkennen in den Strichmännchen Onfims die großen Krieger aus dem Norden, die der Knabe anscheinend sehr bewunderte.

Vorsichtig entrollt eine erfahrene Konservatorin die in warmem Wasser vorbereitete Rinde, ein schwarzes Knäuel von etwa fünf Zentimeter Durchmesser. Gespannt verfolgen die Archäologen die Prozedur. Sie können noch keine Schriftzeichen erkennen, doch die Konservatorin lächelt, als sie mit der Lupe die geglättete Rinde untersucht. Buchstaben für Buchstaben notiert sie auf ein Blatt Papier und schiebt es endlich ihrem Gegenüber zu. Er ist Sprachwissenschaftler, Altrussisch ist sein Spezialgebiet. Mit bedeutungsvoller Stimme liest er den Anwesenden vor: »… übersende ich dir fünf Säcke Braumalz …« Ein Frachtbrief an eine Brauerei? Mit Wikingern hat das wohl nichts zu tun. Oder doch? Chorosev erzählt von einem Runenstein, den er im Museum in Visby gesehen hat: »Er starb im Osten«, verriet die Runeninschrift, und auf

Anstatt das Alphabet zu üben, träumen die jungen Nowgoroder von den großen bärtigen Männern aus dem Norden, den Warägern.

dem dazugehörenden Bild ist ein Nordmann dargestellt, der nach einem Zechgelage in Nowgorod von einem Pferd überrannt und tödlich verletzt wurde. Sein Trinkhorn hat er dabei immer noch fest in der Hand, wie die Illustration eindrucksvoll zeigt.

Runensteine

Ein Runenstein hat die Erforscher des Weges von den Warägern zu den Griechen immer schon besonders interessiert. Von unscheinbarem Äußeren steckt seine Faszination in den Schriftzeichen, die einst ein gewandter Steinmetz in den harten Fels gehauen hat. Gefunden in Pilgards auf Gotland, gibt er Auskunft über eine abenteuerliche Wikingerreise zu den Flüssen des Ostens. »Hell bemalt stellten diesen Stein auf Hegbjarn und seine Brüder Ropvisl, Oystain und Emund, die Steine aufgestellt haben zur Erinnerung an Rafn südlich vor Rufstain. Sie kamen weit hinein in den Aifor; Vifil gab den Auftrag.« Für den Laien liest sich die Übersetzung der Inschrift des Pilgardssteins wie ein Rätsel mit vielen Unbekannten, für Experten wie die Archäologin Renate Rolle von der Universität Hamburg ist klar: »Vier Brüder stellten Steine für den verunglückten Rafn auf, und ein gewisser Vifil hatte das Kommando und gab den Auftrag, des tragischen Ausgangs ihrer Reise mit einem Stein zu gedenken.«

Ein tragischer Unfall, auf einem Runenstein festgehalten. Ein Wikinger wird in Nowgorod von einem Reiter tödlich verletzt. Die Unfallursache ist offensichtlich der zu hohe Alkoholkonsum des mit einem Trinkhorn bewaffneten Fußgängers.

Der Pilgards-Stein, gefunden auf Gotland. Er berichtet von der gefährlichen Reise eines Warägerbootes durch die Stromschnellen des Dnjeprs.

Ein wichtiger Ausgangspunkt für diese Interpretation fand die Hamburger Professorin in einer Schrift des byzantinischen Kaisers Konstantin Porphyrogennetos aus dem 10. Jahrhundert, in der die Gefahren der Stromschnellen des Dnjeprs beschrieben sind. Der berüchtigtste Katarakt trägt den nordischen Namen Aifor (»der immer Heftige«). Sich »weit hinein in den Aifor« gewagt zu haben heißt also nicht mehr und nicht weniger, als mit dem Boot durch die tosenden Wasser einer der gefährlichsten Stromschnellen des gesamten Ostens gefahren zu sein. Das Abenteuer fand nahe des Rufstain ein unglückliches Ende. Wissenschaftler haben um 1900 diesen Felsen am Fluss lokalisiert, nur die zu Ehren der Verunglückten aufgestellten Runensteine haben sie nicht mehr gefunden. Beeindruckt vermerkten sie in ihrem Bericht, dass man den tosenden Lärm der Katarakte noch in 15 Kilometer Entfernung hören konnte.

Wo ist die berüchtigte Stelle, der Schrecken der furchtlosen Wikinger? Renate Rolle arbeitet seit vielen Jahren in der Ukraine; die Wikinger im Osten ist eines ihrer Spezialgebiete. »Stromschnellen werden sie dort keine mehr finden«, sagt sie resigniert. »Der Dnjepr ist heute ein gezähmter, ein von Kraftwerken und Staumauern kastrierter Fluss, der eher einer Seenlandschaft gleicht.« Trotzdem ist für sie die Ukraine ein lohnendes Gebiet, um die Spuren der Waräger aufzuspüren. 150 Kilometer nördlich von Kiew ist sie mit ihrem Kollegen Volodymyr Kovalenko verabredet. Er lehrt Archäologie an der Universität Tschernigow. Spezialgebiet: Wikinger.

Sklaven, Schlachten, Schätze

Der Weg zu den Silberschätzen Byzanz' war nicht ganz ungefährlich, bestätigt Kovalenko. Wir fahren mit seiner dunklen Dienstlimousine Marke Wolga Richtung Norden in die Nähe der Stadt Tschernobyl, wie der exzentrische Professor langsam und deutlich erklärt, um den Schrecken in unseren Gesichtern auszukosten. Etwas Reststrahlung gebe es dort schon noch, aber ein kräftiger Schluck Wodka habe bei ihm noch immer geholfen, scherzt der

Ein mächtiger Erdhügel bei Listven markiert die Stelle, wo einst ein Holzfort hoch über dem Fluss stand. Jeder, der hier passierte, wurde zur Kasse gebeten: Flusszoll.

beruhigenderweise gesund aussehende Archäologe. Ziel der Fahrt ist das kleine Dorf Listven. Kovalenko zeigt auf einen Hügel, der den Flusslauf um etwa zehn Meter überragt. »Dort stand einst eine große Holzburg, gezimmert wie ein gigantisches Blockhaus«, erklärt er die ungewöhnliche Topographie. Noch heute kann man in dieser Gegend Bauernhäuser sehen, die nach dem gleichen Bauprinzip errichtet wurden.

Die imposante Anlage von Listven lässt Kovalenko mit seinen bildreichen Erklärungen wiederauferstehen: Warägische Söldner waren hier stationiert, die für den Fürsten von Tschernigow Tribute eintrieben, das machte sie bei der slawischen Landbevölkerung nicht gerade beliebt. Durchreisende Händler mussten ihre Flussreise in Listven unterbrechen, um Zoll zu entrichten. Die Herrschaft über die Flüsse war »Silber wert«.

»Wegen der Burg sind wir aber nicht hier«, sagt unser Führer unvermittelt und deutet auf das angrenzende Weizenfeld: »Hier fand eine der letzten großen Schlachten statt, an der Wikinger im Osten beteiligt waren. Listven markiert ein Ende der Waräger-Ära in Osteuropa!«

Was war geschehen? Die Chronik berichtet von einem Bruderkampf. 1024: Die Söhne von Wolodimir dem Heiligen rangen um dessen Nachfolge als Fürst von Kiew. Einer vertraute auf einheimische Kämpfer, der andere, Jaroslaw der Weise, auf seine

In der Schlacht von Listven 1024 hatten die gefürchteten Waräger das Nachsehen. Der Mythos von der Unbesiegbarkeit der furchtlosen Kämpfer aus dem Norden war endgültig dahin.

warägische Söldnertruppe. »Unsere Grabung hat die Chronik bewiesen«, erklärt Kovalenko, »die gefürchteten Nordmänner waren nicht unbesiegbar: In der Erde von Listven lagen viel mehr skandinavische Gerippe als slawische.«

Die Gegend um Tschernigow sah viele Kämpfe. Das verdankte sie ihrer Schlüsselposition im Flusssystem des grenzenlosen Waldlands des Ostens. Über ein verzweigtes System von Zuflüssen und Schleppstrecken war die Desna und damit Tschernigow mit Dnjepr, Wolga, Oka, Don, Nemat und Pripjat verbunden. Das bedeutet, dass der Weg vom Kaspischen zum Schwarzen Meer durch dies blutgetränkte Land, Kovalenkos Forschungsgebiet, führte. Das Hauptaugenmerk des umtriebigen Archäologen liegt heute auf seiner Grabung in Schestovize, einem warägischen Heerlager 15 Kilometer außerhalb der Stadt Tschernigow. Die Spuren einer mächtigen Festungsanlage mit einem komplizierten System aus Gräben, Wällen und Palisaden kam in dem sehr schwierig zu grabenden Terrain zum Vorschein. Im lockeren Sandboden brechen die archäologischen Schnitte immer wieder ein, Sisyphusarbeit für das Team Kovalenkos. Doch die Funde entschädigen für so manchen Frust: eine Flöte mit Runeninschrift; die eiserne Spitze eines Wurfspießes skandinavischen Typs; ein normannischer Fleischspieß, wie er auch auf dem Teppich von Bayeux abgebildet ist, der die Schlacht von Hastings 1066 darstellt. Das Highlight: ein zierlicher silberner Armreif mit Drachenköpfen, ähnlich denen am Bug der Langboote.

Silberner Armreif mit Drachenköpfen: Die Warägerfunde aus der Grabung in Schestovize sind ein weiterer Beweis für die Anwesenheit der Nordmänner in den Wäldern des Ostens.

Für Kovalenko zeigt das Schmuckstück: Die Waräger hatten Frauen dabei. Die Söldner sollten sich vergnügen und friedlich in ihrem Lager bleiben, damit sie nicht auf den dummen Gedanken kamen, in der Stadt Tschernigow Ärger zu machen. Die Befunde am Gräberfeld, einige hundert Meter von der Wallanlage entfernt, bestätigen die Vermutung, dass Waräger hier in großer Zahl vertreten waren. 180 Bestattungen untersuchten die Archäologen bisher, viele waren Skandinavier. Hunderte kleine Kurgane, unscheinbare Erhebungen, liegen noch unberührt im Waldboden. Nur der Spezialist kann sie von Granattrichtern aus dem Zweiten Weltkrieg unterscheiden, die an die Kämpfe der Roten Armee gegen die Wehrmacht erinnern. Ein frisch geöffneter Kurgan mit einem Frauenskelett gibt wieder einmal Rätsel auf: Neben einem Messer wurden der Frau ein eindeutig slawischer Schläfenring und eine skandinavische Gürtelschnalle mit ins Grab gegeben.

Kovalenko sagt, in vielen Fällen ist zwischen Slawen und Warägern gar nicht mehr zu unterscheiden. Beide Völker vermischten sich, und nur durch ihr Zusammenwirken entstand eine staatliche Ordnung, das erste Russische Reich. »Die wichtige Rolle der Skandinavier dabei wegdiskutieren zu wollen ist lächerlich, das waren doch nur politisch motivierte Spekulationen«, doziert er, »wir müssen heute versuchen zu erkennen, dass Slawen und Waräger gemeinsam mit Finnen und Balten an einer Entwicklung beteiligt waren, die Genosse Gorbatschow mit dem Bild vom ›Haus Europa‹ umschrieb.« Ein prächtiger Silberfund in der Stadt Tschernigow bestätigt die Aussage: eine in byzantinischem Stil

Eine prachtvolle Silberschale aus Byzanz. Auf der Rückseite hatte der neue, wahrscheinlich warägische Besitzer Runen eingeritzt.

gearbeitete Silberschale mit den erhabenen Bildnissen von Heiligen, im Fuß eingeritzt Runen des Besitzers, gefunden im Palastbereich des slawischen Herrschers von Tschernigow.

Der rätselhafte Kurgan

Mitten in der Stadt Tschernigow, gleich neben der staatlichen Musikschule, erhebt sich ein kreisrunder Grashügel, das so genannte Schwarze Grab, Tschernaja Mogila. Der größte altrussische Kurgan ist Ende des 19. Jahrhunderts geöffnet worden, und seine Grabbeigaben – große Mengen von hochwertigen Waffen und kultischen Objekten – bestätigten die herausragende Stellung der Stadt im 10. Jahrhundert. Um das Schwarze Grab ranken sich im Volk viele Legenden. Die bekannteste ist wohl die von einer schrecklich häßlichen Fürstin, die sich bei einem Angriff auf ein nebenan liegendes Kloster an dessen Mönchen vergriff. Diese Untat musste sie in einem Regen aus schwarzen Erdklumpen büßen. Ein mächtiger Hügel hatte sich über ihr aufgetürmt, als das Strafgericht beendet war.

Die Archäologen konnten die schaurige Geschichte nicht bestätigen. Sie fanden zwei Bestattungen: einen Mann und eine Frau. In den 30er Jahren des 20. Jahrhunderts wurde Tschernaja Mogila als das Grab des Fürsten von Tschernigow oder des Woiwoden, des Heerführers, interpretiert. Boris Rybakov, der mächtige »Antinormannist«, ließ nur eine Deutung zu: Dieser Mann war ein Slawe, also einer der »Großen Vorfahren«. Erst heute werden die Funde unpolitisch gedeutet, und wer sehen will, sieht ein paar Waräger im »Schwarzen Grab« liegen. Die Beweise: ein kunstvoll gearbeiteter Silberbeschlag eines Trinkhorns, eine verkohlte Figur – es handelte sich wohl um eine Feuerbestattung –, Thor darstellend, der sich durch den Bart streicht, und am unscheinbarsten, doch für die Forschung am wichtigsten: ein Schiffsnagel. Für Renate Rolle ist der Nagel der letzte Beweis: Hier handelt es sich um eine Schiffsbrandbestattung, ganz nach Wikinger-Vorbild.

Lassen wir unseren arabischen Chronisten Ibn Fadlan noch einmal zu Wort kommen, der farbenreich ein solches Wikingerbegräbnis schildert:

Brandbestattung eines Wikingerfürsten auf seinem Schiff. Dieses Totenritual lässt sich auch in der Ukraine archäologisch nachweisen.

»Wenn ein Oberhaupt von ihnen gestorben ist, so fragt seine Familie dessen Mädchen und Knaben: Wer von euch will mit ihm sterben? Dann antwortet einer von ihnen: ich. Wenn er dies Wort ausgesprochen, so ist er gebunden, und es bleibt ihm nicht freigestellt, sich jemals zurückzuziehen; und, wollt' er es, so lässt man ihn nicht. Größtenteils aber sind es die Mädchen, die es tun. Als daher jener Mann, dessen ich oben erwähnte, gestorben war, so fragten sie seine Mädchen: Wer will mit ihm sterben? Eine von ihnen antwortete: ich. Da vertraute man sie zwei Mädchen an, die mussten sie bewachen und sie überall, wohin sie nur ging, begleiten, ja, bisweilen wuschen sie ihr sogar die Füße. Die Leute fingen dann an, sich mit der Sache des Verstorbenen zu beschäftigen, die Kleider für ihn zuzuschneiden und alles, was sonst erforderlich ist, zuzubereiten. Das Mädchen trank indes alle Tage, sang und war fröhlich und vergnügt.

Als nun der Tag gekommen war, an dem der Verstorbene und das Mädchen verbrannt werden sollten, ging ich an den Fluss, in dem sein Schiff lag. Aber dies war schon ans Land gezogen und herum große, menschenähnliche Figuren von Holz aufgestellt. Die Leute fingen indes an ab- und zuzugehen und sprachen Worte, die ich nicht verstand. Der Tote aber lag noch entfernt in seinem Grab, aus dem sie ihn noch nicht herausgenommen hatten. Darauf brachten sie eine Ruhebank, stellten sie auf das Schiff und bedeckten sie mit wattierten, gesteppten Tüchern, mit griechischem Goldstoff und mit Kopfkissen von demselben Stoffe. Alsdann kam ein altes Weib, das sie den Todesengel nennen, und breitete die erwähnten Sachen auf der Ruhebank aus. Sie ist es, die das Nähen der Kleider und die ganze Ausrüstung besorgte, sie auch, die das Mädchen tötet. Ich sah sie, es war ein Teufel mit finsterem, grimmigem Blicke.

Als sie zu seinem Grabe kamen, räumten sie die Erde von dem hölzernen Dache, schafften dies selbst weg und zogen den Toten in dem Leichentuche, in welchem er gestorben war, heraus. Da sah ich, wie er von der Kälte des Landes ganz schwarz geworden war. Mit ihm aber hatten sie in sein Grab berauschende Getränke, Früchte und eine Laute getan, welches alles sie nun auch herauszogen. Der Verstorbene aber hatte sich, die Farbe ausgenommen, nicht verändert. Ihn bekleideten sie dann mit Unterbeinkleidern, Oberhosen, Stiefeln, einem Kaftan von Goldstoff mit goldenen Knöpfen und setzten ihm eine goldstoffene Mütze, mit Zobel besetzt, auf. Darauf trugen sie ihn in das auf dem Schiffe befindliche Zelt, setzten ihn auf die mit Watte gesteppte Decke, unterstützten ihn mit Kopfkissen, brachten berauschende Getränke, Früchte und Basilienkraut und legten das alles neben ihn hin. Hierauf brachten sie einen Hund, schnitten ihn in zwei Teile und warfen die ins Schiff, legten dann alle seine Waffen ihm zur Seite, führten zwei Pferde herbei, die sie so lange jagten, bis sie von Schweiß tropften, worauf sie sie mit ihren Schwertern zerhieben und das Fleisch derselben ins Schiff warfen. Alsdann wurden zwei Ochsen herbeigeführt, ebenfalls zerhauen und ins Schiff geworfen. Endlich brachten sie einen Hahn und ein Huhn, schlachteten auch die und warfen sie ebenda hinein. Das Mädchen, das sich dem Tode geweiht hatte, ging indes ab und zu und trat in eins der Zelte, die sie dort hatten. Da legte sich der Inwohner desselben zu ihr und sprach: Sag deinem Herrn, nur aus Liebe zu dir tat ich dies.

Als es nun Freitagnachmittag war, so führte man das Mädchen zu einem Dinge hin, das sie gemacht hatten und das dem vorspringenden Gesims einer Tür glich. Sie setzte ihre Füße auf die flachen Hände der Männer, sah auf dieses Gesims hinab und sprach dabei etwas in ihrer Sprache, worauf sie sie herunter ließen. Dann ließen sie sie wieder aufsteigen, und sie tat, wie das erste Mal. Wieder ließ man sie herunter und zum dritten Male aufsteigen, wo sie sich wie die beiden ersten Male benahm. Alsdann reichten sie ihr eine Henne hin, der schnitt sie den Kopf ab und warf ihn weg. Die Henne aber nahm man und warf sie ins Schiff. Ich erkundigte mich beim Dolmetsch nach dem, was sie getan hätte. Das erste Mal (war seine Antwort) sagte sie: Sieh! Hier seh' ich meinen Vater und meine Mutter; das zweite Mal: Sieh! Jetzt seh' ich alle meine verstorbenen Anverwandten zusammen sitzen; das dritte Mal aber: Siehe! Dort ist mein Herr, er sitzt im Paradiese. Das Paradies ist so schön, so grün. Bei ihm sind seine Männer und Knaben. Er ruft mich; so bringt mich denn zu ihm. Da führten sie sie zum Schiffe hin. Sie aber zog ihre beiden Armbänder ab und gab sie dem Weibe, das man den Todesengel nennt und das sie morden wird. Auch ihre beiden Beinringe zog sie ab und reichte sie den zwei ihr dienenden Mädchen, die die Töchter der Todesengel genannten sind. Dann hob man sie aufs Schiff, ließ sie aber noch nicht in das Zelt.

Nun kamen Männer herbei mit Schilden und Stäben und reichten ihr einen Becher berauschenden Getränks. Sie nahm ihn, sang dazu und leerte ihn. Hiermit, sagte mir der Dolmetsch, nimmt sie von ihren Lieben Abschied. Drauf ward ihr ein anderer Becher gereicht. Sie nahm auch den und stimmte ein langes Lied an. Da hieß die Alte sie eilen, den Becher zu leeren und in das Zelt, wo ihr Herr lag, zu treten. Stracks nahm die Alte sie beim Kopfe, brachte sie ins Gezelt, und trat selbst mit ihr hinein. Sofort begannen die Männer mit den Stäben auf ihre Schilder zu schlagen, auf dass kein Laut ihres Geschreis gehört würde, der andere Mädchen erschrecken und abgeneigt machen könnte, dermaleinst auch den Tod mit ihren Herren zu verlangen. Dann traten sechs Männer ins Gezelt und wohnten samt und sonders dem Mädchen bei. Drauf streckten sie sie an die Seite ihres Herrn. Und es fassten sie zwei bei den Füßen, zwei bei den Händen. Und die Alte, die da Todesengel heißt, legte ihr einen … Strick um den Hals, reichte ihn zwei von den Männern hin, um daran zu ziehen, trat selbst mit einem großen breitklingigen Messer hinzu, stieß ihr das zwischen die Rippen hinein, worauf sie es wieder herauszog. Die beiden Männer aber würgten sie mit dem Stricke, bis sie tot war.

Nun trat nackend der nächste Anverwandte des Verstorbenen hinzu, nahm ein Stück Holz, zündete es an, ging rückwärts zum Schiffe, das Holz in der einen Hand, die andere Hand auf seinem Hinterteil haltend, bis das unter das Schiffe gelegte Holz angezündet war. Drauf kamen auch die übrigen mit Zündhölzern und anderem Holze herbei; jeder trug ein Stück, das oben schon brannte, und warf es auf den Holzhaufen. Bald ergriff das Feuer denselben, bald hernach das Schiff, dann das Zelt und den Mann und das Mädchen, und alles, was im Schiffe war. Da blies ein fürchterlicher Sturm, wodurch die Flamme verstärkt und die Lohe noch mehr angefacht wurde.«

So könnte es sich auch auf der Desna bei Tschernigow abgespielt haben, bevor die Überreste im mächtigen Kurgan beerdigt wurden.

Die Warägerhöhlen in Kiew

Ein vielstimmiges Glockenspiel empfängt uns, als wir den Dnjepr abwärts in Kiew eintreffen. Das ungewöhnlich melodisch-rhythmische Spiel lockt die Neugierigen den beinahe 100 Meter hohen Turm des Lawra-Klosters hinauf. Etwas außer Atem beobachten wir einen ganz in Weiß gekleideten Mann, der wie ein Derwisch auf einer Empore herumturnt und dabei an unzähligen Stricken zieht und mit seinen Füßen auf große Pedale tritt. Dieses Schauspiel hoch über dem Fluss und dem Strom der Gläubigen, die zur heiligen Messe drängen, ist fast noch beeindruckender als das dabei produzierte Läuten. Wie in Trance verrichtet der Glockenspieler sein Werk. Nach 20 ohrenbetäubenden Minuten ist es vollbracht, die letzte Glocke ausgeklungen, der Mann steigt von der Empore. Er begrüßt die Gäste aus Deutschland, indem er ein kleines Fläschchen aus seiner Tasche holt, es öffnet und mit der daraus entnommenen Flüssigkeit uns segnend ein Kreuz auf Stirn, Mund und Brust zeichnet.

Der Glöckner des Lawra-Klosters in Kiew bei seiner sonntäglichen Arbeit

Auf die Frage nach dem Inhalt des Fläschchens sagt der Glöckner bedeutungsvoll: »Das ist Öl, das aus dem Kopf des heiligen Clemens tropft. Er war Papst in Rom und ist in den Höhlen unterhalb des Klosters beigesetzt. Nur sehr wenige Menschen dürfen diesen Ort betreten.« Die Höhlen des Lawra -Klosters machten es zum Jerusalem der Orthodoxie. Sehr viele wundertätige Mumien und Ikonen sollen in den dunklen Gängen heute noch zu sehen sein. Ein Mönch führt uns. Einzig das Licht einer Kerze beleuchtet unseren Weg durch ein wahres Labyrinth aus Gängen, Grüften, unterirdischen Kapellen. Der heilige Anton hatte als Einsiedler das Höhlenkloster am Dnjepr-Hochufer gegründet. In einer Nische steht ein Sarg, ein kleines Glasfenster gewährt Einblick, nachdem der Mönch seine Kerze zur Scheibe bewegt hat: Eine mumifizierte Hand ist zu sehen. »Hier liegt der heilige Nestor, der große Geschichtsschreiber«, erklärt der Mönch, bekreuzigt sich, küsst die Sargplatte und geht weiter. Immer tiefer hinein gelangen wir in das Höhlensystem, immer neue Geschichten von Einsiedlern, Heiligen und Märtyrern erzählt der Mönch.

Das »Jerusalem des Ostens«. Das Lawra-Kloster gilt den orthodoxen Christen als einer der heiligsten Orte. Die unterirdischen Gänge und Höhlen locken jährlich hunderttausende Pilger ans Hochufer des Dnjepr.

Wieder bleibt er stehen und zeigt mit seiner Kerze auf zwei Särge: »Früher waren die mumifizierten Körper und Köpfe der

So ähnlich hat wohl die Zelle des Mönchs Nestor ausgesehen, in der er die nach ihm benannte Chronik zusammenstellte und damit die Gründungslegende des Russischen Reiches schuf.

Verstorbenen noch zu besichtigen, ein Wunder hat sie die Jahrhunderte überdauern lassen. Die Gläubigen haben die Gesichter geküsst und ihren Segen erfleht. Doch der Andrang wurde zu groß, und deshalb liegen sie jetzt in diesen Särgen.«

Wir stehen vor den Gräbern der frühesten Märtyrer, die in den Höhlen begraben sind. Darunter auch zwei Waräger: Fjodor und Iwan sind ihre russifizierten Namen. Sie haben sich zwar nicht in winzigen Zellen im Höhlenkloster einmauern und nur durch eine kleine Öffnung zweimal pro Woche die Hostie und geweihtes Wasser geben lassen wie ihre Mitbrüder. Doch auch sie starben für ihren Glauben. Sie wurden hingerichtet. Fürst Wladimir, der später zum heiligen Wladimir werden sollte, hat die beiden enthaupten lassen, als er noch heidnischen Göttern huldigte. Verkehrte Welt: Die Thor und Odin verehrenden Wikinger werden Christen und zum Vorbild für Eremiten, die sich in den Höhlen einmauern ließen. Die russisch-orthodoxe Kirche hat sie alle heilig gesprochen.

»Die Waräger waren doch schon früher in Kiew?« Der Mönch streicht sich mit der Hand durch den Bart: »Ihr meint damit sicher die Warägerhöhlen, aber die kann ich euch nicht zeigen. Der Lößboden dort rutscht nach, sie sind einsturzgefährdet.«

Der Name »Warägerhöhlen« existiere seit dem Mittelalter, sei also ein direkter Beleg für die Anwesenheit der Nordmänner, sagt Renate Rolle, die sich eingehend mit dem einst 80 Meilen langen Höhlensystem des Kiewer Hochufers beschäftigt hat. Zum Wunder der Mumien weiß sie wissenschaftlich zu ergänzen: »Im Lößboden herrschen besonders günstige Bedingungen zur Trockenkonservierung von Leichen. Deshalb nutzte man die unterirdischen Anlagen von alters her als Bestattungsplätze.« Die Warägerhöhlen gehörten zum ältesten Teil des unterirdischen Systems und dienten wahrscheinlich als Speicher und Verstecke für die Waren warägischer Kaufleute. Ihre Ausgänge führten direkt zum Fluss. Die Spur der Wikinger – auch in Kiew ist sie deutlich zu sehen.

Als wir wieder das Tageslicht erblicken, blendet uns der goldene Glanz der frisch renovierten Kuppeln des Lawra-Klosters. Ein Restaurierungsprogramm erster Güte hat es wieder zu einem der »Sieben Wunder Kiews« gemacht. Die Anlage stand in Trümmern,

Renate Rolle ist als Archäologin seit Jahren auf der Suche nach den Spuren der Waräger in der Ukraine.

die Maria-Himmelfahrts-Kathedrale wurde im Zweiten Weltkrieg gesprengt. Lange Zeit wurden die Deutschen für die Zerstörung verantwortlich gemacht, dann kamen Gerüchte auf, der KGB hätte die Sprengung durchgeführt, um die deutschen Besatzer zu diskreditieren und das ungeliebte Symbol kirchlicher Macht ein für alle Mal verschwinden zu lassen. Jetzt strahlt sie schöner denn je, und die Menschen haben in der Freiheit ihren Glauben wiederentdeckt. Auch die Sophienkathedrale, ein weiteres Schmuckstück des »Goldenen Kiew« ist für die Warägerforscher von Bedeutung.

Ein 1000 Jahre altes unscheinbares Graffito elektrisiert die Hamburger Archäologin. Auf einer Empore, die der Fürstenfamilie vorbehalten war, ist auf Altrussisch folgende Inschrift in den Putz geritzt: »Herr, hilf deinem Knecht Jakun«. Der Name Jakun macht die Sache so interessant. Als warägischen Heerführer des Kiewer Großfürsten Jaroslaw erwähnt ihn die *Nestor-Chronik*. Auch die *Paterik-Schriften* des Höhlenklosters kennen einen Jakun. Vom Schlachtfeld von Listven 1024, als die Waräger mit ihrem Fürsten Jaroslaw geschlagen wurden, flüchtete der gottesfürchtige Jakun unter Zurücklassung seines golddurchwirkten Mantels, wie die Chronik vermeldet. Archäologie und Geschichtsschreibung … Der Name Jakun vereint sie beispielhaft.

Die Stromschnellen

Die Stromschnellen mit dem Aifor waren die gefährlichste Passage auf dem Weg von den Warägern zu den Griechen. Die mächtigsten Katarakte trugen Namen wie »Großvater«, »Vipernschnelle«, »Wolfsrachen«. Sie zu durchfahren wagten nur die mutigsten Schiffer, die vorsichtigeren nahmen ihre Boote vor den brodelnden Wassern aus dem Dnjepr und zogen sie sechs Meilen »wie Sklaven« mühsam über Land. Die Gier nach Silber ließ sie die Strapazen vergessen. Je weiter nach Süden sie mit ihren Waren gelangten, desto höher war der zu erzielende Preis. Das war jedem Nordmann klar, diese einfache Lektion hatten sie schnell von ihren arabischen Handelspartnern gelernt. Wer die Stromschnellen durchfuhr, konnte seinen Gewinn verdoppeln oder alles verlieren. Der Pilgardsstein gibt beredte Auskunft über die zweite Möglichkeit.

Der Todeskampf des Kiewer Fürsten: 972 wird Swjatoslaw an den Dnjepr-Stromschnellen von den Petschenegen vernichtend geschlagen.

Gefürchtet waren die tosenden Engstellen nicht nur wegen ihrer gewaltigen Wassermassen; auch die ihre Ufer beherrschenden Nomaden vom Volk der Petschenegen waren eine ständig lauernde Gefahr. Ihre Brandpfeile stellten eine tödliche Bedrohung für die Boote der Waräger dar, die in Schussweite die Engstellen passieren mussten. Mit ihren Rundschilden schützten sich die Ruderer gegen den Pfeilhagel, Gegenwehr war kaum möglich. Odin wurde angerufen. Dass auch er nicht immer helfen konnte, belegt die Geschichte des Kiewer Fürsten Swjatoslaw. Im Frühling des Jahres 972 kam der militärisch sehr erfolgreiche Herrscher auf dem Rückweg von Friedensverhandlungen mit dem Kaiser in Byzanz in die Nähe der Stromschnellen. Sein Heerführer, der Waräger Swenald, wusste um die Bedrohung durch die Petschenegen und riet dringend, das Gebiet großräumig zu umgehen. Unwürdig für einen Fürsten des mächtigen Kiew, befand Swjatoslaw, und so kam es in der Nähe des »Wolfsrachen« zum Kampf.

Tage später trank der Petschenegen-Khan Kyria aus dem Schädel des Fürsten Wein. Er hatte ihn zu einem Trinkgefäß »umarbeiten«

lassen, das er bei besonderen Gelegenheiten benutzte, vornehmlich zur Einschüchterung seiner Gäste. Die Schlacht war also ungünstig für Swjatoslaw und seine Männer verlaufen. Der Waräger hatte Recht behalten, doch das nutzte seinen Gefährten nicht viel, ihre Gebeine bleichten in der Sommersonne an den Stromschnellen.

Die Warägerinsel

Am Ende der furchtbaren Wegstrecke der Katarakte liegt eine Insel im breiter werdenden Fluss: Chortiza, die »Warägerinsel«. Bis heute kennt man diesen Namen, obwohl sich seit dem 16. Jahrhundert Kosaken hier heimisch fühlen. Die verwegenen Reiter mit den kahl geschorenen Köpfen erstaunen Besucher für ein paar Dollar mit ihren Kunststücken. Die Überreste einer untergegangenen Kosakenflotte ist bei Chortiza von Tauchern entdeckt worden,

Die Kosaken von Chortiza. Verwegene Reiter, heute im Dienste von Touristen

nachdem das Kraftwerk gebaut worden war, erzählt Renate Rolle, die uns dann auf einen Friedhof führt. Neben den ukrainischen Gräbern – viele tragen noch den roten Stern aus der Zeit des Kommunismus – lenkt sie unseren Blick auf verwitterte Grabsteine mit deutschen Inschriften. »Das waren Mennoniten, die Katharina die Große um 1780 hier angesiedelt hat«, sagt sie, »doch deswegen sind wir nicht hier.«

Wir suchen eine Eiche, genauer gesagt die »heilige Eiche der Waräger«. Der Überlieferung zufolge haben die Wikinger an diesem Baum ihren Göttern für eine heil überstandene Durchfahrt der Stromschnellen gedankt. Konstantin Porphyrogennetos schildert, wie die Russen lebende Hühner, Brot, Fleisch und Bier opferten. Pfeilspitzen wurden in den Boden rund um die Eiche gesteckt. Manchmal opferten sie sogar ihre Schwerter, indem sie sie dem Fluss übergaben. Die am besten erhaltenen »Ulfberth-Schwerter« der Waräger wurden im Dnjepr gefunden. Die Suche nach der heiligen Eiche gestaltet sich schwieriger als erwartet. Auf der ganzen Insel gibt es keinen einzigen Baum dieser Art. Ein alter Mann, den die Archäologin anspricht, erzählt, dass in den Kämpfen des Zweiten Weltkriegs hier viel Wald verbrannt sei und dass erst später neu aufgeforstet wurde. »Das Heiligtum gibt es noch«, sagt er dann zu unserer Verblüffung und führt uns durch den Wald zu großen Steinkreisen. »Die sind sicher lange vor den Warägern errichtet worden«, schätzt Renate Rolle das Alter der wahrscheinlich bronzezeitlichen Anlage. Doch es ist nicht auszuschließen, dass die Nordmänner diesen Platz kannten und nutzten.

Als die Sonne untergeht, umgibt den Platz eine eigentümliche Aura. Irgendwie spürt man die Kraft des alten Kultplatzes, der auf der höchsten Stelle der Insel liegt. Und als die Archäologin dann noch einen Text Ibn Fadlans zum Besten gibt, ist es, als geschehe das Opfer vor unseren Augen: Ein Waräger ruft Odin an: »O mein Herr! Ich bin aus fernem Lande gekommen, führe Mädchen mit mir, Zobelfelle und andere Handelsware. Dir hab ich dies Geschenk gebracht. Ich wünsche, Du bescherst mir einen Käufer, der brav Gold- und Silberstücke hat und der mir abkauft alles, was ich möchte.« Auf den Kaufmann aus dem Norden wartet die letzte Etappe seiner Reise, die wilde Steppe des Südens, dann wird er endlich am Ziel sein, im Silberland.

Der Reichtum von Byzanz

Wetterfahne eines Wikingerschiffs aus vergoldetem Bronzeblech

Gold aus Byzanz, von warägischen Meistern zu Schmuckstücken verarbeitet

Münzen, Schmuck, Seide, das erwarteten die Wikinger nach langer und entbehrungsreicher Fahrt, und sie bekamen die Schätze auch. Zumindest die Glücklichen, die das Abenteuer überlebten. Viel wichtiger ist für die Nachgeborenen jedoch das Bleibende, das Dauerhafte der Fahrten der Waräger durch die Weiten des grenzenlosen Ostens. Es ist die Entstehung Russlands. Professor Dan Carlsson aus Visby resümiert: »Die Wikinger wurden immer als mordende, brandschatzende und plündernde Wilde dargestellt. Doch wer hat diese Geschichten aufgeschrieben? Mönche! Die Kultur der Heiden aus dem Norden interessierte sie nicht, die passte nicht in ihre Schreckenspropaganda. Dass dieses Zerrbild für den Weg der Waräger nach Byzanz nicht stimmte, zeigen heute Hunderte archäologische Befunde bei uns in Schweden wie auch bei unseren russischen und ukrainischen Kollegen. Als Plünderer wären die Waräger auf den Flüssen des Wilden Ostens nicht weit gekommen. Als Händler, die kluge und weitsichtige Verträge machten, haben sie ihren phantastischen Silberreichtum gewonnen.«

»… und dabei mitgeholfen, das erste Russische Reich zu gründen«, ergänzt Professor Volodymyr Kovalenko aus der Ukraine. »Die Wikinger waren der Katalysator dieser Staatsentwicklung. Wer weiß, wie es ohne sie ausgegangen wäre.« Der skandinavische Ursprung der Rjurikiden-Dynastie ist längst zweifelsfrei bewiesen. Die Waräger waren von großer Bedeutung für das Gebilde, das wir heute Russland nennen.

Der ukrainische Archäologe vergleicht die Vorgänge von vor über 1000 Jahren mit gegenwärtigen: »In diesen Zeiten gab es keinen Eisernen Vorhang, keine Grenzen in unserem Sinne. Eigentlich war es eine einheitliche europäische Welt! Die Waräger wollten Silber, und beinahe nebenbei haben sie mitgeholfen, ein neues Reich auf die politische Landkarte Europas zu setzen: Russland.« Renate Rolle, lange Jahre unparteiische Vermittlerin im erbitterten Streit zwischen Normannisten und Antinormannisten, ist froh, dass nach den schrecklichen Jahren der Unterdrückung und Ideologisierung der Wissenschaft nun endlich frei gesprochen und geforscht werden darf: »Der Geist der Freiheit ist endlich aus der Flasche, und dorthin wird er wohl nie wieder hineingehen.«

Ein zerschundenes Boot mit ausgemergelten Männern an Bord passiert Berezan. Eine kleine Insel an der Mündung des Dnjepr ins Schwarze Meer, die letzte Landmarke vor der Überfahrt nach Byzanz. So unscheinbar das Eiland auf die weitgereisten Nordmänner wirkt, so wichtig ist es für die Archäologen. Hier wurde nämlich ein Runensteinfragment gefunden, auf dem zu lesen steht: »Grani machte dieses Grabmal nach Karl, seinem Kameraden«. Die dürren Worte verbergen die dramatische Geschichte einer Reise von den Warägern zu den Griechen, die der brave Karl anscheinend nicht bis zu ihrem glanzvollen Ende erlebte. Karls Grab auf Berezan ist ein letztes Mosaiksteinchen, das beweist, die Wikinger reisten über die Flüsse Russlands bis zu den Griechen. Ob Karl und Grani als Händler zu den Schätzen Byzanz unterwegs waren oder zu einer fürstlichen Gesandtschaft der Kiewer Rus gehörten, oder gar ihr Glück als Warägergarde des byzantinischen Kaisers suchten, wird für immer ein Geheimnis bleiben.

Der Stein von Berezan markiert auf einer kleinen Insel in der Dnjepr-Mündung den Schlusspunkt einer gefährlichen Reise »von den Warägern zu den Griechen«.

Chronologie

9. Jh.	Waräger (=Eidgenossen), skandinavische Seefahrer und Händler des Ostseeraums, brechen zu ersten Fahrten ins Flusssystem Nordrusslands auf
um 850	gründen/übernehmen Waräger Stützpunkt in Rjurikowo Gorodischtsche (Ilmensee). Über Wolga und Dnjepr »Weg zu den Griechen«
für 859	bezeugt die Nestor-Chronik Zinserhebungen durch Waräger, nun auch Rus (Ruderer) genannt
862	Legendenumwobene Fürstensuche slawischer Stämme bei den Rus. Drei Sippen übernehmen militärische Schutzaufgaben, Rechtsprechung und Organisation des Handels. Rjurik (†879) zum Fürsten von Nowgorod ernannt. Nach Tod seiner Brüder Alleinherrscher. (Als Dynastie regieren die Rjurikiden bis 1598)
882	Nachfolger Oleg (879–912) erobert Kiew, Gründung der »Kiewer Rus« durch Vereinigung einzelner Warägerherrschaften und Zusammenschluss von Gebieten im Norden (Ladoga- u. Ilmensee, Nowgorod).
10. Jh.	Einbeziehung von Slawenstämmen unter Igor (912–945) und Olga (Regentin 945–961?) erschwert Vordringen asiatischer Steppenvölker
um 940	Ibn Fadlan reist nach Bolgar, in die Hauptstadt der Wolga-Bolgaren (direkt an der Wolga gelegen) und verfasst seine Berichte
957	Fürstin Olga getauft. Swjatoslaw (962–972) auf Rückweg von Verhandlungen in Byzanz an Dnjepr-Stromschnellen von Petschenegen getötet
988	Großfürst Wladimir (978–1015), Sohn Swjatoslaws und einer Slawin, verheiratet mit der byzantinischen Prinzessin Anna, lässt sich taufen. Slawisch Kirchensprache. Bau von Kirchen und Schulen, Städtegründungen

Schlacht von Listven: Im Kampf der Söhne Wladimirs um die Nachfolge unterliegt Jaroslaws Warägertruppe unter Jakun den slawischen Kontingenten seines Bruders. Daher Alleinherrschaft von Jaroslaw dem Weisen (1019–1054) erst ab 1036. Eint russische Teilreiche. Erste Gesetzessammlung. Kulturelle Blütezeit: Beginn russischer Geschichtsschreibung und Literatur. Siege über Petschenegen und Tschuden, Expansion ins Ostbaltikum	**1024**
Einsetzung des Russen Ilarion zum Metropoliten Kiews demonstriert Eigenständigkeit gegenüber Byzanz	**1051**
Neuordnung des Reiches nach Erbteilung und Bruderkriegen der Rjurikidenfürsten. Erstarken des landbesitzenden Adels (Bojaren)	**1097**
Mit Alleinherrschaft von Wladimir Monomach (1053–1125) Kiew noch einmal Machtzentrum. Danach verlagert sich das politische Gewicht in die selbstständigen Fürstentümer und Stadtstaaten	**1113**
Erste urkundliche Erwähnung Moskaus	**1147**
Mongolensturm: Dschingis-Khan dringt bis zur unteren Wolga vor. Enkel Batu kämpft mit russischen Teilfürsten, erobert das Oka- und obere Wolgagebiet	**1206**
Fall von Kiew. Dagegen bleibt Nowgorod, wichtiger Handelspartner der Hanse, verschont. Alexander Newskij (1252–1263, Großfürst 1253) schlägt nacheinander Schweden, den Deutschen Orden (Peipussee) und Litauer	**1240**
Schlacht von Liegnitz. Mongolen überrennen ganz Europa. Nach Unterwerfung Bulgariens und Transkaukasiens Herrschaft der Goldenen Horde. Rjurikiden gehorsams- und tributpflichtig	**1241**
Metropolit siedelt nach Wladimir über. Neues Machtzentrum	**1300**
Iwan I. (der »Geldsack«, 1325–1346) veranlasst die Metropoliten, nach Moskau zu ziehen. Erhält vom Khan der Goldenen Horde Recht zur Steuereintreibung und Großfürstenwürde. Beginnt mit »Sammlung der Russischen Erde«, die zum nationalen Einheitsstaat führt	**1326**

DIE GOLDSTRASSE DER INKA

von Michael Tauchert

Rio
Cusco
Ollachea
Carabaya
Anden
PERU
Pucará
Titicaca
Sonneni
Puno
PAZIFIK
Tiahuan
Anden
CHILE

Fortaleza
de Dios
Riberalta
BRASILIEN
Rio Marmoré
Rio Beni
Loma Mendoza
Trinidad
Mojos
BOLIVIEN
az
N
Incallajta
Cochabamba
Inkastraßen
Landesgrenzen

Die Landschaft leuchtet in allen Ockerfarben. Verbrannte Erde. Häuser aus Lehm, die sich zu ducken scheinen unter diesem gewaltigen blauen Himmel und der brennenden Sonne. Plötzlich ein wildes Gehupe. Wir hätten nicht gedacht, dass wir so schnell mit den Nachfahren der Inka in Kontakt kommen würden. Die Straße, die von La Paz zum Titicacasee führt, ist mit Steinen blockiert. Steinschleuder schwingende Campesinos laufen uns entgegen. Sie fordern Lösungen für ihre verzweifelte Armut. Sie sagen, sie seien Kinder von Atahualpa, dem letzten Inka-Herrscher, während die Regierung das Denken Pizarros, des spanischen Eroberers Perus, repräsentiere. Die Autos legen den Rückwärtsgang ein, setzen zurück. Plötzlich greift Militär ein. Soldaten schießen in die Luft, Tränengas-Granaten fliegen, einige Steine werden weggeräumt. Wir ducken uns und fahren schnell durch die Straßensperre. Diese Coca-Kriege und Bauernaufstände gehören zum Alltag in Bolivien. Sie sind die düstere Kulisse unserer vierwöchigen Drehreise – einer Spurensuche in die Vergangenheit.

Peru und Bolivien sind wie sonst wohl kein Land der Welt angefüllt mit Zeugnissen alter Kulturen, doch dieses kulturelle Erbe liegt versteckt in den steilen und unzugänglichen Andenbergen, in den heißen und feindlichen Wüsten und im undurchdringlichen Amazonaswald. Das meiste ist unentdeckt und wird unentdeckt bleiben.

Generationen von Archäologen, Anthropologen, Ethnologen und Abenteurern haben sich hier versucht. Und sie hatten spektakuläre Erfolge. Von den Eismumien auf einem Sechstausender zum Fürsten von Sipán, der Moche-Kultur, den Chachapoya, Parácas und Nasca, Tiahuanaco und Pucará bis zu den Resten des Inka-Imperiums, mit Machu Picchu als Ikone, den Palästen und Festungen in Cusco und Pisac, den Inkastraßen, *Caminos del Inca*, und dem mythischen See Titicaca.

Die Inka waren ein Volk der Anden mit einem Reich, das sich an seinem Ende über 5000 Kilometer von Südkolumbien bis nach dem heutigen Chile und Argentinien erstreckte. Im 15. und 16. Jahrhundert eroberten die Inka Cuscos ein riesiges Imperium und assimilierten unzählige Kulturen. Der Glanz dieses Reiches dauerte zwar nur ein knappes Jahrhundert, hinterließ aber in der südamerikanischen Geschichte eine unauslöschbare Spur, besonders wegen ihrer fortschrittlichen Landwirtschaft, ihrer erstaunlichen Architektur, ihrer noch wenig erforschten sozialen und politischen Organisation und des noch heute lebendigen Mystizismus ihrer Nachfahren.

Die Inka besaßen ein 40 000 Kilometer langes Straßensystem, das weltweit einmalig war. Es erwies sich als geradezu existenziell, da die Inka das Rad und die Schrift nicht kannten. Die Botschaften wurden mit einem ausgeklügelten System von Stafettenläufern, den so genannten *chasquis*, übermittelt. Sie transportierten Waren und Botschaften, die in einem Knoten-Code verschlüsselt wurden. Mehrere solcher Knotenschnüre bildeten den *quipu*, der eine große Anzahl an Informationen enthielt.

Die Inka herrschten an der Küste und in den Bergen, im Norden und im Süden. Aber was geschah im Osten? Welche Beziehungen hatten die Inka zu den wilden Amazonasvölkern? Die bisher veröffentlichten Karten der Inkastraßen brechen hier ab. Niemandsland. Unerforschtes Gebiet. Wo befindet sich der Inka-Limes? Noch heute zeigen die Generalkarten Perus weiße Flecken. Hierauf zielt unser Interesse. Wir wollen erfahren, wie weit sich das Inkareich zum Amazonas hin ausgedehnt hatte. Und warum? Wir haben die Vermutung, dass ohne eine Beziehung zum Amazonasgebiet die Inka diese Machtentfaltung in so kurzer Zeit nicht hätten schaffen können. Das Schlüsselwort lautet – wie so oft – *Gold*. Aber auch viele im kargen Hochland unbekannte Produkte und Pflanzen spielten eine Rolle, besonders eine, die eine wichtige Funktion in religiösen Zeremonien hatte: die Coca-Pflanze.

Archäologen aus drei Ländern sind dem Rätsel auf der Spur. Sie haben die Interessen der Inka am Amazonas und ihre Wege dahin erforscht. Ein bisher unbekannter Quipu-Text wies die Richtung. Er berichtet von einer Expedition des Inka Yupanqui zum Amazonas. Am Zusammenfluss zweier Ströme habe er eine Festung bauen lassen. Immer mehr Indizien tauchten auf. Auch eine Tributliste aus dem 16. Jahrhundert gibt überraschende Hinweise sowie eine Chronik aus dem Jahre 1570.

Wir werden die Projekte der Archäologen besuchen, und sie werden uns auf ihre Streifzüge mitnehmen. Muss die Karte des Inkareiches neu gezeichnet werden?

Mythischer Titicacasee, Geburtsstätte vieler Kulturen

Das Geheimnis der Sonneninsel

Die erste Station unserer Reise ist der Titicacasee auf 3810 Meter Höhe. Seine Ufer teilen sich heute Peru und Bolivien. Das Titicaca-Becken war eines der großen Zentren der vorindustriellen Gesellschaften der Welt. Ausgrabungen und Forschungen rund um den Titicacasee haben eine Besiedlung dieses Raumes von über 6000 Jahren nachgewiesen. Hier waren die Pucará- und die Tiahuanaco-Kultur beheimatet. Der Titicacasee ist das höchstgelegene schiffbare Binnengewässer der Welt. Eine stolze Fläche von 8000 Quadratkilometern und eine Tiefe von bis zu 300 Metern machen ihn zu einem Erlebnis der Superlative. Die Inseln sind von Indiogruppen bewohnt, die ihre traditionelle Kultur bewahrt haben. Die bekannteste Gruppe sind die Uros. Heute sind sie teilweise mestizisiert. Aber immer noch kann man auf der Insel Taquile strickende Männer bewundern. Die größte Insel ist die *Isla del Sol*, die Sonneninsel. Sie war das mythische Zentrum des Inkareiches. Von ihr leiteten die Inka ihre Herkunft ab. Ihr Sonnenkult war eng verbunden mit dem Glanz des Goldes.

Der Strand ist mit Rio de Janeiro nicht zu vergleichen, aber der Ort hat den gleichen Namen: Copacabana. Von hier gelangt man in einer einstündigen Bootsfahrt zur Sonneninsel und zur kleineren Mondinsel. Copacabana war eine Pilgerstadt, schon vor den Inka. Wir treffen zum ersten Mal auf ein Phänomen, dem wir auf der ganzen Reise immer wieder begegneten. Überall hatten die Inka sich frühere Kulturen zu Nutze gemacht – ihre Bauten, ihre Techniken, ihre Wege, ihre mythischen Orte und Kulte. Sehr geschickt haben sie ihre Kultur mit der davor existierenden vermischt. Das hat ihnen später auch die katholische Kirche nachgemacht. Tempel wurden auf Inka-Fundamenten gebaut, Wallfahrtsorte und heilige Stellen wurden für die Kirche genutzt. So besitzt Copacabana heute die größte Kathedrale der Region.

Der Bauernaufstand hat auch diese Stadt erreicht. Ein Hotel wurde niedergebrannt. Es soll einem Deutschen gehören, der seine Angestellten schlecht behandelt habe, wird gemunkelt. An einer anderen Stelle der Straße waren 200 Touristen für drei Tage zwischen den Parteien eingeschlossen. Wir waren Gott sei Dank schon weiter.

Eine Bootsfahrt auf dem Titicacasee ist ein Erlebnis für sich. Der Blick schweift über die Kette der bolivianischen schneebedeckten Königskordilliere im Osten, die sich im tiefblauen See spiegelt. Was ist es, das einen hier so stark ergreift? Ist es das Licht, das sogar noch durch die Sonnenbrille blendet? Oder die reine Luft? Oder das fast mediterrane Gefühl, das einen befällt? Oder das durch hundert Jahre Sonnenschein aufgeheizte Wasser, das seine Energie durch den Körper schickt? Vielleicht sind diese Gefühle aber nur verursacht durch die sauerstoffarme Luft und die schleichende Kälte. Man braucht ein paar Tassen Cocatee, sonst holt einen *soroche*, die Höhenkrankheit. Das langsame, tiefe Atmen lässt den Geist zur Ruhe kommen; kein Wunder, dass so viele neue Pilger hierher reisen, besonders aus New-Age-Kreisen.

Nach einer Stunde Bootsfahrt kommen wir zur Sonneninsel. Sie ist etwa zehn Kilometer lang. Als die Inka die Insel im 15. Jahrhundert betraten, machten sie sie zum Ursprungsort ihrer eigenen mythologischen Geschichte. Auf der ganzen Insel sind Ruinen von

Inkabauten verstreut, einige mit ihren typischen quadratisch und trapezförmig behauenen Steinen, die passgenau ineinander verschachtelt sind.

Im Ort Cha'llapampa am Nordteil der Insel legen wir an. Wir wollen den wichtigsten Ritualort der Inka drehen: den berühmten Felsen aus rotem Sandstein. *Titi-Khar'ka* wird er genannt. Er gab dem Bergsee seinen Namen. Die Bewohner der Insel nennen ihn »Pumafelsen«. Sie glauben in seiner Mitte einen Puma zu erkennen. Wahrscheinlicher ist, dass Grabräuber im Laufe der Jahrhunderte den Felsen auf der Suche nach Gold und Devotionalien ausgehöhlt haben.

200 Meter vom Felsen entfernt: eine kleine Anlage, Chincana genannt, was so viel heißt wie Labyrinth. Die Steine sind kaum bearbeitet. Der weiche Sandstein lässt es nicht zu. Über die Funktion der Anlage weiß man noch wenig. Es können Speicher gewesen sein oder auch Wohnstätten.

Auf dem Weg zum Ritualort sehen wir in einem kleinen, mit flachen Steinmauern abgegrenzten Gelände einen merkwürdigen großen Stein. Es ist ein Ritualstein der Inka (*Piedra Sagrada*). Heute steht er im Garten von Faustino Ramos. Schon kommt uns der Besitzer des Geländes entgegen und beginnt Geschichten zu erzählen. »Auf diesem Stein wurden Opfer dargebracht«, sagt er. Im benachbarten »Tempel der Sonne« hätten 95 junge Frauen gelebt.

Ritualstein der Inka auf der Sonneninsel. Wurden hier auch Töchter der Inka geopfert?

Sie stellten die kostbaren Kleider des Inka her. Gelegentlich sei auch eine geopfert worden. Das hätten ihm seine Großeltern berichtet. Aber auch heute noch feiert er hier zeremonielle Opfer, manchmal muss sogar ein Lama daran glauben. Faustino umarmt den Stein wie einen alten Freund. Lebendig erhaltene Tradition fast 500 Jahre nach dem Niedergang der Inka!

Die Legende erzählt, dass Viracocha, der Schöpfer alles Existierenden, aus dem See stieg und seine Kinder, Sohn Manco Cápac und Mama Ocllo beauftragte, das Reich der vier Regionen, *tawantinsuyu* genannt, zu schaffen. Sie zogen nach Norden. In einem fruchtbaren Tal steckten sie ihren goldenen Stab in den Boden und gründeten die Stadt Cusco. Die Inka wanderten aus dem Süden, vom Titicacasee, ein. Vermutlich hatten sie Kontakt zur Tiahuanco-Kultur oder waren gar Überlebende dieses Volkes.

Die Spur Viracochas verliert sich im Pazifischen Ozean. Viele sahen den spanischen Eroberer Pizarro bei seiner Ankunft in Tumbes als den wiederkehrenden Sonnenvater (*Inti*) an.

Heute ist der Titicacaraum Treffpunkt zwischen zwei Kulturen, dem Quechua und Aymara. Zwei Sprachen mit gemeinsamer kultureller Wurzel. Das Wort *Titicaca* steht für diese Verbundenheit: *titi* in der Aymara-Sprache bedeutet eine Bergkatze, die magische Kräfte haben soll, *caca* in Quechua Felsen.

Mauern unter Wasser

Auf dem höchsten Punkt der Insel haben wir einen traumhaften Blick auf den See und die drei kleineren vorgelagerten Inseln Chullo, Pallalla und Koa. Zwischen diesen Inseln soll eine versunkene Stadt liegen, Marka Pampa. Das ist gut möglich, denn Forschungen über den Wechsel des Wasserstandes des Sees durch die Jahrhunderte ergaben, dass der Wasserspiegel im Laufe der letzten 10 000 Jahre mehrere Male zwischen 15 und 45 Meter tiefer lag. Zu heute unter Wasser befindlichen Städten gibt es vielerlei Legenden. Und die Geschichten waren so glaubwürdig, dass eine Reihe von Unterwasser-Expeditionen unternommen wurden. Der französische Forscher Jacques Cousteau war 1968 hier, hatte aber keinen Erfolg. Mehr Glück hatten andere Unterwasser-Archäologen.

Die Königskordillere Boliviens am Titicacasee, Heimat des Kondors und Grenzlinie zum Amazonas

1992 entdeckten sie zwischen den drei kleinen Inseln in acht Meter Tiefe Mauerreste und förderten Keramik zutage sowie Steinkästen mit Gegenständen aus Gold: eine Goldscheibe, einen Becher, einen Puma.

Alle Funde wurden in Cha'llapamba belassen und in ein kleines Museum gebracht. Ein bolivianisches Gesetz verpflichtet die Archäologen aller Länder, ihre Fundstücke in dem Ort abzuliefern, der für die Grabungsstelle verantwortlich ist. Ein Gesetz, das seine Tücken hat, denn viele kleine Dörfer haben nicht einmal das Geld, um eine Vitrine zum Ausstellen der Objekte zu kaufen. So fristen wertvolle Stücke ihr Dasein meist unbemerkt von der Öffentlichkeit in Pappkartons, die in einer Ecke des Arbeitszimmers des Bürgermeisters verstauben. Wer hat sie je katalogisiert? Wer passt auf, dass sie nicht verschwinden?

Wir eilen also ins Museum von Cha'llapampa, um den Goldschatz in Augenschein zu nehmen, und trauen unseren Augen kaum, als wir auf einem halb zerstörten Sockel nur ein Foto der Goldscheibe sehen. Der Museumsangestellte klärt uns auf: Vor einigen Monaten habe der Nachtwächter mit einem Meißel die Vitrine hochgestemmt und sei mit 26 Goldobjekten über alle Berge verschwunden. Der entscheidende Fehler des Bürgermeisters war, einen Nachtwächter aus einem verfeindeten Nachbardorf eingestellt zu haben. Grund der Fehde: Eifersucht auf die vielen Touristen, die nach Cha'llapampa kommen, und weniger zu ihnen, wo es kaum etwas zu sehen gibt.

500 Jahre nach der Eroberung Perus durch die Spanier schafft das Gold immer noch Streit und Zwietracht, dabei hatten die Inka dem Gold eine ganz andere Rolle beigemessen. Es symbolisierte die Sonne, den Gott, das Leben.

Inti, der Sonnengott

Hauptgrund für unsere Reise zur Sonneninsel ist die Rekonstruktion eines Inka-Sonnenrituals für unseren Film. Wir wollen kein Laientheater, sondern haben echte Inka-Nachfahren dabei. Die Brüder Max und César Santamaria sind Musiker und sprechen

Inka-Sonnenritual zu Ehren von Inti, dem Sonnengott, auf der Sonneninsel, Ursprungsort der Inkakultur

Dreharbeiten zum ZDF-Film »Die Goldstraße der Inka« in den peruanischen Anden. Mit den Archäologen Charles Stanish und Edmundo de la Vega

Quechua. Sie haben das persönliche Anliegen, die Inkakultur bei ihren Indiobrüdern und ihren Kindern lebendig zu halten. Sie sind verletzt, weil sie selbst in Peru als Menschen zweiter Klasse behandelt werden. Bestimmte Orte dürfen sie nicht betreten. Nun wollen sie Botschafter werden für eine aussterbende Kultur.

Für das Ritual, das vor dem ersten Sonnenstrahl in Eiseskälte beginnt, haben sie sich gut vorbereitet. Die Kleidung ist festlich und reich mit goldenem Metallschmuck verziert. So wie damals zur Zeit ihrer Vorfahren dienen Cocablätter, Maisbier und kleine Metall-Lamas als Devotionalien, dem Kult und der Begrüßung von Inti, dem Sonnengott. Nur der Cocatee war damals wohl etwas kühler. Heute kommt er aus der Thermoskanne.

Wappen, das den Inka 1544 von Kaiser Karl V. verliehen wurde. Es symbolisiert ihren Sonnenkult sowie die Verbundenheit der Inka mit der Coca-Pflanze und dem Schlangenritual.

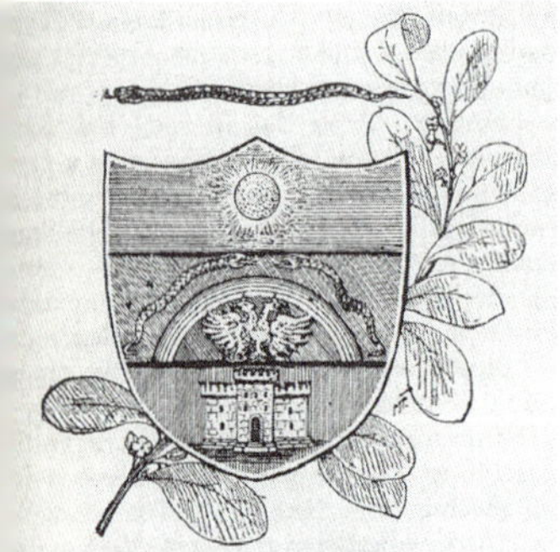

ESCUTCHEON OF THE INCAS.

Das Inka-Imperium wurde erstaunlicherweise in nur wenigen Jahrzehnten während der Herrschaft von vier Herrschern geschaffen. Ihre Namen sind heute ein Mythos: Huiracocha Inka, Inka Yupanqui, Topa Inka und Inka Huayna Capac. Inka Yupanqui legte sich nach seinen großen Siegen und Eroberungen den Namen Pachacute zu, was so viel heißt wie »der, der die Erde verwandelt«. Am Ende lebten zehn Millionen Menschen in seinem Reich.

Das Entstehen des Inkareiches wäre ohne die Kulturen rund um den Titicacasee kaum möglich gewesen. Wir gehen auf die Suche nach Spuren der Besiedlung durch die Inka, aber auch um Vor-Inka-Kulturen kennen zu lernen.

Der Tempel der Fruchtbarkeit

Etwa 100 Meter vom Ufer des Titicacasees, auf dem Dorfplatz von Chucuito, steht ein bemerkenswerter Bau. *Inca Uyo* wird er genannt. Die rechteckige dachlose Konstruktion von etwa 30 mal 15 Metern ist aus miteinander verschachtelten behauenen Steinen zusammengesetzt. Teilweise haben die Steine bis zu acht Ecken, was das Anpassen an die Nachbarsteine erschwert. Ein Inkabau, ist der erste Eindruck, denn die Wände dieses Raumes ähneln den Inkabauten von Cusco und Pisac. Irrtum, müssen wir uns aufklären lassen. Die Vor-Inka-Bewohner, die Lupacas, haben diesen Bau errichtet. Wer hat also von wem gelernt? Es gibt Berichte, die sagen, die Inka hätten die Steinmetze zu Tausenden aus den Titicaca-Kulturen nach Cusco geschafft, um das Imperium aufzubauen. Der Ort Chucuito wurde später ein wichtiger Inka-Stützpunkt.

Inca Uyo ist heute ein Fruchtbarkeitstempel – erstaunlich, denn er steht direkt neben der Kathedrale. In seinem Inneren sind Dutzende große, pilzförmige phallische Steine zu sehen, die anscheinend Fruchtbarkeitsritualen dienten. Einige zeigen zum Sonnengott Inti hin, während andere Richtung Mutter Erde weisen, zu Pachamama. In der Mitte steht der Königsphallus.

Hatten die Inka einen Phalluskult wie viele der von ihnen unterworfenen Völker? Ein Tempel der Fruchtbarkeit in Chucuito am Titicacasee

Der Tempel ist in der Hand einer Gruppe von Sechs- bis Zwölfjährigen, die sich als Führer ein paar Soles verdienen. Wir empfinden es als etwas merkwürdig, dass uns Kinder Fruchtbarkeitsrituale erklären; sie machen es aber mit befreiender Natürlichkeit.

Die zwölfjährige Carolina Salamanca erzählt, dass Jungfrauen stundenlang auf dem Hauptphallus sitzen mussten, um ihre Fruchtbarkeit zu erhöhen. Dann mussten sie Maisbier herunterfließen lassen. Wenn das Getränk auf die unter dem Phallus liegenden sechs Cocablätter fiel, würden sie Kinder bekommen. Der achtjährige Edwer Sarituba informiert uns, dass die Inka neugeborene Mädchen umbrachten, während Jungen für den Kampf gegen die Spanier gebraucht wurden.

Die Präsenz der phallischen Skulpturen könnte auch eine andere Erklärung haben. Ein Bildhauer habe den Hauptphallus geschaffen, wird gesagt, und ein Archäologe behauptet, dass die kleineren pilz- oder phallusförmigen Steine zum Anbinden der Dächer dienten und überall in der Gegend zu finden seien. Diese Objekte wurden zusammengetragen und hier aufgestellt. Das könnte die Erklärung sein, denn die spanischen Missionare hätten solch heidnische Symbole mit Sicherheit zerstört.

Grabtürme der Fürsten

Neben dem berühmten, 21 Kilometer südlich des Titicacasees gelegenen archäologischen Komplex von Tiahuanaco, auf bolivianischem Gebiet, wo sich das Sonnentor, der Tempel von Kalasasaya und die Pyramide von Akapana befinden, sind die Chullpas von Sillustani, in der Nähe von Puno, die bekanntesten Reste der Tiahuanaco-Kultur in Peru. Über dem See Umayo stehen zwölf Vulkanstein-Mausoleen. Sie waren als Begräbnisstätten für hohe Würdenträger errichtet worden. Die mehrheitlich beschädigten Chullpas sind im Schnitt zwölf Meter hoch und haben einen runden oder rechteckigen Grundriss. Im Inneren sind sie hohl, mit einem engen nach Osten, zum Aufgang der Sonne, ausgerichteten Eingang. Am oberen Ende haben sie ein Kranzgesims, auf dem ein Kuppeldach befestigt war. Die Form der Chullpas wurde deshalb als ein phallisches Symbol interpretiert. Im Inneren gab es meh-

rere übereinander liegende Grabkammern. Bis zu zwölf Mumienbündel wurden in den Mausoleen gefunden.

In der ganzen Gegend sind weitere Chullpas verstreut, einige auch mit Tiersymbolen.

An einer Chullpa ist ein Tiefland-Puma abgebildet. Oder ist es vielleicht nur ein Bergtiger? Andere Chullpas zeigen einen deutlichen Inka-Einfluss.

Alle Chullpas wurden von Grabräubern heimgesucht. Heute sind kaum noch Knochenreste vorhanden. Seit der Zeit der Conquista wurden diese Stätten zerstört, viele Steine sind zu anderen Zwecken abtransportiert worden.

Auffällig in Sillustani ist die exakte Bearbeitung der Steine, um eine runde und glatte Form zu erzielen. Diese Techniken ähneln sehr stark den späteren Inkabauten. Wie haben die Inka dieses Wissen erworben? Von wem wurden die berühmten Inkabauten konstruiert? War vielleicht ihr großes architektonisches Wissen geborgt und stammte eigentlich von den Völkern rund um den Titicacasee?

Die Grabkammern von Sillustani sind wie ein Uterus geformt. In ihrem Inneren wurden hohe Würdenträger als Mumien in fötaler Position bestattet. Der Eingang war nach Osten, zur Sonne, gerichtet.

Hatten die Inka Lehrmeister?

Rund um den Titicacasee gab es mehrere Kulturen, deren Ursprung mythisch mit dem See in Verbindung zu bringen ist: die Collas, Aymaras. Lupacas, Uros, Pacajes.

Die Gegend ist starken Klimaschwankungen ausgesetzt. Eine kräftige Sonne am Tag und sehr kalte Nächte. Außerdem existiert ein Wasserzyklus, der alle zehn bis zwölf Jahre den Wasserstand des Titicaca verändert und durch Überschwemmungen oder Trockenheit die Extension des kultivierbaren Bodens bestimmt. Zurzeit hat der Titicaca trotz einer allgemeinen Trockenheit riesige Landstriche überflutet.

In der Nähe des Sees bildeten sich zwei große kulturelle Zentren: Pucará im Norden und Tiahuanaco im Süden. Die 2000 Jahre alte Pucará-Kultur war die ältere der beiden. Sie war überhaupt die älteste im Hochland. Ihre Blütezeit lag zwischen dem 3. und dem 8. Jahrhundert. Ihre Angehörigen waren Bauern und Töpfer. Erst um 1940 wurden die Hauptplätze der Tempelanlage in der Nähe des gleichnamigen Dorfes Pucará, 20 Kilometer nördlich des Titicacasees, freigelegt. Die unter einem imposanten Felsen befindliche Anlage besteht aus übereinanderliegenden Plattformen, die wie landwirtschaftliche Terrassen aussehen. Darüber befinden sich Rampen, Treppen und Wohneinheiten und vertieft eingelasse-

Ritualplatz der Pucará-Kultur in Peru. Sie war die älteste Zivilisation der Anden.

ne Ritualplätze. Der Hauptzeremonialplatz ist bekannt als *kalasaya*. Inwieweit die Pucará-Kultur mit der von Tiahuanaco in Beziehung stand, ist Thema von intensiven wissenschaftliche Diskussionen. In vielen Teilen des Tiahuanaco-Reiches wurden Objekte im Pucará-Stil gefunden, insbesondere Motive, die eine Raubkatze abbilden. Sogar das berühmte Sonnentor von Tiahuanaco trägt dieses Motiv. Sicher ist, dass die Pucará-Kultur schon zu Beginn der Inkazeit verschwunden war. Kaum etwas ist über ihre Religion bekannt. Seltsam mutet die Statue eines Schamanen im kleinen Museum von Pucará an: Er hat einen abgeschnittenen Kopf in der Hand. Kannten die Pucará das Menschenopfer? Oder steckt eine mythische Erhöhung des schamanistischen Auftrags hinter der symbolischen Darstellung? Der Schamane als Hüter des zweiten Ichs?

Zeigen die Steinreliefs Tiere aus der Amazonaswelt? Hatten die Pucará Kontakt zum »heißen Land«?

Auffällig sind die geographische Lage der Pucará-Kultur und die Darstellungen auf ihren Steinskulpturen. Der Hauptort der Pucará befindet sich genau dort, wo eine Schneise zwischen den Bergen uns den Weg zum Amazonas weisen soll. Die Skulpturen stellen eine Tierwelt dar, die keinerlei Bezug hat zur kargen Bergwelt der Anden. Wir sehen eine Anaconda, Pumas, große Frösche. Ein Wesen kommt öfter vor: ein Fabeltier, zusammengesetzt aus Schlange, Leguan, Fisch und einem Pumakopf.

Es ist die Welt des heißen Landes, der *tierra caliente*, die Welt des Tieflands und des Amazonas, die hier repräsentiert ist. Die nahe liegende Schlussfolgerung: Die Pucará kannten den Weg ins Tiefland, hatten sogar Kontakte zu den Völkern dort. Die Inka hatten also eine alte Handelsroute benutzt, die womöglich in Vergessenheit geraten war, aber von ihnen wiederentdeckt worden ist.

Keramikfunde von Prä-Inka-Kulturen am Titicacasee deuten darauf hin, dass diese Route schon vor den Inka existierte. Vielleicht geht sie sogar 1500 Jahre zurück, als die Pucará-Kultur in ihrer Hochblüte stand.

Jaguare im Hochland?

An der bolivianischen Südseite des Titicacasees treffen wir zwei finnische Archäologen. Über eine Brücke aus der Inkazeit gelangen wir zur Grabungsstätte von Risto Kesseli und Antti Korpisaari in der Nähe von Tiahuanaco. Sie sind erst seit kurzem an diesem Ort, um Material für ihre Doktorarbeit zu sammeln. Zuvor haben sie an einem finnischen Projekt am bolivianischen Amazonas teilgenommen. Wir wollen von Korpisaari wissen, ob die Kulturen vor den Inka Kontakte zur Amazonasregion hatten, und welche Gegenstände sie gefunden haben, um dies zu beweisen.

»Wir haben hier eine Reihe von Objekten mit einem Pumagesicht gefunden. Sie stammen von Opferschalen, in denen Weihrauch und wohlriechende Kräuter verbrannt wurden. Diese Gefäße hatten normalerweise einen Puma- oder Lamakopf, manchmal auch den eines Kondors. Natürlich könnte es sich ebenso um Jaguare handeln, denn an einigen Figuren finden wir Flecken auf Bauch und Rücken. Auch die Muskeln sind anders dargestellt. Pumas gibt es auch in den Anden, aber wenn es Jaguare sind, zeigt dies, dass die Bewohner dieser Gegend zumindest Kontakt zur Amazonasregion hatten.«

Ich frage Antti Korpisaari nach seinen Erfahrungen im Amazonasgebiet, und wie er sie vergleichen würde mit denen im Hochland.

»Für mich persönlich ist diese Szenerie hier am Rand des Titicacasees entscheidend, mit dieser wunderbaren Natur. Aber natürlich gibt es auch Unterschiede in der Archäologie. Am Amazonas findet man eher sehr kleine Keramikstücke. Alles, was aus Knochen, Holz und anderen organischen Materialien hergestellt wur-

Antti Korpisaari, der finnische Archäologe, hat das Entdeckerfieber in sich.

de, ist über die Jahrhunderte verfallen. Man muss also das Puzzle mit sehr kleinen Teilen lösen.

Hier in den Anden gibt es viel mehr Forschungsarbeit. Vieles ist noch intakt. Man kann auch noch Objekte aus Knochen, Holz und in trockenen Regionen sogar Textilien finden. Wir sind hier auf sehr gut erhaltene Orte und Grabungsstellen gestoßen. So kann man also in Fragestellungen eindringen, die sich mit dem Entstehen von Zivilisationen beschäftigen. Man kann sich fragen, was für einen Glauben die Menschen damals hatten. Es ist also ein weiteres Operationsfeld als am Amazonas. Hoffentlich erfährt die Amazonas-Archäologie demnächst einen Boom, sodass wir mehr wissen werden über die Dinge, die dort passiert sind. Bisher ist es eine Grenzwissenschaft. Es fehlen noch zu viele Daten über das Amazonasleben. Es ist so wenig gemacht worden, dass man eine kleine Grabung dort sofort als neue Daten veröffentlichen kann.«

Der geheimnisvolle Knoten-Code

Die Knotenschnur der Inka (*quipu*) war zunächst einmal ein Buchhaltungssystem. In einer Kultur ohne Schrift, aber mit einem Reich, das sich über Tausende Kilometer erstreckte, musste es ein System geben, das es der Administration erlaubte, Informationen zu speichern und weiterzuleiten. Läufer konnten so dem Herrscher Nachrichten aus den Provinzen überbringen. Da diese Nachrichten aber nicht nur aus Informationen über die Anzahl von geernteten Säcken Mais bestand, sondern auch komplexe Daten und Zusammenhänge übermitteln mussten, wurde das Knotensystem immer mehr verfeinert. Farbige Fäden, aus Wolle oder Baumwolle gewebt und mit ihrer eigenen Knotenstruktur versehen, wurden gruppenweise an der Hauptschnur befestigt. Auf diese Weise konnten schon kompliziertere Fakten erfasst werden. Ein gelber Faden konnte Gold bedeuten, ein weißer Silber, ein roter Krieg oder Soldaten. Alle Dinge wurden festgehalten. Eine Provinz gab so zum Beispiel die Menge ihrer jährlichen Ernten bekannt, ihre Geburten-, Hochzeits- und Sterberate, die Anzahl der Stunden, die die Männer für Gemeinschaftsarbeit aufgewandt hatten. Jedes Dorf stellte eigene Quipus her.

Verknotete Geheimnisse. Die Knotenschnur (Quipu) enthält einen Code, den finnische Archäologen knacken wollen.

Aber auch komplexere Zusammenhänge konnten durch das Verweben von farbigen Strängen, kombiniert mit entsprechenden Knoten, übermittelt werden. Bei einem solch komplexen System musste es Spezialisten geben, die die Informationen mit Hilfe von Weberinnen fehlerfrei in den Knoten-Code übertragen konnten, und dann auch solche, die am anderen Ende diese Informationen fehlerfrei zu lesen vermochten, um sie eventuell in ein Knotenschnur-Archiv zu bringen oder sie in weitere »Meta-Knotenschnüre« einzulesen. Diese Code-Experten wurden *quipu-camayus* genannt und hatten eine angesehene Position inne.

Als die Spanier kamen, müssen sie die Quipus für Teufelswerk gehalten haben. Pizzaro, der spanische Konquistador, konnte nicht einmal schreiben und lesen. Wahrscheinlich war es ihnen auch unheimlich, dass da Informationen hinter ihrem Rücken weitergereicht wurden, die sie nicht verstanden. Sie verboten den Quipu-Gebrauch. Heimlich wurde das Wissen dennoch über Jahrzehnte weitergegeben. Die Spanier verbrannten die Quipus zu Tausenden. Langsam ging die Tradition verloren, und die *quipu-camayus* starben aus. Bis ins 18. Jahrhundert hinein gab es aber noch Interpreten. Ihnen verdanken wir die Übersetzung von einigen Quipus, die sie spanischen Chronisten diktierten. Heute kann niemand behaupten, einen Quipu wirklich lesen zu können, obwohl es interessante mathematische Analysen, Interpretationen und Bücher gibt. Noch heute wird von den Campesinos im Hochland von Peru eine vereinfachte Form von Quipus für die Registrierung ihrer Ernten verwendet.

Die Utopie der Ameise

Das ist die Ameise. Unermüdlich ist ihr Schaffen. Keinen Widerstand kennt sie. Gewaltige Hügel baut sie. Große Reiche errichtet sie. Zahllos ist sie. Alles zerstört sie. Bis auf die Knochen nagt sie das Fleisch des waidwunden Jaguars ab.
Aus: *Die Chronik von Akakor*

Trotz Hunderter Bücher und Studien hat man den Eindruck, noch sehr wenig über das Inka-Imperium zu wissen. Zu viele Gegensätze und unverständliche Informationen tauchen auf. War es ein weises Volk, technifiziert, hoch entwickelt aber auch primitiv? Imperial, aber ohne Kultur? Oder mit einer Kultur, die andere nur kopierte? Mit einer Religion, die auf die Gestirne ausgerichtet war, mit einer Aristokratie und einem hierarchischen Machtapparat, der aber eingesetzt wurde für das Gemeinwohl. Es gibt Autoren, die vom Sozialismus der Inka sprechen. Doch während sie die Sonne anbeteten und das Gold, den »Schweiß der Sonne«, verehrten, aßen die Nachbarstämme noch Menschenfleisch.

Ihr riesiges Reich hatten die Inka binnen kürzester Zeit und mit einem minimalen Aufwand an Kriegshandlungen zusammengerafft. All das geschah mit einer raffinierten Strategie. Der Inka unternahm mit seinem Hofstaat Ausflüge zu benachbarten Stämmen. Sein Glanz, seine Pracht, sein Sonnenkult beeindruckten deren lokale Führer und Bevölkerung. Es gab keinen anderen Weg, als sich dem Inka anzuschließen, an dessen Kult teilzunehmen. Die »Wilden« wurden überzeugt und besiegt durch diesen »Kreuzzug«, der mehr verbal als militärisch war, mehr politisch als gewalttätig. So wurden Allianzen geschmiedet. Auf römische Art konstruierte man das Reich wie einen Organismus. Cusco war der »Nabel der Welt«, das vitale Herz im Zentrum des Reiches, die Inkastraßen waren seine Venen. Alle vier Himmelsrichtungen, die vier Weltgegenden, *tawantinsuyo*, waren ihr Aktionsraum. Die Inka mussten dieses Reich, durch immer neue Injektionen von Menschen und Waren zusammenhalten. Und das unermüdlich – wie in einem Ameisenstaat. Nach der Eroberung musste das Eroberte gesichert werden. Die Bauten der Inka waren Burg und Tempel zugleich. Die wilden Gewohnheiten der fremden Stämme galt es zu verändern und ihnen die eigene Ideologie einzupflanzen. Überall musste die alles einende Religion, der Sonnenkult der Inka, eingeführt und praktiziert werden.

Sollte sich ein lokaler Stammesfürst dennoch widersetzen, wurde aus seinem Schädel leicht ein Becher für den Inka. Seine Haut wurde ihm abgezogen und als Trommel verwendet. Das schreckte ab.

Darüber hinaus waren die Inka Genies im Organisieren. Arbeit, Handel, der Bau von Terrassen – alles wurde festen Regeln unterworfen. Wesentliches Instrument für die Pazifizierung der unterworfenen Völker war die Landwirtschaft. Die Inka hatten die Utopie, das Elend der Menschen auszurotten. Und sie hatten damit Erfolg gehabt. Soll man den Chronisten glauben, gab es keinen Hunger im Reich. Und es gab keine faulen Untertanen. Die Arbeit war gut geregelt: ein Teil für den Inka, einer für das Gemeinwohl und einer für den Arbeiter. Der Staat sorgte für Ausgleich in Zeiten der Not. Zudem wurden große Menschengruppen von der einen Seite des Reiches in die andere umgesiedelt.

Mitimaes hieß diese Politik. So konnten in ein, zwei Generationen Rassen und Völker vermischt werden. Auch das diente der Pazifi-

zierung. Und wie die Habsburger wussten die Inka sehr wohl, wie sie familiäre Bande zum Zweck des Friedens knüpfen konnten: Sie heirateten die Töchter von lokalen Stammesfürsten oder sandten ihre eigenen Töchter zu diesem Zweck in die Provinz.

Jedes kultivierbare Stück Erde wurde genutzt. Ein System von Terrassen erhöhte die Fruchtbarkeit des Bodens. Die Ernten waren fast doppelt so hoch wie später, unter den Spaniern. In 4000 Meter Höhe, wo kein Fluss mehr fließt, wurden künstliche Bewässe-

Etwa 40 000 Kilometer umfasste das Straßennetz, mit dem die Inka ihr Reich zusammenhielten.

rungssysteme und Kanäle gebaut – ein gut durchorganisiertes System.

Die Inka waren zunächst Farmer und Hirten. Erst Pachacute begann 1438 über andere Völker zu herrschen. Nur 90 Jahre überdauerte das Reich. Am Ende waren die Inka ein reiches Volk. Das wussten auch die spanischen Konquistadoren, als sie mit anderen Götzen im Kopf mordend über das Inkareich herfielen und so ein historisch einmaliges Experiment beendeten.

Die Straßen – Rückgrat und Nervensystem des Imperiums

Schon immer hat das Straßensystem der Inka die Phantasie von Reisenden angeregt. *Capac Ñan* nannten es die Inka, *El camino del Inka*, *Königlicher Weg*, die Spanier. Vor einem Jahr wurden in Südbolivien (Tarija) ein neues Straßenstück von 500 Kilometer Länge und auch die einzige erhaltene Inkabrücke entdeckt. Heute ist ein Teilstück nach Machu Picchu eines der aufregendsten Erlebnisse einer Perureise. Die Wege sollen auf Antrag der Andenländer 2004 von der UNESCO als Weltkulturerbe deklariert werden.

Das Straßensystem der Inka bestand aus zwei Hauptrouten: Die erste führte vom heutigen Südkolumbien über Quito nach Cusco, dem Titicacasee, Bolivien, Chile und Argentinien. Es war die Andenstrecke. Sie lief auf Höhen von bis zu 4500 Meter und hatte eine Länge von etwa 5200 Kilometer. Die zweite Strecke führte an der Küste entlang und verband eine Reihe von ehemaligen Hochkulturen, die von den Inka erobert wurden. Zahlreiche Querstraßen verbanden die zwei Hauptstrecken. Sehr wenige Wege führten in den Antisuyo, den östlichen Teil des Reiches. Dies könnte bedeuten, dass die Inka keine richtige Kontrolle über die Amazonasregion besaßen; oder dass diese Wege noch nicht entdeckt sind. Ein Inkaweg in den kahlen Bergen, den baumleeren Regionen der Anden, ist heute, nach 500 Jahren, noch klar zu erkennen. Aber wo die Vegetation wuchert, werden Inkabauten schnell unsichtbar.

S. 223: Inkaweg zur Amazonasregion

Wie der Großteil der Infrastruktur des Inkareiches waren die Straßen multifunktionale Gebilde, die zum einen als Handelsrou-

Inka-Stafettenläufer (Chasqui) waren schneller als so manches heutige Postsystem. Sie konnten eine Botschaft am Tag 200 Kilometer weit bringen.

ten, aber darüber hinaus auch als Symbol der Macht, als administrative Notwendigkeit und als Verbindungsglied zwischen der realen und der spirituellen Welt dienten.

Die großen Hauptrouten waren bis zu 16 Meter breit. Die meisten Inkastraßen maßen aber nur zwischen einem und drei Metern. Oft waren sie kunstvoll befestigt, manchmal aber nur ausgetretene Trampelpfade. Die Wege führten häufig sehr steil in die Berge. Bearbeitete Steine bildeten die Stufen. Über reißende Flüsse führten geflochtene Hängebrücken. Die letzte ist noch heute in der Nähe von Cusco zu sehen. In regelmäßigen Abständen von 28 bis 33 Kilometern wurden Vorratshäuser und Unterkünfte eingerichtet. Diese *tambos* genannten Stationen – an die 2000 soll es gegeben haben – dienten den Inka-Kurieren als Zwischenposten. Nur *chasquis*, Militärs, adlige Inka und Händler mit spezieller Erlaubnis durften die Wege benutzen.

Jeder *chasqui* war durch das Muster seines Stirnbandes identifizierbar. An der Zwischenstation wurde er von einem anderen Läufer abgelöst. Seine Ankunft kündigte er mit dem Ton seiner Muschelflöte an, dem *pututo*. Mit diesem Staffelläufer-System konnte eine Meldung oder ein Gegenstand innerhalb von zehn Tagen von Quito nach Cusco transportiert werden. Das ist immerhin eine Entfernung von etwa 2000 Kilometer. Für den Transport von Waren wurden Lamas eingesetzt. Große Karawanen konnten bis zu 1000 Tiere umfassen. Welche Wege nahmen diese Karawanen nach Osten, zum Amazonas hin?

Little Machu Picchu

Am Nordrand des Titicacasees, in der peruanischen Stadt Puno, treffen wir den US-Archäologen Charles »Chip« Stanish. Er ist Spezialist für Prä-Inka-Kulturen. Seit mehr als 15 Jahren erforscht er rund um den Titicacasee die Entstehung und den Untergang von Hochkulturen, deren Existenz sich über eine Zeitspanne von 3500 Jahren erstreckt. Sein Hauptwerk *Ancient Titicaca* ist schon jetzt ein Standardwerk. Stanish, Direktor des Cotsen Institute of Archaeology der Universität von Kalifornien (UCLA) in Los Angeles, ist ein unorthodoxer Wissenschaftler. In seinem Olymp der archäologischen Forschung haben alle Platz, die einen Beitrag liefern können zur Erhellung alter Rätsel. Ein Spektrum, in dem neben dem klassischen Archäologen auch Historiker, Anthropologen, Ethnographen, Abenteurer und DNA-Spezialisten sitzen. Sein peruanisches Team, mit dem Archäologen Edmundo de la Vega an der Spitze, sucht ein riesiges Areal nach Spuren andiner Hochkulturen ab. Mit Erfolg.

Bei der ersten Besprechung frage ich etwas naiv: »Werden wir etwas finden?« Seine Antwort ist eindeutig: »Ich finde immer etwas.« Denn die Gegend, in die wir reisen, kann man als archäologisches Neuland bezeichnen. Einer der vielen weißen Flecken auf der Karte Perus. Das Land besitzt extrem viele archäologische Fundstellen. Im Hochland sind es über 5000, in ganz Peru ein Vielfaches mehr. Und jeden Tag werden neue Orte entdeckt. Ein Paradies für Wissenschaftler. Im Nationalen Kulturinstitut in Lima liegen 7000 Anträge auf Genehmigung von archäologischen Grabungen vor.

»Chip« ist ein Amerikaner, der einen mit seinem jugendlichen Charisma sofort für sich einnimmt. Ein Kumpel, mit dem man durch dick und dünn gehen möchte. Jemand, der es einerseits gewohnt ist, in seiner Universität mit Studenten durch die mit großem finanziellem Aufwand konstruierten virtuellen Räume des alten Rom oder Athen zu wandern, der es aber andererseits liebt,

Archäologen vermessen einen Inkaweg. Er zeigt eine Spur auf zu neuen Entdeckungen.

S. 227: Auf der Route von den Anden zum Amazonas sind unzählige Ruinen zu finden. Viele besitzen gut erhaltene Grabstätten (Chullpas). Fast alle wurden von Grabräubern heimgesucht.

nur begleitet von einem lokalen Führer, durch Perus Nebelwald zu ziehen auf der Suche nach dem »Gral der Inka«. Oft gräbt er überhaupt nicht, sondern exploriert nur das Terrain. Ein Sich-Hineinfühlen in die Inka-Vergangenheit und ein geschultes Auge schenken Chip seine Glücksmomente. »Da oben auf dem Bergkamm muss etwas sein«, sagt er und deutet auf eine uns unbedeutend erscheinende Steinmauer zwischen weidenden Lamas und Vicuñas. Wir gehen hin. Und da ist der Rest einer Siedlung. Chip lacht über unser Erstaunen.

Eine Region hat es ihm besonders angetan. Sie ist noch kaum unter die Lupe genommen worden: die östlichen Abhänge der Anden und die Weiten des peruanischen und bolivianischen Amazonaswaldes. Stanish hat auf der Suche nach möglichen Fernwegen der Inka und ihrer Vorkulturen, die gen Osten ins Tiefland führten, bereits mehrere Expeditionen unternommen. Eine alte Tributliste aus dem 16. Jahrhundert brachte ihn auf die Spur: Sie nennt Städte im Nordosten des Titicacasees, die den Inka regelmäßig Gold als Tribut abliefern mussten. Die Inka besaßen kaum Minen, ihr Gold kam aus den Flüssen ihrer Provinzen.

Wir begleiten Stanish im Jeep, um nach einer möglichen Route der Inka ins Tiefland zu suchen. Entlang der Strecke entdeckt Stanish gut erhaltene Siedlungsstätten, Verteidigungswälle und Ritualplattformen. Wir klettern auf alte Inkapfade. Stanish findet Belege dafür, dass auch die Inka diese Route kannten.

Auf 4900 Meter Höhe erreichen wir einen Pass. Das Gelände ist zugeschneit. Es geht auf den Abend zu. Große Lama- und Vicuñaherden stehen an den Abhängen und am Straßenrand. Wir stellen uns vor, wie hier vor 500 Jahren riesige, bis zu 1000 Tiere umfassende Lamakarawanen auf dem Weg nach Cusco vorbeizogen, voll beladen mit tropischen Gütern und Früchten, mit bunten Papageienfedern, Honig, Cocablättern und Gold – auf Befehl des Inka, von dem berichtet wird, dass er frischen Meeresfisch aß, den Läufer in nur zwei Tagen von der peruanischen Küste brachten, schneller transportiert, als es heute auf dem Landweg möglich ist.

Die Lamas hier oben haben wegen des Schnees nichts zu fressen. Glücklicherweise taut es schon am nächsten Tag.

Nach Überschreiten des Passes geht es ständig bergab. Die Route sollte bald die »Transozeanica« heißen, eine Straße, die beide

Ozeane und die Länder Peru und Brasilien verbindet. Zum Vorteil wohl eher für Letzteres. Der Amazonaswald ist ein gigantischer Marktplatz. War er das auch für die Inka?

Kurz darauf der kleine Ort Macusani auf 4400 Meter Höhe. Eine heiße Quinua-Suppe, gekocht aus dem lokalen, sehr nahrhaften Getreide, wärmt uns auf. Nach Macusani führt die Straße steil bergab. Wir kommen durch zerklüftete Täler mit steilen, von Inka-Terrassen überzogenen Berghängen. Überall sind Ruinen und Grabtürme zu sehen. Einige datieren aus der Vor-Inka-Zeit. Es sind quadratische, rechteckige und runde Strukturen. Zu viele, um sie alle zu erforschen.

Parallel zur unbefestigten Straße mit wilden und gefährlichen Abgründen kann man immer wieder ein Stück der alten Inkastraße sehen. An einer Stelle, über einem Flusslauf, wird sie noch heute benutzt und bei unserer Ankunft gerade ausgebessert. Auch die Fundamente einer Inkabrücke sind noch intakt.

Chip Stanish erklärt: »Diese Brücke ist modern, aber ihre Steinfundamente sind sicher Inka. So hat damals eine Inkabrücke ausgesehen. Natürlich ohne Metall, sondern nur aus Seilen und zu Wülsten gebundenen Schilfbündeln gebaut. Das ist eine Straße, die hinunter nach Pucará und Puno führt (zum Titicacasee, Anm.d.A.). In die andere Richtung geht es am Flusslauf entlang über den Bergpass hinunter zum tropischen Urwald.«

Der US-Archäologe Charles »Chip« Stanish, Experte für Andenkulturen, ist unermüdlich auf Spurensuche.

Hunderte Ruinenkomplexe befinden sich in diesem Tal, das einmal dicht besiedelt gewesen sein muss. Einige umfassen bis zu vier Hektar. Die tiefer gelegenen Siedlungen bestehen mehrheitlich aus Häusern, Terrassen und vermutlich Tierverschlägen und befinden sich meist auf der ersten Plattform über einem Fluss oder einer prähispanischen Straße. Orte in größerer Höhe haben Strukturen, die eher eine rituelle Funktion hatten. Viele Gebäude sind in der Inka-Bauweise errichtet, die Grundstruktur ist jedoch häufig im Prä-Inka-Stil belassen.

Wir sind überrascht, mit welcher Sicherheit Stanish sich in diesem weiten und unbekannten Terrain bewegt. Als ob er hier zu Hause wäre. Ich frage, welche Strategie er verwendet, um seine Forschungen voranzutreiben.

»Wenn man ein Gebiet von dieser Größe vor sich hat, muss man erst eine Idee haben, wie man eine Untersuchung des Geländes

durchführt. Ich laufe einfach herum und halte Ausschau nach Punkten in der Landschaft, die sehr wahrscheinlich archäologische Stellen sein könnten. Wir reden mit den Einheimischen, wir interessieren sie, und sie geben uns Hinweise. Der Trick ist, ein möglichst breites Spektrum an Orten zusammenzutragen, angefangen bei denen aus der Zeit der Jäger und Sammler, bis hin zur spanischen Kolonialzeit und allem, was dazwischen ist. So bekommt man ein Gefühl für die Anzahl der Orte, wie viele Menschen da gelebt haben, wer sie waren und wann sie wieder weggingen. Danach kann man einen ausgereifteren Forschungsplan entwickeln, um dann später zurückzukommen und detaillierte Forschung vor Ort zu betreiben.«

Illincaya, eine Festung auf der Route vom Titicacasee zum Amazonas. Sie wurde angelegt nach einem berühmten Vorbild: Machu Picchu.

Fast 1200 Höhenmeter unterhalb des Titicacasees stoßen wir auf einen gut erhaltenen Ruinenbezirk. Carabaya wird diese Gegend genannt. Das nächste Dorf heißt Ollachea. In diesem Tal gibt es auf 2800 Meter viele Goldminen, die von den Inka und von hier einst lebenden tributpflichtigen Völkern ausgebeutet wurden. Die Gegend hatte zur Inkazeit vermutlich einen direkten Kontakt zur

Hauptstadt der Inka, Cusco. Wir beginnen einen mühsamen mehrstündigen Aufstieg zu der von Chip wiederentdeckten Ruinenstadt. Als Belohnung eine Überraschung: Wir sehen einen magischen Ort, gebaut an einer Stelle, die ein Esoteriker wohl einen Platz mit geomantischen Kräften nennen würde. Eingerahmt von zwei Flüssen liegt auf einer Bergplattform die drei Hektar große Anlage von Illincaya.

Der Ort war eine Festung und kontrollierte den Zugang zum Amazonasbecken. Er wurde in zwei Konstruktionsphasen erbaut. Auf Vor-Inka-Bauten wurden Strukturen der Inka gesetzt, die eine rituelle Funktion besaßen. Der Ort ruft die Erinnerung an einen anderen charismatischen Ort Perus wach: Für den US-Archäologen Stanish sieht die Stätte aus wie eine gezielte Kopie des berühmten Machu Picchu.

Stanish: »Das hier ist einer der wichtigsten Inka-Orte am Abhang der östlichen Anden. Man könnte ihn Mini-Machu Picchu nennen, denn er befindet sich auf einem hohen Berg; er liegt am Ende einer Route, die aus dem Hochland kommt, gesäumt von Siedlungen, die bis zum Titicacasee zurückreichen. Und es ist ein schöner Platz. Ich denke, einer der Gründe, warum dieser Ort existiert, ist darin zu suchen, dass die Inka Produkte des tropischen Waldes haben wollten. Sie wollten Coca-Blätter, Tierfelle, Federn und sicher auch Gold.«

Der tropische Nebelwald verhüllt die Festung. Wurde von hier die Goldroute kontrolliert?

Der Ort liegt strategisch günstig, um von hier die Ressourcen des tropischen Regenwaldes auszubeuten. Die Stelle war ein Sicherungsposten gegen wilde Tieflandstämme und gleichzeitig ein Ritualort. Vielleicht war sie auch ein wichtiger Zwischenposten für eine bedeutsame Inkastraße, die noch viel weiter ins Amazonas-Tiefland führte. Eine alte Handelsroute, die den Andenvölkern großen Reichtum brachte?

Nicht nur die militärische Eroberung war den Inka wichtig. Mit missionarischem Eifer integrierten sie andere Völker in die Inka-Kosmologie, besonders während der Herrschaft des Inka Tupac Yupanqui. Durch umfangreiche Umsiedlungen, durch die Einführung des Sonnenkultes und die Vermischung der Familien von Stammesfürsten mit Inka-Adligen machte er sich eine Reihe von Völkern und Stämmen untertan. Die Siedler behielten den Kontakt mit ihren Familien und der Heimat. So bildeten sie einen mit dem Inkastaat loyalen Nukleus inmitten einer fremden ethnischen Gruppe.

Ihre Festungen waren nicht nur Militärposten, sondern auch Ritualorte. »Die Inka hatten einen Sonnen- und einen Mondkult«, erklärt Stanish. »Sie brachten diese Kulte in derselben Weise ein, wie das die Römer taten. Sie verlangten von den Menschen nicht, ihre lokalen Religionen aufzugeben, aber diese mussten die Inka-Religion respektieren. Sie bauten also Orte wie diesen hier, mit Tempeln und anderen heiligen Stellen. Und sie führten öffentliche Rituale durch. Damit wollten sie ihre Wichtigkeit herausheben und die Tatsache, dass sie die Gegend nicht nur materiell, sondern auch ideologisch erobert haben.«

Imperiale Kontrolle kann auf verschiedenen Wegen durchgeführt werden. Die militärische Zurschaustellung von Macht wurde in vielen Reichen ergänzt durch die Manipulation des architektonischen Raumes. Dies war eine zusätzliche Strategie, um Macht zu demonstrieren. Stanish ist sicher, dass die Architektur und Besiedlung der Carabaya-Region aus diesem Prinzip heraus zu erklären ist: Die Inka mussten die Route von Cusco zu den Goldminen und über die wichtige Handelsroute hin zum Amazonas kontrollieren. Deshalb haben sie, neben dem Bau eigener Siedlungen bestehende Wohnstätten im Rahmen ihrer Ideologie umgestaltet: Rituelle Strukturen wie Plattformen, Plätze und große, bearbeitete Steine wurden auf die Fundamente von Prä-Inka-Bau-

Der Archäologe Larry Coben in seinem Element. Rituale und theatralische Inszenierungen, meint er, hielten das Reich zusammen.

ten gelegt. So konnten sie permanent ihre politische Autorität in Erinnerung bringen, ihre ideologische Hegemonie demonstrieren. Praktisches und wichtigstes Ziel der befestigten Siedlungen war natürlich die Sicherung der Inkastraßen mit ihren *chasquis* und Lamakarawanen, auf denen die Waren des Tieflands, das Gold und die Nachrichten transportiert wurden.

Für Stanish sind die Inka eine der faszinierendsten Kulturen der antiken Welt: »Was sie taten, war einmalig. Ich habe Ökonomie und Politik studiert und möchte wissen, warum die Inka all diese Dinge machten. An einem Ort wie diesem oder in Machu Picchu, in Cusco. Es lehrt uns, wie Imperien, wie die Inka in der Lage waren, so viele Menschen zusammenzubringen und so große Reichtümer zu schaffen. Die Inka bauten Siedlungen überall in den Anden, in der Wüste, im Urwald. Sie hatten Ritualplätze auf Bergspitzen. Als Archäologe kannst du da überall arbeiten. Es ist so aufregend! Dann haben wir eine große Anzahl von Dokumenten, die uns sagen, wie viele Orte es überall gab. Durch deine Arbeit lässt du die Inka wieder lebendig werden. Und du bist in der Lage, dieses unglaubliche Imperium zu rekonstruieren, das fähig war, so viel in so kurzer Zeit zu bauen.«

Viele Cuscos

Spezialist für Inka-Ritualorte ist der US-Archäologe Larry Coben von der Universität von Pennsylvania. Auch er ist auf dem Weg ins Tiefland. Er forscht in Bolivien, an einem der südlichsten Punkte des Inka-Imperiums. Hier hatte eine der massivsten Zwangsumsiedlungen des Inkareiches stattgefunden: 14 000 Neusiedler wurden auf dem Wegenetz der Inka herbeigeschafft.

Ich hole Larry Coben auf dem Flughafen von Cochabamba ab. Eigentlich hatte er seinen Besuch wegen der Bauernaufstände in Bolivien schon abgesagt, aber dann erwischte er doch noch eine Maschine. Unser Plan ist es, einen Weg zu der drei Autostunden entfernten Inka-Ruinenstadt von Incallajta zu finden, und wir haben Glück.

Coben ist ein Archäologe so recht in den Fußstapfen von Heinrich Schliemann. Als Geschäftsmann hat er in Bolivien Geld verdient, aber auch das Land lieben gelernt. Als Archäologe gibt er ihm nun einen Teil zurück. Er finanziert Forschungen, die sich das arme Bolivien nicht leisten kann. Incallajta ist ein solches Projekt.

Gleichzeitig ist Coben ein Freigeist, der es liebt, kulturübergreifende Studien durchzuführen. Sein Steckenpferd ist eine archäologische Richtung, die er »Archaeology of Performance« nennt. Sie studiert die Rolle der Darstellung, des Spektakels, der Vorführung und des Theaters in alten Kulturen. Darüber hinaus interessiert ihn die Beziehung zwischen Glauben, Ideologie und wirtschaftlichem Verhalten des vormodernen Menschen.

»Ich versuche die ›Archaeology of Performance‹ in die allgemeine Archäologie einzubringen«, erklärt er, »theatralische Darstellungen sind in älteren Gesellschaften, aber auch heute, ein wichtiges Element unseres politischen Lebens. Ronald Reagan hat einmal gesagt, er könnte sich niemanden als Präsident vorstellen, der kein Schauspieler sei. Ich stimme dem zu. Ich plane, Führer aller Gesellschaften, antiker und moderner, aus der Alten und der Neuen Welt zu studieren, um dieses Phänomen zu untersuchen.«

Die Ruinenstätte Incallajta besaß die größte Halle der westlichen Hemisphäre vor Ankunft der Spanier. War es ein Vorratslager, eine Ritterburg oder ein Ritualort?

Wofür waren die vielen Nischen gedacht? Saßen hier vielleicht Mumien Spalier?

Die mehrere Hektar große Anlage von Incallajta liegt zwischen zwei Flüssen und wurde vermutlich von den Inka etwa 1460 zum Schutz gegen Angriffe der in dieser Gegend lebenden Chiriguanos gebaut. Coben fand große kreisförmige Grundrisse und Deiche. Die Kreise hatten einen Durchmesser von bis zu 300 Metern, was auf eine dichte Besiedlung dieses Gebietes hindeutet.

Das Hauptgebäude war eine 78 mal 25 Meter große Halle – die größte Konstruktion der westlichen Welt vor Ankunft der Spanier. Die neuesten Datierungen belegen, dass die Ruinen aus der Zeit des Inka Tupac Yupanqui stammen.

Coben füttert seinen Laptop mit Daten, um in einer 3D-Computer-Animation die Funktion der Ruinen zu entschlüsseln. Gebäudeumrisse deutet Coben als Warenspeicher, Befestigungsmauern und Steinportale, die vor allem der Sicherung der Warenlager dienen sollten. Incallajta als »Raubritterburg« der Inkazeit für Vorstöße ins Tiefland? Tatsächlich entdeckt Coben entlang der Außenmauer von Incallajta den Beginn einer alten Doppelstraße, die über die Stadt Vacas hinunter ins Tiefland führt. Eine weitere Route, die Richtung Amazonas deutet.

Die Ruine Incallajta mit einem großen Stein im Zentrum ist eine fast exakte Kopie der Architektur des Sonnentempels von Cusco und dessen ehemals mit Goldplatten belegten Ritualortes Coricancha. Coben wertet dies als Beweis: Die Inka-Herrscher sahen im Sonnenkult und im Gold den stärksten Kitt für das Imperium.

Das Projekt Incallajta versucht herauszufinden, welche Funktion der Ort hatte und wie die Inka ihre südliche Grenze ausweiteten. Wichtig für Coben ist, wie die Inka diese Orte als Ritualszenarien benutzt haben, um ihre Macht und Ideologie zu präsentieren.

Der Inka-Ritualort, auch *ushnu* genannt, befindet sich direkt vor dem Hautgebäude (*kallanka*): auf einer von zwei Plätzen gebildeten Stufenpyramide, mit einem großen Felsen im Zentrum, die den Redner für alle sichtbar macht. Für Coben ist hier der Schlüssel zum Verständnis dieser Kultur zu suchen: »Präsentationen in frühmodernen Gesellschaften schafften ein Gefühl von Gemeinsamkeit und Identität. Sie lassen auf Gewalt beruhende Beziehungen und ihre dazugehörenden Ideologien in den Hintergrund treten. Theatralische Spektakel waren ein wichtiges Element zum Regieren und für die Bildung von Imperien.«

Die Anlage Incallajta war in den Bergen gut versteckt. Mehrere Plattformen dienten den Ritualen, an denen Tausende teilnehmen konnten.

Im ganzen Imperium haben die Inka Pilgerrouten und Ritualorte geschaffen. Sie dienten nicht nur als Hintergrund für Spektakel, sondern auch dazu, ideologische und religiöse Botschaften zu verbreiten.

Cusco, Hauptstadt und kosmologisches Zentrum des Reiches, war die *axis mundi*, der heilige Mittelpunkt eines wohl konzipierten Raumes, der Welt. Religion und Ideologie waren darauf fokussiert. Viele Inka-Orte kopierten Elemente der Anlage von Cusco. Einige wurden direkt nach dem Plan von Cusco entworfen. Einer davon ist Incallajta. Legt man die Grundrisse von Cusco und Incallajta übereinander, zeigen sich überraschende Übereinstimmungen. Städte können materielle Verkörperungen kosmischer Ordnung und religiöser Symbolik sein. Die Herrscher standen in enger Beziehung mit ihnen und ihrem Layout. Sie verkörperten die Macht und Heiligkeit, die ihnen innewohnte. So hatte der Grundriss von Cusco die Form eines Pumas, des Symbols der Stärke und der Macht.

Coben: »Dieser Ort befindet sich an der Ost-Grenze des Inka-Imperiums und diente deshalb als Tor zum Tiefland und zum Amazonas. Die Inka bauten an Orten mit Konflikten und Kriegen Kopien ihrer Hauptstadt Cusco, und ich glaube, dies ist ein solcher. Einmal im Sinne des geographischen Umfelds von Bergen und Flüssen als auch wegen der vielen architektonischen Strukturen hier. Die Inka benutzten die theatralische Darstellung als Teil ihrer imperialen Strategie, einmal um sich in ihrer eigenen Identität zu bestärken, und zum anderen, um ihre Überlegenheit denen aufzuprägen, die sie erobert haben. Ich glaube, dass der gesamte rituelle Kalender der Inka auf den Plattformen hier präsentiert wurde.«

Eine Inkafestung am Amazonas

Nicht nur Stanish und Coben sind auf der Suche. Eine dritte Route wird ausgekundschaftet. Diese Archäologen kommen aus dem hohen Norden, aus Finnland. Martti Pärssinen, Professor für Lateinamerikanische Studien an der Universität Helsinki, und der Archäologe Professor Ari Siiriänen wollen die Tradition ihrer skandinavischen Landsleute fortsetzen. In den ersten Jahrzehnten des letzten Jahrhunderts hatten der Finne Rafael Karsten und der Schwede Erland Nordenskiöld in Peru und Bolivien grundlegende ethnographische und archäologische Forschungsarbeiten durchgeführt. Pärssinen und Siiriänen scharen seit zehn Jahren eine immer größer werdende Gruppe von jungen, begeisterten Archäologen um sich.

Die Untersuchungen begannen im bolivianischen Hochland, nahe dem Titicacasee, und haben sich dann immer mehr in Richtung des östlichen Tieflands verlagert. Grund dafür waren die Studien von Pärssinen und Siiriänen über die geographische Ausdehnung der Inka und ihre Grenzpolitik. Bisher hatte man immer geglaubt, die Inka seien kaum am Amazonasgebiet interessiert gewesen. Doch dann glückte Pärssinen ein interessanter Fund: In einem Archiv von Cusco fand er einen alten Text aus dem Jahre 1790. Es stellte sich heraus, dass dieses Dokument über die Entschlüsselung eines Knoten-Codes berichtet.

Danach hätten die Inka tatsächlich Vorstöße nach Osten in den so genannten Antisuyo-Distrikt unternommen. Der Text beschreibt die Aktivitäten der Inka im heutigen Amazonasgebiet. Doch es waren nicht nur sporadische Kontakte, die die Inka mit den Tiefland-Indios hatten. Der Text erwähnt auch große Militärexpeditionen und Festungen tief im Amazonaswald, 1000 Kilometer von Cusco entfernt. Die Finnen begaben sich auf die Suche.

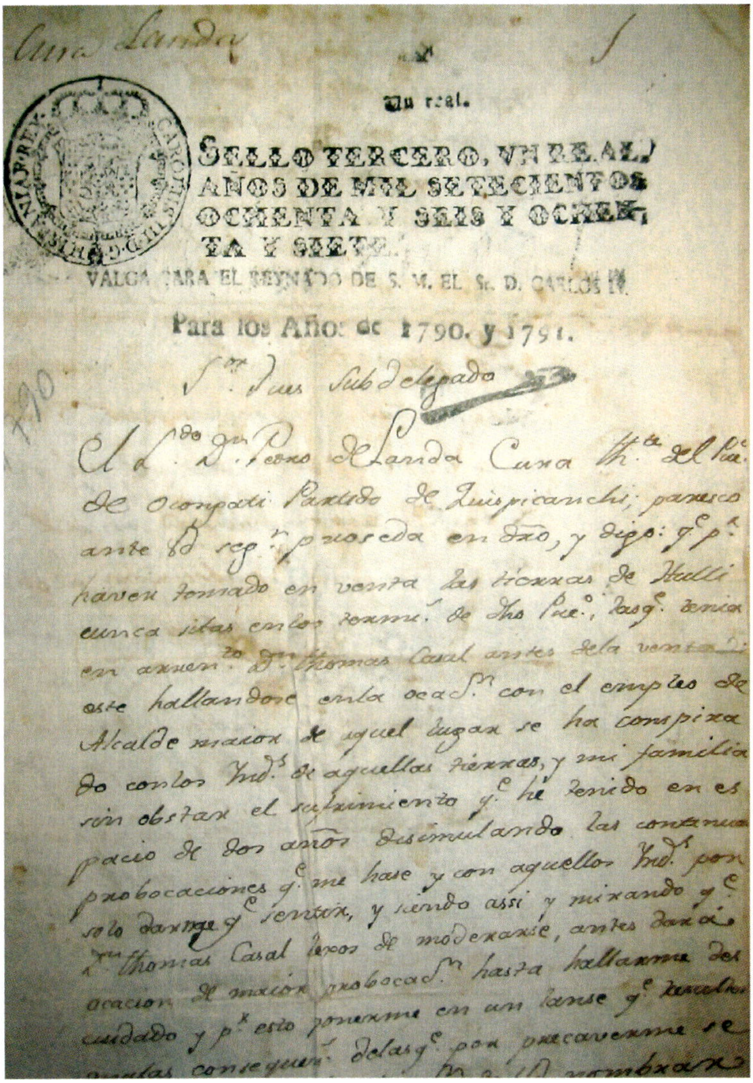
Un real.

SELLO TERCERO, UN REAL, AÑOS DE MIL SETECIENTOS OCHENTA Y SEIS Y OCHENTA Y SIETE.

VALGA PARA EL REYNADO DE S. M. EL Sr. D. CARLOS IV.

Para los Años de 1790. y 1791.

Sr. Juez Subdelegado

Eine handgeschriebene Chronik aus dem Jahr 1790 weist den Weg zur Entschlüsselung des Knotenschnur-Codes.

Ari Siiriänen unternahm 1997 eine Expedition in den Nordosten Boliviens, zum Zusammenfluss von Beni und Madre de Dios. Hier mussten laut Pärssinens Quellen die Inka während einer ihrer großen Militärexpeditionen eine Festung konstruiert haben. Eine Ruine, heute La Fortaleza genannt, erweckte seine Aufmerksamkeit. Der 9,7 Hektar große Ort war von Verteidigungsmauern eingeschlossen, und seine Bauart deutete Richtung Anden, da die

Keramikscherbe mit dem typischen Inkamuster. Sie könnte ein erster Beweis sein für die Anwesenheit des Andenvolkes in dieser Region.

Einheimischen im Regenwald bei ihren Bauten keine Steine verwendet haben. 1998, bei einem zweiten Besuch, wurde der Eindruck Richtung Inkabau noch verstärkt. Siiriänen fand zwischen anderen Keramikstücken Scherben mit typischen Inka-Mustern.

Im Jahre 2000 war dann die Finanzierung für ein dreijähriges Projekt *Die Amazonas-Interessen der Inka* durch die Universität Helsinki abgesichert. Außer den beiden Professoren wirken bei den Ausgrabungen fünf Doktoranden und der bolivianische Archäologe Juan Faldín als Codirektor vom Nationalen Institut für Archäologie in la Paz mit.

Der damals beteiligte Archäologe Antti Korpisaari fasst zusammen: »Schon das erste Ausgrabungsjahr bestätigte unsere Vermutung, dass dieser Ort von den Inka errichtet worden war. Die Steinarbeiten ähneln denen, die in den Bergen üblich sind. Zusätzlich wurden an anderen Orten Erkundigungen eingezogen.«

Im zweiten Jahr wurden 30 Testgrabungen vorgenommen mit einer Ausbeute von etwa 4000 Keramikteilen. Davon waren mehrere Dutzend typische Inka-Keramiken. »Unter einem umgefallenen Baum fanden wir eine Begräbnisstelle mit Inka-Keramik. Auch einige Sodalith-Perlen sowie etwas Kupfer und Bronze in diesem Grab deuten Richtung Anden. Durch unser Netzwerk von Testgruben konnten wir feststellen, dass die Festung sehr dicht besiedelt gewesen sein muss. Im Durchschnitt haben wir in jeder der ein mal ein Meter großen Testgrube 1,9 Kilogramm Keramik gefunden. Wir untersuchten im zweiten Jahr auch den 600 Meter langen Graben im Südwesten und Westen der Festung und einen runden Hügel inmitten der Festung. Dort wurden aber durch Schatzsucher, *huaqueros*, schwere Schäden angerichtet.«

Wir begleiten Professor Ari Siiriänen und Dr. Faldín zur Ausgrabungsstelle. Eine Militärmaschine soll uns von La Paz nach Riberalta am nordöstlichen Zipfel Boliviens bringen. Wieder holt uns die Realität ein. Die Straße zum Flughafen führt durch den Vorort El Alto. Einen anderen Weg gibt es nicht. Doch El Alto ist aus Tradition die Hochburg von streikenden Arbeitern und protestierenden Campesinos. Und heute ist Generalstreik. Sie protestieren gegen den Export der kürzlich entdeckten riesigen Gasvorkommen über einen chilenischen Hafen in die USA. Der Krieg gegen Chile von 1879 ist immer noch nicht verwunden. Damals hat

Bolivien seinen Zugang zum Meer verloren – ein wunder Punkt in der bolivianischen Seele, mehr emotional als rational begründet. Tränengas hängt in der Luft. Die Soldaten bilden für die Taxis ein Spalier zum Flughafen. Wir kommen durch.

Der Flug bringt uns über schneebedeckte Sechstausender tief ins tropische Bolivien. Es ist merkwürdig, dass Bolivien immer als Andenland bezeichnet wird. Der größte Teil des Landes hat jedoch tropisches Klima. Der erste Zwischenstopp ist die Hauptstadt der Provinz Beni, Trinidad. Die Einwohner leben von der Viehwirtschaft. Wir werden in einigen Tagen zurückkehren und hier nach Spuren einer unbekannten Kultur suchen. Auf dem Weiterflug nach Riberalta bemerken wir plötzlich aus dem Flugzeugfenster merkwürdige Zeichen auf dem Boden: rechteckige Strukturen, die fast wie die Zeichnungen aus Nasca in Peru erscheinen.

Riberalta ist ein kleines Amazonasnest mit 60 000 Einwohnern. Hauptexportgut ist hier die Paranuss. Schon am Flughafen werden die Nüsse, gebadet in Schokolade und Kokosflocken, angeboten. Hauptverkehrsmittel in Riberalta ist das Motorrad.

Unsere Archäologen sind schon früh unterwegs. Die Kühle des Morgens muss ausgenutzt werden. Nach einem kurzen Stopp auf dem Markt, wo allerlei tropische Tiere wie Schildkröten und Riesenmuscheln verkauft werden, fahren Ari Siiriänen und Juan

Der finnische Archäologe Ari Siiriänen ist auf die Hilfe einheimischer Helfer angewiesen. Sie kennen den Urwald und ihre Gefahren.

Die Archäologen Ari Siiriänen und Juan Faldín suchen unter extremen Bedingungen nach Spuren des Inkareiches am Amazonas. Mit Erfolg!

Faldín auf einem Motorradtaxi nach Puerto Hamburgo, den vor Jahren ein versprengter Deutscher so getauft hat. Heute rauchen hier Dutzende Öfen, in denen Ziegel gebrannt werden. Die Fähre wartet schon, um Passagiere über den etwa 100 Meter breiten Beni-Fluss zu fahren. Der Dieselmotor sieht aus wie ein großer Cocktailquirl. Er hat zu kämpfen, damit das Boot in der starken Strömung nicht abtreibt.

Von Schlangen und Tausendfüßlern

Neue Motorradtaxis warten am anderen Ufer. Die Gegend heißt hier sinnigerweise Las Piedras, die Steine. Die Festung ist nur noch ein paar hundert Meter entfernt. Früher lag das Ufer des Beni mehr landeinwärts, erklärt uns Siiriänen. Die Umgebungsmauer war direkt am Wasser. Das ist das Schwierige, wenn man Archäologie am Amazonas betreibt. Man muss erst mal Studien durchführen, um zu erfahren, wo die Siedlungsgebiete und Flüsse damals gewesen sein könnten. Und das ist deshalb nicht einfach, weil die Flüsse in dieser Zone ihr Bett im Laufe der Jahrhunderte öfter geändert haben. Diese Flusswanderung kann von ein paar hundert Metern bis zu 200 Kilometer betragen. Vom Flugzeug und auch von Satelliten aus sieht man sehr gut, dass oft Teilkurven der Flüsse irgendwo liegen geblieben sind und sich rund herum riesige Überschwemmungsgebiete gebildet haben. Deshalb ist es so schwierig zu sagen, wie die Besiedlung erfolgt ist und welche Wanderbewegungen es von einzelnen Volksgruppen gegeben haben könnte. Den Ort, den die Chronisten beschreiben, gibt es vielleicht gar nicht mehr, denn der Fluss hat ihn überspült. Andere verschwundene Siedlungsgebiete können wieder auftauchen.

Ausgrabungen am Amazonas haben noch ein weiteres Handicap. Pflanzliche Reste können kaum gefunden werden. Und auch die Zeichnungen auf den Keramikscherben haben sich bei dem feucht-heißen Klima über die Jahrhunderte verwischt oder sind ganz ausgelöscht. Abgesehen von den riesigen Mückenschwärmen, die uns ständig umfliegen. Riberalta ist zudem noch Malariagebiet.

Der lokale Begleiter von Siiriänen, Juan Navi, war bei allen Ausgrabungen dabei. Er hat in den letzten Jahren dem finnisch-bolivianischen Team bei seinen Expeditionen geholfen. Er kennt sich bestens aus in der Gegend. Und er ist darüber hinaus noch ein Spezialist für Heilpflanzen – ein wichtiger Mann für das Team, denn einen Heiler braucht man hier.

Nachdem ich mich an einen Baum gelehnt habe und viele kleine blassgelbe Ameisen die Chance nutzten, um auf mich überzuspringen, entspinnt sich eine Konversation über horrende Naturerlebnisse. »Die beißen höllisch«, sagt Juan Navi, »man sollte sich nie an einen Baum lehnen oder daran festhalten.« Leider habe ich seinen Ratschlag nur unzulänglich befolgt, denn kurz darauf riss ich mir die Hand an einem dünnen Ast mit gemeinen, stachligen Dornen blutig. Ari Siiriänen meint, die Amazonas-Archäologie wäre eine feine Sache, wenn nur die kleinen, giftigen Schlangen nicht wären und auch nicht das Dengue-Fieber und die Malaria. Das mache diese Gegend hier zur Hölle. Und Juan ergänzt mit einer Erzählung von einer Frau aus seinem Dorf, die gestern von einem giftigen Tausendfüßler gebissen worden sei. Sie blute jetzt aus Augen, Nase und Mund. Ein schönes Panoptikum!

Die Karte des Inkareichs muss neu gezeichnet werden. Der Inka-Limes verlief etwa 400 Kilometer weiter im Osten als bisher angenommen.

Die Festung macht von außen für einen Laien zunächst einmal einen etwas armseligen Eindruck. Unter Inka-Festung stellt man sich Mauern wie im Hochland vor. Hier ist alles kleiner oder auch einfach nur zerstörter. Generationen von lokalen Schatzsuchern und Grabräubern haben sich hier versucht, nicht zu reden von der alles verschlingenden Vegetation. Doch Siiriänen ist sehr zufrieden, auch wenn die Anlage noch nicht vollständig untersucht worden ist. Immer wieder werden neue Mauerreste entdeckt. Um sie von der dichten Vegetation zu befreien, müssen lokale Helfer mit Macheten und Äxten organisiert werden.

Das Ziel von Siiriänens dreijähriger Forschung ist erreicht: Die Geschichte muss neu geschrieben, die Karte des Inkareiches neu gezeichnet werden. Die Grenze des Imperiums verlief mindestens 400 Kilometer weiter im Osten als bisher angenommen.

War der üppige Reichtum der Amazonasregion der einzige treibende Faktor für diese Eroberungen? Oder gab es noch einen anderen Grund?

Am nächsten Tag fliegen wir mit dem finnischen Archäologen in einer Cessna der bolivianischen Luftwaffe über die grüne Hölle. Aber es ist schwierig, aus der Luft im Urwald versteckte Ruinen

Die Archäologen finden Beweise: Die Inka hatten am Zusammenlauf zweier Flüsse eine Festung gebaut, so wie es der Knotentext beschrieb.

zu finden. Siiriänen weiß, dass der Fund der Festung nur der erste Schritt seiner Forschungen war. Jetzt muss er weiter nach Osten vordringen. Er fliegt mit der Cessna an die Grenze zwischen Bolivien und Brasilien. Die Finnen beantragen eine Grabungserlaubnis. Viele merkwürdige kreisförmige Zeichen haben sie aus der Luft entdeckt. Ist das der erste Schritt zur Entdeckung des legendären Paititi, der bolivianischen Version von El Dorado? Wer weiß? Siiriänen kennt die Legenden und die historischen Quellen, die von einem Paititi reden. Geographisch muss sich der Ort hier befunden haben, und er wurde mit diesem Namen auch in alten Landkarten verzeichnet.

Siiriänens Meinung: »Es war ein sehr interessanter Trip. Wir flogen über eine Gegend, die in den spanischen Chroniken Paititi genannt wurde. Wir haben den Paititi-Fluss gesehen. Das ist vermutlich nicht der gleiche wie damals, denn er wechselt ständig sein Bett und emigriert. Aber die Gegend ist ohne Zweifel Paititi. Wir sahen auch die *Cerros de Paititi*, einige Hügel, die heute *Serra do Parecis* heißen. Dieser Ort wird in den Chroniken als der am weitesten entfernte Punkt bezeichnet, bis zu dem die Inka in der Amazonasregion gekommen waren. Das legendäre Paititi muss irgendwo hier sein.«

Eine interessante Perspektive, denn schon am 31. Juli 1570 schrieb ein gewisser Juan Alvarez Maldonado, Einwohner von Cusco, Folgendes:

»Pasado el río Paitite se dan noticias de una sierra muy rica de metales, y en ella hay grandísimo poder de gente al modo de los del Pirú y de las mismas ceremonias y del mismo ganado y traje. Los indios de estas provincias son gente alzada, vestida de algodón y todos con ritos y ceremonias que son como los Yngas del Pirú y es tierra de minas de oro.«

»Hinter dem Fluss Paitite [...] gibt es Nachrichten über eine Bergkette, die sehr reich an Metallen ist. Dort gibt es sehr mächtige Leute im Stil von denen aus Pirú (Peru – Anm.d.A.). Sie kennen dieselben Zeremonien und Haustiere, haben die gleiche Kleidung. Die Indios dieser Provinzen sind erhabene Personen, sie kleiden sich in Baumwolle und haben Riten wie die der Yngas del Pirú (Inka aus Peru – Anm.d.A.), und es ist ein Gebiet mit Goldminen.«

Paititi – Legende einer verlorenen Stadt

Nach der Eroberung Perus durch die Spanier und der nachfolgenden Auslöschung der Inka-Dynastie legte sich eine große Stille über das ehemalige Imperium. Krieger, Priester und die Führungselite verschwanden in alle Richtungen. Wohin gingen sie?

Wohin brachten die Inka-Generäle die Goldschätze? Wer kannte noch die Namen und die Koordinaten der heiligen Orte, die die Inka in unzugänglichen Bergen versteckt oder im wilden Amazonas gebaut hatten? Sie wurden vergessen oder verschwiegen. Die spanischen Geistlichen verbrannten Tausende Quipus, die hätten Aufschluss geben können. Die Kunst, sie zu lesen und zu interpretieren, verschwand, die *quipu-camayus*, die Quipu-Leser, starben aus. Übrig blieben Legenden, die von Generation zu Generation weitergetragen wurden. Nach der Conquista hätten sich die Inka in die im undurchdringlichen Urwald versteckten Städte zurückgezogen. Und mit sich genommen hätten sie einen großen Teil ihrer Schätze. Einige dieser Orte wurden später entdeckt, wie Vilcabamba und Machu Picchu. Andere werden bis heute gesucht.

Eine Legende, die sich erhalten hat und Generationen von Konquistadoren, Abenteurern und Archäologen beschäftigte, ist die Geschichte von der heiligen Stadt, von Paititi oder Pantiacolla. Es ist die peruanische Version des Mythos von El Dorado. Es sei die

Wird das Goldland mit dem Namen »Paititi« eines Tages gefunden? Die Anzeichen sind vielversprechend.

Goldscheibe im »Museo de Metales Preciosos« in La Paz/Bolivien. Immer noch werden Schätze entdeckt. Legionen von Grabräubern sind unterwegs. Brutal zerstören sie wissenschaftliche Zusammenhänge für alle Zeiten.

letzte große Stadt der Inka gewesen. Dorthin habe sich die Elite zurückgezogen. Dutzende Such-Expeditionen sind unternommen worden. Für einige Teilnehmer war es die letzte: 1970 folgten Bob Nichols und zwei Franzosen dem Schicksal des 1925 in der Nähe der Grenze von Brasilien und Bolivien ermordeten Abenteurers Percy Fawcett. Sie sind umgekommen, anscheinend ermordet von einem kriegerischen Indiostamm mit dem Namen Paco-pacoris. Dieses Ereignis produzierte neue Legenden. Die Pacoris sollen Nachfahren der Inka sein. Sie seien hoch gewachsen, und ihre heilige Mission sei es, die Amazonasstädte der Inka vor Eindringlingen zu schützen.

Bisher hat sich die Suche nach Paititi auf Ziele im Nationalpark Manú und seiner direkten Umgebung konzentriert. Das lag wohl nicht nur an einem nationalistischen Interesse der Peruaner, sondern auch an einer langen akademischen Tradition von Archäologen, die das tiefe Eindringen der Inka ins Amazonasgebiet für unmöglich gehalten hatten. Und die darüber hinaus bezweifelten, dass entwickelte und hierarchisch organisierte Indiostämme im Amazonasgebiet existierten. Beide Theorien sind heute hinfällig geworden. Es wurden zu viele Inka-Stützpunkte gefunden. Und es ist auch gewiss, dass es komplexe indianische Gesellschaften an den Hauptflüssen gegeben hatte. Schon der spanische Konquistador und Entdecker des Amazonas, Francisco de Orellana, hat 1541 von solchen Völkern berichtet.

Die Arbeit der finnischen Archäologen ist nur die Speerspitze dieser Forschung. Die entdeckte Festung ist ein Vorposten der Inka. Faszinierende Perspektiven tun sich auf. Eine neue Generation von Archäologen wird sich das Amazonasgebiet zum Arbeitsfeld nehmen. Werden sie auch das Rätsel um Paititi lösen? Das Auffinden von Festungen und Stützpunkten der Inka im heutigen Amazonasraum durch die archäologische Forschung ist heute schon Wasser auf die Mühlen von Träumern und Abenteurern. Zurzeit werden drei neue Expeditionen geplant, davon eine mit großem technischem Aufwand: Satellitenfotografie, Infrarotkameras, Hubschrauber, alle Mittel kommen zum Einsatz. Der Urwald soll gescannt werden.

Andere wollen die Expedition des Inka Túpac Yupanqui von 1476 nacherleben. Der Chronist Pedro Sarmiento Gamboa (1572) schrieb, der Inka sei mit Tausenden Kriegern über 1100 Kilometer in den Amazonaswald vorgedrungen, und zwar am Amarumayo-Fluss. Übersetzt heißt das »Fluss der Schlange«. Gemeint ist wohl der Fluss Madre de Dios, der sich tatsächlich wie eine Schlange durch das heutige Peru und Bolivien windet. In der Gegend erzählt man sich immer noch Legenden über die Expedition des Inka und über seine verlorenen Städte wie Apucatinti und Uschucatinti – weitere lokale Versionen des Mythos von El Dorado.

Eine der neuen Expeditionen wird den Namen tragen: »El Llamado del Guacamayo – Der Ruf des Papageis«. Aber den Schutz von Madre de Dios, der Gottesmutter, werden sie wohl auch noch brauchen.

Vielleicht ist der Name Paititi sogar falsch überliefert worden. Es gibt ein Quechua-Wort *pay kikin*, was so viel wie »eine neue Stadt« heißt. Eine Stadt wie Cusco? Vielleicht wollten die überlebenden Inka eine Stadt nach dem Vorbild ihrer Hauptstadt bauen. Larry Coben wird diese Theorie mögen. Das Konzept des Baus von »vielen Cuscos« war ja schon in der Inkazeit eine Strategie der Herrscher.

Aber auch der andere Name für Paititi, *Pantiacolla*, gibt Anlass zum Träumen, denn er bedeutet »die verlorene Inka-Prinzessin«. Wie gut, dass es Mythen gibt. Wer möchte sie nicht erretten?

S. 247: Goldwäscherei auf dem Fluss »Madre de Dios«. Immerhin 30 Gramm sind die tägliche Ausbeute.

An historischen Dokumenten fehlt es nicht. Der geographische Ort Paititi existiert auf der Landkarte, ganz in der Nähe der Ausgrabungsstelle der Finnen. Die Chronisten sprachen von einem Indio-Imperium mit dem Namen »Gran Paytite«. Jetzt, da wir wissen, dass die Inka bis zum Zusammenfluss von Madre de Dios und Beni und vermutlich darüber hinaus gekommen waren, wird diese Gegend für die neue Paititi-Forschung interessant. Denn sicher war die Festung am Beni nicht das Ende des Inka-Einflusses am Amazonas. Eine alte Chronik und eine Karte von 1600 belegen: Die Inka stießen weiter in den Dschungel vor, wohl bis in die Mato-Grosso-Region Brasiliens. Insbesondere Gold, aber auch andere Güter des fruchtbaren Amazonien trieben die Inka-Fürsten aus ihren kargen Anden ins Tiefland: Coca, Mais und Baumwolle, auch Holz, Wachs, Honig und nicht zuletzt Federn für den prachtvollen Inka-Schmuck.

Flüsse voller Gold

Internationale Wissenschaftler belegen die Gold- und Handelsstraße der Inka vom Andenhochland bis in die grüne Hölle Amazoniens. Wie weit drangen die Inka am Amazonas vor? Die Antwort ist noch im Dschungel verborgen. Der bereits oben zitierte Alvarez Maldonado schrieb 1570, dass die Inka viele Soldaten nach Paititi schickten. Sie machten sich mit Geschenken den »*großen Herrscher von Paitite*« gefügig und ließen zwei Festungen am Paititi-Fluss bauen.

Wo sind sie? Und was war der Grund für diese weit entfernten Außenposten der Inka am Amazonas? Gold war sicher einer. Noch heute wird in den Flüssen in der Nähe von Riberalta bis nach Brasilien das edle Metall aus dem Wasser gewaschen. Mit Juan Faldín und Ari Siiriänen suchen wir auf dem Fluss Madre de Dios nach einer solchen Goldwäscherei. Unser Führer ist wieder Juan Navi, der in den letzten Jahren dem finnisch-bolivianischen Team bei seinen Exkursionen half und bei allen Grabungen dabei war. Nach zwei Stunden Bootsfahrt stoßen wir auf ein Goldboot. Der Besitzer lässt uns filmen.

»Ich wasche hier Gold, das aus den peruanischen Bergen

kommt«, sagt er. Zwischen 25 und 35 Gramm ist die tägliche Ausbeute. Dafür muss die Dieselpumpe aber auch den ganzen Tag laufen. Das System ist einfach. Das Wasser wird auf eine filzähnliche Matte gepumpt, wo sich der Goldstaub festsetzen kann. Er wird dann mit Quecksilber gebunden.

Auf dem Rückweg lässt Juan Navi das Boot anhalten. Er will uns am Ufer zwei Heilpflanzen zeigen. *Parajobobo* nennt er die erste. Sie wirkt gegen Herpes. Man muss nur ein Kataplasma herstellen. »Herpes kommt aus den Knochen«, meint Juan. Nur diese eine Pflanze könne die Krankheit heilen.

Und dann zeigt er uns eine Pflanze, die gegen Malaria helfen soll. *Sauce* heißt sie. Sie ist sehr bitter, wird sowohl getrunken als auch für äußere Waschungen verwendet. »Das muss man drei Tage lang machen. Meinen Sohn habe ich gerade damit geheilt«, sagt Juan. »Ich gebe ihm keine Tabletten, das macht ihn fertig. Wenn man vierzehn Tage lang Tabletten nimmt, ist man danach ganz blass, magenkrank und auch krank im Kopf. Das passiert mit dieser Pflanze nicht.« Juan kennt noch drei weitere Anti-Malaria-Pflanzen. Daraus stellt er einen Sud her. »Viele Leute habe ich schon damit geheilt. Die Menschen aus der Stadt kennen das nicht. Dieses Wissen habe ich von den Indios, die in der Umgebung leben.«

Ari Siiriänen meint dazu: »Die Inka wussten vermutlich viel über die Heilpflanzen des Amazonas, sogar schon vor ihrem Eindringen in diese Gegend. Sie hatten Kontakte und kannten die hier vorhandenen natürlichen Ressourcen. Und dieses Interesse an Heilpflanzen war vermutlich einer der Gründe für die Inka hierherzukommen.«

Bevor wir uns von Riberalta verabschieden, wollen wir noch das lokale Museum kennen lernen, wo die von den Finnen aufgefundenen Stücke irgendwann einmal ausgestellt werden. Die Bewohner von Las Piedras erhoffen sich vom Bekanntwerden der Festung ein Anwachsen des Tourismus und natürlich auch der Einnahmen. Im Büro des Bürgermeisters steht eine Vitrine, sie ist aber noch leer. Alle Fundstücke liegen ohne Klassifizierung in Dutzenden Pappkartons verstreut. Wir öffnen einige von ihnen. Es sind schöne Stücke dabei, eine Schale mit Schlangenmotiv zum Beispiel.

Wir wollen von den anwesenden Helfern wissen, ob La Fortaleza ihnen auch schon früher bekannt war.

»Ja«, sagen sie, »es war ein Ort, wohin wir als Kinder Ausflüge machten. Wir wussten nicht, was es darstellte, ein wenig unheimlich war es schon. Legenden berichteten von unterirdischen Tunneln.«

Juan Navi ergänzt die Erzählungen mit einer Geschichte, die wohl eine Mischung ist aus Phantasie und Dingen, die er sich angelesen hat: »Ich habe gehört, dass es unter der Festung einen Tunnel geben soll mit einer Öffnung Richtung Sonnenaufgang. Als die Spanier auf dem Madre de Dios-Fluss kamen auf der Suche nach dem Inkaschatz, verschlossen die Inka den Tunnel mit einem großen Felsbrocken und zogen sich in Booten auf den Beni-Fluss zurück. Im Tunnel hinterließen sie eine Goldkette, die 500 Glieder hatte. Jedes Glied wog 45 Kilogramm. Das ist die Last, die ein einzelner Mann tragen konnte. Also 500 Männer wurden gebraucht, um die Kette zu bewegen. Der Eingang soll da sein, wo wir gestern gegraben haben.«

Wir verabschieden uns von Riberalta mit dem Gefühl, weitreichenden neuen Erkenntnissen auf der Spur zu sein. Der Quipu-Code hat Recht gehabt. Der Inka-Limes ist 400 Kilometer weiter östlich anzunehmen. Je mehr sich das Dunkel des Urwalds lichtet und seine Geheimnisse preisgibt, desto deutlicher wird das Mosaik.

Rätselhafte Zeichen und Strukturen, von Menschenhand geschaffen. Sogar aus dem Weltraum sind sie zu sehen. Waren sie Werke einer unbekannten Hochkultur?

Merkwürdige Muster aus der Luft

Ein Gebiet haben wir noch nicht besucht. Es liegt gar nicht so weit weg von den beschriebenen Inkarouten. Wenn Krieger oder Inkaboten von Incallajta, der Garnison in Bolivien, nach Riberalta reisen wollten, kamen sie durch eine Region, die den Archäologen heute große Rätsel aufgibt.

Es ist das Land einer enigmatischen Kultur im Flachland von Mojos (Moxos). Einige alte Karten markieren den Standort von Paititi überraschenderweise in dieser Gegend. Wir wollen das Gebiet kennenlernen, aber auch einen Mann, der seit Jahren die Kultur der Tiefland-Indios erforscht: den Bonner Archäologen Heiko Prümers.

Heiko Prümers und sein lokaler Führer Ricardo Bottega haben einen bisher unbekannten Siedlungshügel entdeckt.

Eine durch unser 600 Kilogramm Gepäck überladene Maschine der Amazonas-Airline bringt uns zunächst zurück nach Trinidad. Wir kleben am Fenster, um wieder diese geheimnisvollen Zeichen zu sehen. Mitten im abgebrannten Savannengras mysteriöse Muster, Striche und Kreise – ähnlich geheimnisvoll wie die Linien von Nasca in Peru. Kilometerweit rätselhafte Rechtecke, verbunden mit Linien. Vermutlich ein kompliziertes System aus Siedlungshügeln und alten Verbindungswegen der Tiefland-Indianer. Im Terrain unter uns erweist sich eine unscheinbare Waldinsel als kleiner Hügel. Was hat es damit auf sich?

Zwar hat Prümers noch keine Artefakte gefunden, die einen direkten Kontakt mit den Inka zweifelsfrei belegen. Die mindestens 2000 Jahre alte, hoch entwickelte Agrarkultur des Tieflandes war den Inka laut spanischen Chronisten aber bekannt. So gibt es in einer Chronik aus dem 16. Jahrhundert einen Bericht, der von einem großen See im Tiefland erzählt, in dessen Mitte sich Inseln befinden; und auf einer stand ein Sonnentempel. Es könnte die Mojos-Region gemeint sein, die alljährlich im Frühjahr überschwemmt wird und dann wie ein riesiges Seengebiet aussieht.

Seit 40 Jahren wird in der Mojos-Region geforscht. Für Prümers steht die Archäologie hier jedoch erst am Anfang:

»Mojos als Region, als große Landschaft ist archäologisch letztendlich unerforscht. Es gibt historische Quellen, die in einigen Aspekten relativ präzise sind, in anderen nicht. Also, was jetzt Bräuche anbelangt von einzelnen Völkern, die geschildert werden von den Jesuiten, darüber sind wir informiert. Aber über viele Aspekte des täglichen Lebens, die uns in der Archäologie natürlich sehr interessieren, gibt es keine Anhaltspunkte. Deshalb ist die archäologische Forschung in diesem Punkt besonders interessant. Und da archäologische Grabungen bislang fehlen, kann man letztendlich nichts sagen. Es ist ein großes Rätsel, ja sicher.«

Menschen träumen. Das ist uns allen gemeinsam. Die beste Nahrung für unsere Träume sind Rätsel, unbekannte Welten, geheimnisvolle Kulturen. Doch niemand träumt, was ein anderer geträumt hat. Jeder unserer Archäologen hat seinen eigenen, individuellen Traum. Aber sie haben doch etwas gemeinsam. Jeder trägt auf seine Weise dazu bei, ein weiteres Kapitel in der Geschichte der Inka aufzuschlagen.

S.251 oben: Ein von Menschenhand geschaffener Siedlungshügel. Handelt es sich um eine der »Inseln«, von denen alte Chroniken berichten?

S.251 unten: Es war eine Wasserkultur, vermuten die Wissenschaftler. Doch woher kam sie? Und warum ist sie verschwunden?

FELDFORSCHUNG IM BOLIVIANISCHEN TIEFLAND

Hügelbeete und Siedlungshügel

von Heiko Prümers

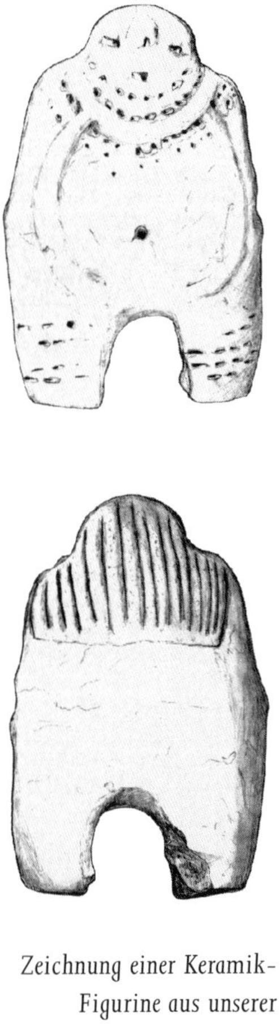

Zeichnung einer Keramik-Figurine aus unserer Grabung

Es ist schwül, seit 19 Uhr dunkel, ein typischer Septemberabend im Beni. Wir sitzen in dem zum Hof hin offenen »Esszimmer« unseres Grabungshauses. Einige der Studenten zeichnen noch Keramik oder schreiben Tagebuch; ich setze die digitalen Fotografien des heute freigelegten Planums am Computer zusammen. »Hallo, ist da jemand?«, ruft plötzlich eine sonore Stimme vom anderen Ende des Hofes, der zur Straße durch einen niedrigen weiß getünchten Bau mit windschiefem Ziegeldach abgeriegelt ist. Die Stimme ist unverwechselbar. Sie gehört Ricardo Bottega, von uns respektvoll »Don Ricardo« genannt. Wer in den Llanos de Moxos Forschung betreiben will, gleich welcher Art, kann mit seiner Unterstützung rechnen, und sie ist von unschätzbarem Wert. Er kennt Gott und die Welt in Trinidad, der Hauptstadt des im Norden des bolivianischen Tieflands gelegenen Departaments Beni, und vor allem kennt er die Llanos de Moxos, die Ebenen rund um Trinidad, so gut wie kaum ein anderer. Als Brunnenbohrer ist er weit herumgekommen, und er gibt seine Kenntnisse gern preis. Als ich ihm 1999 zum ersten Mal in Trinidad begegnete, war er sofort begeistert von der Möglichkeit, dass das Deutsche Archäologische Institut Grabungen in der Region durchführen würde, um mehr über die Lebensweise und Geschichte der vorspanischen Bewohner der Llanos de Moxos zu erfahren. An den nächsten beiden Tagen führte er mich zu über 30 Fundstätten. Eine davon war der Siedlungshügel, an dem wir dann vier Jahre lang, bis 2002, gegraben haben.

Sein Besuch an diesem Abend hat einen besonderen Anlass. Er ist gekommen, um über den Flug zu sprechen, den wir für den nächsten Tag geplant haben. Eine Karte wird ausgebreitet, und Don Ricardo erläutert die verschiedenen Optionen, erklärt, was man wo aus der Luft sehen könne, wie lang die Flugstrecken sind – er hat alle Daten im Kopf. Wäh-

rend wir an der Route basteln, fragt einer der deutschen Studenten besorgt, wie gut denn der Pilot sei. »Die Piloten hier sind die besten der Welt«, antwortet Don Ricardo pathetisch, legt dann eine Pause ein und fügt mit einem Lachen hinzu, »bis sie abstürzen.«

Kilometerlange Kanäle und Dämme durchziehen die Pampa der Llanos de Moxos (Mojos).

Am nächsten Morgen, noch vor acht Uhr, rollen wir über holprige Wege zur Piste. Der Funkwechsel mit dem Tower ist kurz, die Bewegungen von Capitán Arias sind routiniert – er strahlt Sicherheit aus. Dennoch verzichtet auch er nicht auf höheren Beistand: An der Konsole des Steuerknüppels hängt ein Rosenkranz, und unterhalb des Höhenmessers klebt ein kleines Heiligenbild. Kaum haben wir die Piste erreicht, startet Capitán Arias die Cessna übergangslos durch, und wir schweben gen Westen. Meine Kameras und reichlich Filme liegen bereit.

Was ich in den folgenden vier Stunden des Rundfluges auf ihnen festhalte, sind kilometerlange Kanäle und Dämme, riesige Flächen mit Hügelbeetanlagen und verstreut bei ihnen liegende Siedlungshügel. In der Literatur finden sich nur wenige Fotos dieser Erdanlagen, obwohl sie bereits seit den 60er Jahren des vorigen Jahrhunderts bekannt sind. Damals wurden im Rahmen von Erdölprospektionen die ersten Luftbilder der Region gemacht, und auf diesen waren die eigenwilligen Erdformationen, die für einen im Gelände selbst stehenden Betrachter kaum wahrnehmbar sind, nicht zu übersehen. Sie bedeckten gewaltige Flächen der Pampas, und zwar in Gebieten, in denen zu jener Zeit niemand lebte. Wer also hatte diese Erdwerke geschaffen und wann? Zunächst nahm man an, dass sie Relikte aus der Kolonialzeit darstellten und im 17. oder 18. Jahrhundert unter Anleitung der spanischen Missionare entstanden seien. Doch bereits in seiner 1966 publizierten Dissertation konnte der nordamerikanische Geograph William M. Denevan nachweisen, dass sie vorspanischen Ursprungs sein mussten. Er schloss dies hauptsächlich aus der Tatsache, dass in den Berichten der Missionare keinerlei Angaben zu solchen Erdwerken enthalten waren. Jahrzehnte später stieß Denevan zwar auf ein Dokument aus der Mitte des 18. Jahrhunderts, in dem in einem Nebensatz erwähnt wird, dass die Indianer der Region »ihre Pflanzungen in den Pampas anlegen, indem sie Gräben ausheben und Erde aufhäufen«, aber der vorspanische Ursprung der Erdwerke stand zu jenem Zeitpunkt längst nicht mehr zur Diskussion. Dass zumindest einige der Hügelbeetanlagen auch noch während der Kolonialzeit genutzt wurden, war allerdings eine wichtige Information.

Schwemmland statt grüner Hölle

Um die Bedeutung jener Hügelbeete, Kanäle und Dämme für die archäologische Forschung zu verstehen, muss man sich deren Lage und Ausdehnung vergegenwärtigen. Die Llanos de Moxos sind ein gewaltiges Schwemmland, das mit 110 000 Quadratkilometern etwas größer ist als die neuen Bundesländer. Hydrologisch gehört es zum Amazonasbecken, denn der Mamoré, der sich in unzähligen Mäandern mitten durch das Schwemmland windet, ist ein Nebenfluss des Beni, der seinerseits die südliche Verlängerung des in den Amazonas mündenden Madeira darstellt. Gespeist von zahlreichen kleineren Nebenflüssen und durch keinerlei Barrieren oder nennenswerte Geländereliefs behindert, sucht sich der Mamoré immer wieder neue Wege, verlagert seinen Lauf, bildet neue Mäander und formt so in jeder Regenzeit die Gegend neu.

Das Landschaftsbild der Llanos de Moxos entspricht allerdings in keiner Weise dem Bild, das man in Europa mit dem Amazonasbecken ver-

»Islas« nannten die Einheimischen solche Siedlungshügel, die während der Regenzeit aus der überschwemmten Pampa ragten. Ein Überleben war dann nur noch auf diesen Anhöhen möglich.

bindet. Dichten Regenwald, die »grüne Hölle« aus den Beschreibungen der Forschungsreisenden des 19. Jahrhunderts, sucht man hier vergeblich. Vielmehr ist die Landschaft durch endlose Pampas geprägt, die mit hohen Gras- und Schilfarten bestanden sind. Über 80 Prozent der Llanos de Moxos sind baumlose Pampas, die übrigen Flächen Galeriewälder, die sich entlang der Flussläufe erstrecken; nur vereinzelt erheben sich kleine bewaldete Anhöhen aus der weiten Fläche. Doch auf ihnen zeigt die Natur dann, zu welchem Überfluss sie in diesen Breiten fähig ist: Mächtige Bäume, von deren Ästen Schlingpflanzen und Lianen ins dichte Unterholz herabhängen, dominieren die Anhöhen. »Islas«, Inseln, werden sie von der lokalen Bevölkerung genannt, und das ist wörtlich zu nehmen. Denn während der Regenzeit, in den Monaten Dezember bis Mai, stehen die Pampas in weiten Landstrichen einen halben bis einen Meter unter Wasser. Ein Überleben ist dann nur auf den Anhöhen möglich. Die Überschwemmungen werden bloß zum Teil dadurch hervorgerufen, dass die aus den Anden kommenden Flüsse über die Ufer treten. Vielmehr fließt das Regenwasser aufgrund des geringen Geländereliefs nicht ab, und die sehr tonhaltigen Tropenböden verhindern ein Versickern. Während der Trockenzeit fallen die Pampas dann vollständig trocken, und wer sie in jener Zeit durchwandern will, muss genügend Wasservorräte mitnehmen, will er nicht verdursten.

Das Fehlen von Baumbewuchs in den Pampas wird gemeinhin dadurch erklärt, dass die Bäume den lang anhaltenden Überschwemmungen nicht standhalten. Allerdings wird dies durch neuere Beobachtungen in Frage gestellt. So hat man beim Vergleich von Luftbildern aus den 50er Jahren des vorigen Jahrhunderts mit solchen neueren Datums entdeckt, dass zumindest in einigen Regionen ein Vordringen des Baumbewuchses von Anhöhen aus in die Pampas zu verzeichnen ist. Diese Erkenntnisse sind freilich noch neu und bedürfen weiterer Untersuchungen. Vermutlich sind noch andere Faktoren für die Existenz der ausschließlich mit Gras- und Schilfarten bestandenen Pampas zumindest mitverantwortlich – Feuer zum Beispiel.

Feuer in der Pampa

Alljährlich werden riesige Gebiete der Pampas abgebrannt, damit frisches Grün nachsprießen kann und die auf den Pampas weidenden Rinder ausreichend Futter finden. Rinderzucht ist das wirtschaftliche Rückgrat der Llanos de Moxos. Bereits 1690 brachte der Missionar Cipriano Barace 200 Rinder aus Sta. Cruz in die vier Jahre zuvor gegründete Mission von Trinidad und legte damit den Grundstein für den heutigen Reichtum der Region. Den derzeitigen Rinderbestand im Departament Beni schätzt man auf zwei bis drei Millionen Tiere. Da die Pampas nur wenig Nahrung hergeben, braucht jedes der Tiere etwa vier Hektar Weidefläche. Die Rechnung ist einfach. Es werden Millionen Hektar der Pampas als Weidefläche benötigt, und die meisten von ihnen werden alljährlich gegen Ende der Regenzeit abgebrannt. Über mehr als einen Monat verteilt, werden in der ganzen Region immer neue Flächenbrände entfacht. Die aber verursachen nicht nur langfristige Schäden, wie wir sie aus der Diskussion um den Treibhauseffekt kennen, sondern auch kurzfristige Beeinträchtigungen. So war beispielsweise im September 2000 die Luft in Trinidad derart stark von Rauch durchsetzt, dass die Sonne oft erst zwei Stunden nach ihrem Aufgang aus der Dunstglocke auftauchte. Viele Menschen litten unter Augenreizungen und Atemwegserkrankungen. Der Flugverkehr nach Trinidad musste für über eine Woche eingestellt werden, weil die Piloten die Piste nicht mehr sehen konnten.

Das kontrollierte Abbrennen der Pampa zur Gewinnung von Weideland für Rinder entspricht einer jahrhundertealten Tradition – auch wenn wir es heute als ökologischen Wahnsinn betrachten.

Das Abbrennen der Pampas ist ökologischer Wahnsinn. Aber es scheint so, als hätte diese Praxis in den Llanos de Moxos eine lange Tradition. Möglicherweise verdanken die Pampas dieser Gepflogenheit sogar ihr

Entstehen. Neben den oben erwähnten Beobachtungen zum Vordringen des Waldbestands in die Pampa ist in diesem Zusammenhang vor allem die Tatsache von Bedeutung, dass einige der vorspanischen Hügelbeetanlagen in heute bewaldeten Zonen liegen. Da auszuschließen ist, dass Hügelbeete im Wald angelegt wurden und sich zudem in einigen von ihnen Brandhorizonte fanden, ist es wahrscheinlich, dass man Waldflächen abbrannte, um sie landwirtschaftlich nutzen zu können. Dass der Wald solche Flächen zurückerobert hat, lässt vermuten, dass der als typisch für die Pampas angesehene Gras- und Schilfbewuchs nicht deren ursprüngliche Vegetationsform darstellt.

Heutzutage wird Landwirtschaft nur in Form von Brandrodungsbau in den Galeriewäldern oder auf den bewaldeten Anhöhen betrieben. Die Pampas seien dafür ungeeignet, heißt es. Obwohl man annehmen sollte, dass die während der alljährlichen Überschwemmungen abgelagerten Sedimente zu einer Erhöhung des Nährstoffgehalts der Böden beitragen, gelten sie als äußerst nährstoffarm. Ferner weisen sie einen sehr hohen ph-Wert auf, was viele Kulturpflanzen nicht vertragen. Um so erstaunlicher ist, dass sich die vorspanischen Hügelbeetanlagen in ebendiesen Pampas befinden und sogar enorme Flächen bedecken. Dabei ist die Verteilung der Hügelbeetanlagen ungleichmäßig und zumeist auf Gebiete beiderseits der unzähligen Flussläufe konzentriert, die das Gebiet wie ein dichtes Adernetz durchziehen. Am markantesten ist ihr Vorkommen zwischen den Flüssen Mamoré und Beni. Allein im Nordwesten jener Region sind nach Berechnungen von Denevan um die 5000 Hektar mit Hügelbeetanlagen bestückt. Eine genaue Bestandsaufnahme steht noch aus; auch wird sie viel Aufwand erfordern, denn viele der Hügelbeetanlagen sind unter Bewuchs verborgen, und noch mehr dürften unter den während der Regenzeit abgelagerten Schlickerschichten liegen.

Häuptlingstum in Moxos?

Allein aus der Größe der Erdwerke in den Llanos de Moxos, so vermutete bereits Denevan, könne man schließen, dass sie das Produkt geschichteter Gesellschaften waren. Er ging davon aus, dass diese zumindest jenen Grad an Organisation aufwiesen, den Völkerkundler als Häuptlingstum (*cazicasgo*) bezeichnen. Damit stellte er sich gegen die zu seiner Zeit vorherrschende Lehrmeinung, die davon ausging, dass die Böden im Amazonasgebiet generell nicht ergiebig genug waren, um die Versorgung größerer Bevölkerungsgruppen über längere Zeit hinweg zu gewährleisten. Aus diesem Grunde sei es auch in vorspanischer Zeit nie zur Herausbildung komplexerer Gesellschaften in Amazonien gekommen.

Diese Auffassung musste in den letzten Jahrzehnten angesichts neuer archäologischer Befunde revidiert werden. So wurden Hügelbeetanlagen, Kanäle und Dämme in Verbindung mit großen, häufig zu Komplexen gruppierten Siedlungshügeln in jüngerer Zeit in verschiedenen Regionen Amazoniens entdeckt, beispielsweise in den Tieflandgebieten Venezuelas, am Ostabhang der ekuadorianischen Anden und auf der Insel Marajo im Delta des Amazonas. Ferner geht man heute davon aus, dass die entlang des mittleren Amazonas, rund um Manaus anzutreffenden, sehr zahlreichen und große Gebiete bedeckenden Schwarzerden (*terra preta*) das Produkt langer und intensiver Nutzung durch den Menschen in vorspanischer Zeit sind.

Angesichts dieser neuen Funde erscheinen plötzlich auch die Angaben von Pedro de Carvajal in neuem Licht, der von Siedlungen mit 8000 bis 10 000 Bewohnern entlang des Napo berichtete. Carvajal war Teilnehmer der ersten spanischen Expedition ins Amazonas-Tiefland, die 1541/42 unter der Leitung von Francisco de Orellana zunächst die Siedlungsgebiete der Quijo und Canela im heutigen Ekuador und anschließend den Napo bis zu seiner Mündung in den Amazonas erkundete. Da die Berichte späterer Expeditionen in dieses Gebiet nur die Existenz wesentlich kleinerer Siedlungen vermeldeten, tat man die Schilderungen Carvajals lange Zeit als Übertreibungen ab. Heute hingegen geht man davon aus, dass die späteren Berichte deshalb ein von Carvajals Darstellungen abweichendes Bild wiedergeben, weil von den Spaniern eingeschleppte Krankheiten die einheimische Bevölkerung binnen kürzester Zeit stark dezimierten.

Der Paradigmenwechsel ist unübersehbar. Bislang hatte man angenommen, dass im gesamten Amazonasraum die Menschen seit Urzeiten so lebten wie die heute noch verbliebene indigene Bevölkerung, also in kleinen, egalitären Gruppen, die häufig ihren Wohnsitz wechseln, um ihre Subsistenz zu sichern. Nun hat man damit begonnen, die geographische Vielfalt innerhalb des amazonischen Großraums und die hierdurch bedingten, sehr unterschiedlichen historischen Entwicklungen wahrzunehmen. Durch diese differenziertere Betrachtungsweise sind auch die Llanos de Moxos in den Vordergrund getreten und spielen in der aktuellen Diskussion um die mögliche Existenz komplexer vorspanischer Gesellschaften in Amazonien eine wichtige Rolle.

In diesem Kontext ist auch der Begriff »hydraulische Kultur von Moxos« zu sehen, der vor knapp zehn Jahren erstmals in der Literatur erschien und von Kenneth Lee geprägt wurde. Den auf die Schriften von Karl August Wittfogel Bezug nehmenden Terminus wählte er natürlich bewusst, denn er lässt noch an anderes denken: Kontrolle, gelenktes Gemeinwesen, Verwaltung, frühe Staaten. Ob es dies alles in vorspanischer Zeit in den Llanos de Moxos gegeben hat, ist allerdings fraglich, und berechtigte Zweifel sind angebracht.

So ist beispielsweise der Aufwand, der zur Errichtung der Hügelbeetanlagen vonnöten war, bislang offenbar weit überschätzt worden. Da sie das Produkt einer langen, wahrscheinlich 900 bis 1000 Jahre umfassenden Zeitspanne sind, bedurfte es dazu nicht Tausender zentral gelenkter Menschen; sie können durchaus von kleinen Gemeinschaften aus 100 bis 200 Personen über diesen Zeitraum hinweg errichtet worden sein.

Dies stimmt auch eher mit dem Bild überein, das die wenigen spanischen Chronistenberichte über die soziale Organisation der Indianer jener Region zum Zeitpunkt der Eroberung vermitteln. Nach ihren Angaben kannte man keine »Autorität«, ein Umstand, den die spanischen Mönche ebenso häufig beklagen wie die hohe Mobilität ihrer »Schützlinge«, die ihre Siedlungen immer wieder verlagerten. Lediglich bei einer im Osten der Llanos de Moxos beheimateten Gruppe, den Baures, sprechen sie von »policia«, also einem geordneten Gemeinwesen. Betrachtet man diese Quellen kritisch, so sind sie jedoch nicht unproblematisch. Die frühen Schriftquellen, also die des 16. Jahrhunderts, sind durchweg sehr generell gehalten und sprechen zumeist von »den Indianern in der Provinz Moxos«. Die »Provinz Moxos« schloss für einen Spanier des 16. Jahrhunderts allerdings das gesamte nördliche Tiefland Boliviens ein, umfasste also ein wesentlich größeres Gebiet als die Region, die heute als Llanos de Moxos bezeichnet wird. Auf welche Region innerhalb dieses immensen Gebiets die Angaben Bezug nehmen, ist zumeist nicht klar zu erkennen. Spätere Texte hingegen, zumeist Berichte von Jesuiten aus der Mitte des 18. Jahrhunderts, beziehen sich durchweg auf die Baures, die, wie die Spanier immer wieder betonen, zumindest was ihre Gesellschaftsform anbetrifft, eine Sonderstellung einnahmen.

Insgesamt zeichnen die bislang bekannten Schriftquellen also nur ein diffuses Bild der vorspanischen Kulturen in den Llanos de Moxos zum Zeitpunkt der spanischen Eroberung. Abhilfe vermag hier nur archäologische Forschung zu schaffen, die allein auch Daten zur historischen Entwicklung jener Kulturen liefern kann. Da solche am ehesten an Siedlungsplätzen zu erwarten sind, konzentrierte sich unser Projekt auch nicht auf die landwirtschaftlichen Anlagen, sondern auf einen Siedlungshügel.

Loma Mendoza – Ein Siedlungshügel gewährt Einblicke in die Vergangenheit

»Unser« Siedlungshügel heißt Loma Mendoza – nach dem früheren Besitzer des Terrains; andere nennen ihn »Loma Cortada«, geschnittener Hügel. Diese zweite Bezeichnung gibt den Zustand des Siedlungshügels bestens wieder, denn die Nationalstraße, welche die Departament-Hauptstädte Trinidad und Santa Cruz de la Sierra miteinander verbindet, führt mitten durch ihn hindurch. Eine 50 Meter breite Schneise wurde beim Bau der Straße von Norden nach Süden durch den etwa zwei Hektar großen Hügel gefräst. Die Zerstörung, die dies bedeutete, verdränge ich lieber und richte mein Augenmerk auf die Chancen, die sich hierdurch für die archäologische Forschung eröffneten.

Bis zu vier Meter hoch war auf einer Seite der Straße der von den Baumaschinen hinterlassene Geländeaufschluss. Der gesamte Kern des Siedlungshügels lag offen, und selbst in der erodierten Böschung waren Siedlungshorizonte, Abfallschichten und Plattformfüllungen auszumachen. Ideale Bedingungen also, um Aufbau und Entwicklungsgeschichte des Siedlungshügels ohne großen Aufwand zu untersuchen. Dass der Fundort zudem über eine asphaltierte Straße zu erreichen war, kann als Luxus bezeichnet werden.

In Abschnitten konnten wir nach und nach rund 100 Meter der von den Baumaschinen hinterlassenen Böschung zu einem senkrechten Profil begradigen und dokumentieren. Da hierbei auch ungestörtes Erdreich berührt wurde, konnten bereits während dieser Arbeiten zahlreiche Funde aus gesicherten stratigraphischen Kontexten geborgen wer-

den. Wesentlich umfangreicher war allerdings das Fundmaterial, das aus den beiden größeren Sondagen zutage kam, die wir an ausgewählten Stellen in die Böschung gruben. Dort zeigte sich auch, dass sich die Siedlungsreste noch anderthalb Meter unter das vor der Böschung anstehende Erdreich fortsetzten. Zusätzliches Material und interessante Befunde erbrachte ferner eine Flächengrabung auf der Kuppe des Hügels.

Dass die Nationalstraße mitten durch den Hügel »Loma Cortada« führt, kann angesichts der Unzugänglichkeit weiter Distrikte geradezu als Luxus bezeichnet werden.

Über welchen Zeitraum hinweg sich diese Siedlungsreste angesammelt hatten, darüber geben inzwischen rund 40 Radiokarbon-Daten Auskunft. Demnach war der Siedlungshügel zwischen 500 bis 1400 n. Chr. bewohnt. Die Vermutung einiger Autoren, dass die frühesten Phasen dieser Siedlungshügel in die Zeit um 1000 v. Chr. zurückreichen, fand hier also keine Bestätigung.

Den Beginn des Siedlungsgeschehens an der Loma Mendoza markiert ein niedriger, nur 50 Zentimeter hoher Plattformbau im Südsektor des Hügels. Da er in der Schlaufe eines heute verlandeten Flusslaufes lag, ist hierin wahrscheinlich das Bemühen zu sehen, sich gegen drohende Überschwemmungen zu schützen. In der Folgezeit wurde diese Platt-

In den Siedlungsresten der Jahrhunderte haben sich oft form- und farbschöne Stücke erhalten, die jetzt im kleinen lokalen Museum ausgestellt werden.

form immer wieder überbaut und gewann dabei nicht nur an Höhe, sondern auch an Fläche. Gegen 900 n. Chr. hatte diese erweiterte Plattform bereits eine Höhe von über drei Metern erreicht.

In der Spätzeit, irgendwann zwischen 1300 und 1400, wurde der nördliche Bereich des Hügels auf ein Niveau planiert, das deutlich unterhalb desjenigen lag, das der Südbereich aufwies. Der nördliche Bereich bildete nach der Planierung also eine niedrigere, dem eigentlichen Siedlungshügel vorgelagerte Terrasse. Auf ihr lagerte sich in der Folgezeit eine grauschwarze Erdschicht ab, die sich, sowohl was ihre Farbgebung als auch ihre Konsistenz anbelangt, vollkommen von allen anderen in der Loma Mendoza angetroffenen Schichten unterschied. Die Analyse einer größeren Bodenprobe, die vom Institut für Bodenkunde und Bodengeographie der Universität Bayreuth vorgenommen wurde, hat gezeigt, weshalb: Sie enthielt 20 Prozent Holzkohle. Dieser Befund war insofern überraschend, als dieser Wert recht exakt demjenigen entspricht, der als typisch für die bereits erwähnten brasilianischen Schwarzerden (*terra preta*) gilt.

Es stellt sich also die Frage, ob die späten Bewohner der Loma Mendoza ebenfalls ein Verfahren zur Bodenverbesserung entwickelt hatten, wie man es für die Entstehung der brasilianischen Schwarzerden annimmt. Um dies zu klären, wird es weitergehender Untersuchungen bedürfen.

Ein paar tausend »Steinchen«

Eine wichtige Erkenntnis kann aber bereits jetzt aus der Existenz jener grauschwarzen Schicht gewonnen werden. Die im nördlichen Bereich des Hügels gelegene Terrasse war in der Spätzeit aller Wahrscheinlichkeit nach nicht besiedelt, sondern bepflanzt. Große Vorsicht scheint also geboten bei der Verwendung der bisherigen Hochrechnungen zur Größe der auf den Hügeln siedelnden Bevölkerung, denn diesen liegt durchweg die Annahme zugrunde, dass die gesamte Fläche der Hügel besiedelt war.

Die spezielle Nutzung der terrassierten Fläche in der Spätzeit war zudem kein Einzelfall. Vielmehr weist eine Serie von Bestattungen direkt unterhalb der grauschwarzen Schicht darauf hin, dass jenes Areal zuvor als Friedhof genutzt worden war. Leider konnten wir davon nur einen kleinen Ausschnitt erfassen, doch erlauben die freigelegten Bestattungen zumindest einen ersten Einblick in die Bestattungssitten. Hierzu gehört die Erkenntnis, dass die Toten je nach Alter unterschiedlich beigesetzt wurden. Kinder bestattete man in großen bauchigen Gefäßen oder Schalen, Erwachsene hingegen wurden direkt in eine Erdgrube gelegt, zumeist ausgestreckt auf dem Rücken liegend. Die Bestattungen lassen überdies kleinere Grabgruppen erkennen, worin sich eine Familienzugehörigkeit ausdrücken könnte.

Die meisten der Gräber waren beigabenlos. In zwei Fällen fanden sich aber Halsketten, und einem drei bis vier Jahre alten Jungen war ein kleines Steinbeil mitgegeben worden: eine Kostbarkeit, denn Steine kommen in den Llanos de Moxos nicht vor und mussten von weit her eingehandelt werden.

Sehr rege scheinen solche Austauschbeziehungen allerdings nicht gewesen zu sein, denn in unseren Grabungen haben wir nur eine Hand voll Steinobjekte gefunden, zumeist Bruchstücke von Beilen. Wie limitiert der Zugang zu Steinen war, zeigt sich auch daran, dass man Reibschalen und Handwalzen aus Ton herstellte und Keramikscherben zum Schleifen von Werkzeugen und zum Glätten von Pfeilschäften verwendete. Hunderte von Scherben, die als Folge dieser Art sekundärer Verwendung zumeist mit einer ganzen Serie von tief eingeschnittenen Riefen übersät sind, fanden sich in allen Siedlungsschichten des Hügels. Erst wenn man dies berücksichtigt, kann man den folgenden Bericht des französischen Forschungsreisenden Alcide D'Orbigny verstehen, der 1832 in Begleitung von Ruderern aus den Llanos de Moxos den Oberlauf des Chapare bis zum Andenfuß erkundete. Als sie dort ein Flussufer erreichten, an dem Kiesel lagen, »frohlockten die Indianer (...) und machten sich alle mit solchem Entzücken daran, die Steine zu sammeln, als wenn es Edelsteine wären«.

Ähnlich amüsiert, wie D'Orbigny das Treiben seiner Ruderer verfolgte, haben 170 Jahre später unsere indianischen Grabungsarbeiter die Begeisterung registriert, mit der wir Scherben aufsammelten und in Fundtüten verpackten. »Piedritas«, Steinchen, nannten sie die Scherben despektierlich, von denen wir in den vier Grabungskampagnen mehrere tausend »gesammelt« haben. Aus ihnen und dem übrigen Fundmaterial hoffen wir ein wesentlich detaillierteres Bild der vorspanischen Geschichte der Region rekonstruieren zu können, als es sich bislang zeichnen lässt.

Grabbeigabe aus einem als Friedhof genutzten Teil des Siedlungshügels

Da Steine selten waren, wurden viele Gebrauchsgegenstände aus Ton oder Keramik gefertigt, so auch dieser Pfeilglätter.

Chronologie

1200	Auftauchen der Inka im Altiplano. Erster Inka-Herrscher: Manco Capac
um 1300	Unter Mayta Capac, dem lt. Überlieferung vierten Herrscher, vergrößern die Inka ihren Einflussbereich; es geht um Ressourcen und Macht
nach 1350	Inka Capac Yupanqui und sein Sohn Sinchi Roca, sechster Herrscher und Gründer der Dynastie von Hanán Cusco, setzen behutsam Expansion fort
1370	Die an der nordperuanischen Küste lebenden Chimú, deren Siedlingsgebiet auf dem ehemaligen Territorium der Moche liegt, werden zu einer bedeutenden Macht
um 1400	Inka Huiracocha besiegt die im südlichen Cusco-Tal siedelnden Ayarmaca
1438	Topa Yupanqui, Sohn von Huiracocha, besiegt die mit den Inka verfeindeten Chanca, deren Gebiet westlich von Cusco liegt. Als Inka Pachacute, »Erderschütterer«, übernimmt er an Stelle seines Vaters und Bruders, die sich in eine Bergfestung zurückgezogen haben, die Macht. Gründet Sacsahuamán und Machu Picchu. Expeditionen zum Amazonas
1445	Inka Pachacute schickt seinen Bruder Capac Yupanqui auf eine Erkundungstour an die Küste. Sukzessive Erweiterung des Herrschaftsgebiets zu einem Vielvölkerreich
1460	Herrschaft der Inka über die Südküste Perus
1463	Pachacutes Sohn Topa Inka übernimmt den Oberbefehl über die Inka-Armeen sodass sich Pachacute ganz einer Neuordnung der Reichsverwaltung und der Verschönerung Cuscos widmen kann
1465	Herrschaft der Inka über die Nordküste bis Ekuador
1471	Pachacute dankt zugunsten seines Sohnes Topa ab, der in seiner 22-jährigen Regierungszeit das Inka-Territorium vervierfacht
1476	Feldzug gegen südliche Küstenvölker. Sieg über die Chimú
1492	Bei dem Versuch, einen westlichen Seeweg nach Indien zu finden, entdeckt Christoph Kolumbus die Neue Welt

Beginn der Regierungszeit von Huayana Capac	**1493**
Spanien und Portugal teilen aufgrund eines päpstlichen Schiedsspruchs die Neue Welt unter sich auf	**1494**
Der Italiener Amerigo Vespucci erkundet die Küste Brasiliens. Im Unterschied zu Kolumbus ist er der Ansicht, dass er es mit einem unbekannten Kontinent zu tun hat. Daher wird die Neue Welt nach ihm benannt	**1501**
Hernán Cortés landet mit rund 600 Mann und 17 Pferden an der mexikanischen Küste. Beginn der Eroberung des Azteken-Reiches	**1519**
Cortés besetzt Tenochtitlàn	**1521**
Größte Ausdehnung des Inkareichs	**1522**
Einfall der Chiriguano-Indios löst Pocken-Epidemie aus, der auch Huayna Capac erliegt. Hinterlässt zwei Söhne, Huáscar und Atahualpa, aber keine Nachfolgeregelung	**1523**
Erste Reise von Francisco Pizarro von Panama Richtung Peru	**1524**
Húascar lässt sich in Cusco vom Adel zum Inka ausrufen	**1525**
Bruderkrieg zwischen Húascar und Atahualpa. Húascar fällt in die Hände von Atahualpas Leuten. Atahualpa wird Inka-Herrscher	**1528–1532**
Spanier an der Küste Perus; dringen ins Landesinnere vor. Atahualpa wird in Cajamarca von Pizarro und seinen 167 Konquistadoren gefangen genommen	**1532**
Hinrichtung Atahualpas in Cajamarca. Besetzung Cuscos. Manco Capac fungiert als Marionettenherrscher	**1533**
Aufstand von Manco Capac, Sohn von Huayna Capac, 1534 von Pizarro als Herrscher eingesetzt. Er war der letzte Inka.	**1536–1539**
Refugium der Inka in Vilcabamba	**1537–1572**
Francisco Pizarro wird von Rivalen ermordet	**1541**
Ermordung von Manco Capac. Sein Sohn Tupac Amaru setzt den Widerstand fort	**1544**
Gefangennahme und Hinrichtung Tupac Amarus. Ende des Widerstands der Inka in Vilcabamba	**1572**

LITERATUR

Karthagos geheime Kolonien

Belogi, Marco: D-Day nel Mediterraneo. Gavardo 2002

Casano, Filippo: Mozia. Paceco 2001

Die Phönizier. Hamburg 1988

Diodoros Griechische Weltgeschichte. Stuttgart 1998

Finley, M. I.: Das antike Sizilien. München 1979

Markoe, Glenn E.: Die Phönizier. Stuttgart 2003

Mertens, Dieter: Die Mauern von Selinunt. Römische Mitteilungen 96, 1989

– u. a.: Selinus I. Die Stadt und ihre Mauern. Sonderschriften des Deutschen Archäologischen Instituts Rom 13. Mainz 2003

Niemeyer, Hans Georg: Die Wiederentdeckung des archaischen Karthago. Ein neues Bild für eine alte Stadt. NBA, Nürnberger Blätter zur Archäologie 12, 1995/96, 85–102

–: Die frühe phönizische Expansion im Mittelmeer. Saeculum 50, 1999, 153–175

– (mit A. Rindelaub u. K. Schmidt): Karthago – die alte Handelsmetropole am Mittelmeer. Ausstellungskatalog. Hamburg 1996

Polybios, Geschichte. Zürich 1978

Schäfer, Thomas: Imperii Insignia: Sella curulis und Fasces. Zur Repräsentation römischer Magistrate. Ergänzungsheft der Römischen Mitteilungen 29. Mainz 1989

–: Andres Agathoi. Studien zum Realitätsgehalt der Bewaffnung attischer Krieger auf Denkmälern klassischer Zeit. München 1997

–: Spolia et Signa. Baupolitik und Reichskultur nach dem Partherefolg des Augustus. Nachrichten der Akademie Göttingen, Phil.-Hist. Klasse 1998, Nr. 2, 43–123

Sizilien. Merian 4, 1999

Tacitus, Annalen. München 1979

Roms Limes im Orient

Bechert, Tilmann: Die Provinzen des Römischen Reiches. Einführung und Überblick. Mainz 1999

Kennedy, David Leslie/Riley, Derrick N.: Rome's Desert Frontier from the Air. London 1990

Konrad, Michaela: Der spätrömische Limes in Syrien. Archäologische Untersuchungen an den Grenzkastellen von Sura, Tetrapyrgium, Cholle und in Resafa. Resafa V. Mainz 2001

Poidebard, Antoine: La trace de Rome dans le désert de Syrie. Le limes de Trajan à la Conquête Arabe. Recherches Aériennes (1925–1932). Paris 1934

Wagner, Jörg: Die Römer an Euphrat und Tigris. Geschichte und Denkmäler des Limes im Orient. Antike Welt 16. Sondernummer, 1985

Die Schatzinsel der Wikinger

Bengtsson, Frans G.: Die Abenteuer der Roten Schlange. Berlin 1956

Frähn, C. M.: Ibn Foszlans und anderer Araber Berichte über die Russen älterer Zeit. St. Petersburg 1823

Hansen, Konrad (Hg.): Die Welt der Wikinger. Hamburg 2002

Heller, Klaus: Die Normannen in Osteuropa. Berlin 1993

Henning, Joachim (Hg.): Europa im 10. Jahrhundert – Archäologie einer Aufbruchszeit. Mainz 2001

Jonsson, Leif: Vikingar. Stockholm 2002

Klejn, Lew: Verkehrte Welt. In Breschnews Lagern. Berlin 1991

Kovalenko, Volodymyr: La période ancienne de l'histoire de Cernigov. Kiev 2002

Müller-Wille, Michael (Hg.): Novgorod – Das mittelalterliche Zentrum und sein Umland im Norden Rußlands. Neumünster 2001

Rolle, Renate: Waräger: Wikinger im Osten, In: Nürnberger Blätter zur Archäologie. 1992

Die Goldstraße der Inka

Ascher, Marcia / Ascher, Robert: Mathematics of the Incas: Code of the Quipu. Mineola 1997

Baudin, Louis: La vida cotidiana de los últimos Incas. Buenos Aires 1955

Bauer, Brian / Stanish, Charles: Las Islas del Sol a de la Luna. Ritual y peregrinación en el Lago Titicaca. Cuzco 2003

–: Ritual and Pilgrimage in the Ancient Andes. The Islands of the Sun and the Moon. Austin 2001

Baumann, Hans: Gold und Götter von Peru. Gütersloh 1963
–: Oro y Dioses del Perú. Barcelona 1966
Busto, D. / Antonio, José: Peru Incaico. Lima 1983
Cobo, Bernabé: History of the Inca Empire. Austin/Texas 1979
Hagen, Victor v.: Heerstraßen des Sonnengottes. Wien 1957
–: Schicksals-Straße der Inka. Hamburg 1976
Hemming, John: The Conquest of the Incas. New York 1970
Lourie, Peter: Sweat of the sun, tears of the moon. London 1991
McIntyre, Loren: The Incredible Incas and Their Timeless Land. Washington 1975
Pärssinen, Martti: Tawantinsuyu. The Inca State and its Political Organization. Helsinki 1992
–: Tawantinsuyu. El estado Inca y su organización política. Lima 2003
–/Korpisaari, Antti: Western Amazonia – Amazonia Occidental. Helsinki 2003
Prescott, William H: History of the Conquest of Peru. New York 1859
Seeler, Rolf: Peru und Bolivien. Köln 2001
Stanish, Charles: Ancient Titicaca. Berkeley 2003
Thomson, Hugh: The White Rock. An Exploration of the Inca Heartland. London 2001
Urton, Gary: Mythen der Inka. London 1999

Web-Seiten

Charles »Chip« Stanish

http://www.sscnet.ucla.edu/ioa/stanish.htm
http://news.nationalgeographic.com/news/2002/02/0204_020204_tvperutemples.html

Projekt Finnland

http://www.helsinki.fi/hum/ibero/xaman/articulos/9704/9704_sp.html
http://www.helsinki.fi/arkeologia/inka

Lawrence S. Coben

http://www.larrycoben.com

Archäologie Moxos

http://www.sas.upenn.edu/~cerickso/applied3.html

Feldforschung im bolivianischen Tiefland

Denevan, William M.: The Aboriginal Cultural Geography of the Llanos de Mojos of Bolivia. University of California Press. Berkeley 1966

–: Cultivated Landscapes of Native Amazonia and the Andes. Oxford Geographical and Environmental Studies, Oxford University Press. New York 2001

Dougherty, Bernard/Calandra, Horacio A.: Excavaciones en la Loma Alta de Casarabe, Departamento del Beni, Bolivia. In: Relaciones de la Sociedad Argentina de Antropología, N.S., Tomo XIV, No. 2: 9–48. Buenos Aires 1981/82

Erickson, Clark L.: Lomas de Ocupación en los Llanos de Moxos. In: Arqueología de las Tierras Bajas, (Alicia Durán Coirolo/ Roberto Bracco Boksar, eds.), 207–226, Ministerio de Educación y Cultura, Comisión Nacional de Arqueología. Montevideo 2000

Lee, Kenneth: Apuntes sobre las obras hidrauclicas prehispánicas de las llanuras de Moxos. In: Paititi, Año 11, No. 1: 24–26, Casa de la Cultura de Beni y Pando. Trinidad 1996

Nordenskiöld, Erland von: Urnengräber und Mounds im bolivianischen Flachland. In: Baessler-Archiv, Bd. 3, Heft 6, 205–255. Berlin 1913

Walker, John Hamilton: Agricultural Change in the Bolivian Amazon. Ph.D.dissertation, University of Pennsylvania 1999

DIE AUTOREN

Gisela Graichen studierte Publizistik, Rechts- und Staatswissenschaften. Diplomierte Volkswirtin. Als Fernsehautorin konzipierte sie für das ZDF die Filmreihen *Humboldts Erben*, *Schliemanns Erben* (2002 mit dem Bayerischen Fernsehpreis ausgezeichnet) und *C 14 – Archäologische Entdeckungen in Deutschland* (wofür sie den Deutschen Preis für Denkmalschutz erhielt). Zahlreiche Publikationen. Bei Hoffmann und Campe erschienen: *Die neuen Hexen*, *Das Kultplatzbuch*, *Schliemanns Erben und die Botschaft der versunkenen Städte*. Als Herausgeberin und in Zusammenarbeit mit der Deutschen Forschungsgemeinschaft (DFG) *Humboldts Erben – Expeditionen zu den Grenzen des Wissens*.

Andreas Oettel (geb. 1964) studierte Klassische Archäologie, Alte Geschichte und Vorderasiatische Altertumskunde in Berlin und Pisa. Promotion 1994. 1994/95 Reisestipendium des Deutschen Archäologischen Instituts. Zwischen 1996 und 2000 Mitarbeit an verschiedenen Projekten, u.a. als DFG-Forschungsstipendiat. Seit 2001 wissenschaftlicher Referent an der Zentrale des DAI in Berlin. Örtlicher Grabungsleiter der Rettungsgrabung Tell Dgherat-Süd in Nordost-Syrien.

Peter Prestel (geb. 1962) studierte an der Hochschule für Fernsehen und Film in München, Abteilung Dokumentarfilm. Seit 1986 Autor und Regisseur von über 100 TV-Dokumentationen für den Bayerischen Rundfunk, den Südwestrundfunk und das ZDF, darunter die Reihen *Humboldts Erben*, *Goldfieber* und *Schliemanns Erben* von Gisela Graichen. Co-Autor mehrerer Begleitbücher zu den Fernsehsendungen.

Heiko Prümers (geb. 1958) studierte Alt-Amerikanistik, Ethnologie sowie Ur- und Frühgeschichte. Promotion 1990. Forschungsstipendiat an der Maison de Sciences de l'Homme, Paris. Forschungsaufenthalte in Ekuador, Peru und Mexiko. Seit 1992 Referent für lateinamerikanische Archäologie an der KAVA des Deutschen Archäologischen Instituts in Bonn. 1994–2002 Leitung der KAVA-Ausgrabungen in Bolivien.

Christine Strube studierte Altertumswissenschaften und Byzantinistik. Promotion 1970, Habilitation 1977. Seit 1980 Professur für Spätantike und Byzantinische Archäologie an der Universität Heidelberg. Forschungsschwerpunkte: Architektur- und Siedlungsgeschichte. Zahlreiche Publikationen: z.B. *Die »Toten Städte«. Stadt und Land in Nordsyrien während der Spätantike*. Mainz 1996.

Michael Tauchert (geb. 1945), studierte Publizistik, Soziologie und Psychologie. Master of Arts, Dozent für TV und Film an der Freien Universität Berlin. Lebt seit 1978 in Kolumbien, seit 2003 auch in Hamburg. Autor und Regisseur zahlreicher Dokumentationen für deutsche und englischsprachige Fernsehsender: u.a. *Traditionelle Medizin in Lateinamerika*, *Grünes Fieber (Smaragdbarone in Kolumbien)*, *Das Geheimnis der Wolkenmenschen*. Co-Autor von Wolfgang Ebert (Hg.): *Jäger verlorener Schätze*, Bd. 2. Hamburg 2002.

ABBILDUNGSNACHWEIS

Karten:
Vierthaler und Braun, Grafikdesign, München

Beitrag Graichen:
Böttrich, Steffen: S. 10, 11, 15, 16; Fachhochschule Karlsruhe, Studiengang Vermessung und Geomatik: S. 67; Histoire de Polybe, Amsterdam 1729: S. 26 unten; Fougères, F., und Hulot, J., 1910: S. 26 oben, 73; rechtefrei: S. 56.
Alle sonstigen Abbildungen: Resa Asarschahab

Beitrag Oettel:
Gschwind, Markus: S. 104; Kriegsarchiv des Bayerischen Hauptstaatsarchivs, München: S. 87, 88; Oettel, Andreas: S. 78, 80, 82, 93, 94, 96, 105, 110–113, 120–124, 127; Poidebard, Antoine, La trace de Rome dans le désert de Syrie. Paris: Geuthner, 1934: S. 100, 102, 119.
Alle sonstigen Abbildungen: Resa Asarschahab

Beitrag Strube:
Resa Asarschahab: S. 135, 137
Alle sonstigen Abbildungen: Christine Strube

Beitrag Prestel:
AKG-Bildarchiv, Berlin: S. 157, 184
Alle sonstigen Abbildungen: Resa Asarschahab

Beitrag Tauchert:
Rechtefrei: S. 210 Marginalie, 219 Marginalie (3 Abb.); ZDF: S. 209, 218 (2 Abb.).
Alle sonstigen Abbildungen: Max Schecker

Beitrag Prümers:
Alle Abbildungen: Heiko Prümers

Asarschahab, Resa: S. 1, 2, 3, Nachsatz
Schecker, Max: Vorsatz